Nina Kandinsky entstammte einem russischen Adelsgeschlecht und kam bereits in sehr jungen Jahren mit ihrer Familie nach Moskau. Dort lernte sie Wassily Kandinsky kennen, und sie heirateten im Jahre 1917. Am 2. 9. 1980 wurde Nina Kandinsky in ihrem Haus in Gstaad ermordet.

Dieses Buch stellte Werner Krüger
nach authentischen Tonbandaufzeichnungen zusammen

Vollständige Taschenbuchausgabe 1987
Droemersche Verlagsanstalt Th. Knaur Nachf., München
Umschlaggestaltung Adolf Bachmann
Druck und Bindung Ebner Ulm
Printed in Germany   5   4
ISBN 3-426-02355-5

Nina Kandinsky:
Kandinsky und ich

Mit 19 Abbildungen

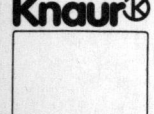

Inhalt

I. DIE BEGEGNUNG: MOSKAU 1916

Ein russischer Brauch 9
Meine erste Begegnung mit moderner Kunst 9
Ich sehe das erste Bild von Kandinsky 11
Das Telefongespräch 12
Die Begegnung 14
Eine schnelle und glückliche Entscheidung 17
Meine Herkunft 18
Kandinskys Herkunft 22
Ein lang gehegter Wunsch geht in Erfüllung 31

II. DIE MÜNCHNER JAHRE: 1896–1914

München 39
Die Künstlergruppe »Phalanx« und die Begegnung
   mit Gabriele Münter 44
Die Zäsur 47
»Neue Künstlervereinigung München e.V.« 49
»Der Blaue Reiter« 57
Kandinskys geistige und künstlerische Revolution . . 69
Die Abreise 79

III. DIE MOSKAUER JAHRE: 1915–1921

Moskau 82
Stockholm 83
Zeit der Entbehrung, Zeit des Aufbruchs 84
Professor Kandinsky 88

IV. AM BAUHAUS: 1922–1933

Berlin 91
Weimar 97
Dessau 115
Die Ära Gropius 132
Das Bauhaus unter Hannes Meyer und
   Mies van der Rohe 142

Der Regisseur, Bühnenbildner und
   Bühnenkompositeur Kandinsky   156

V. DIE PARISER JAHRE: 1933–1944

Paris   161
Der Freund Paul Klee   197
Reisen   202
Spätwerk und letzte Lebensjahre   213
Die Geschenke Kandinskys   215

VI. ERINNERUNG UND GEGENWART

Anja Tschimiakin und Gabriele Münter   219
Rudolf Bauer   221
Der Fall Buchheim   225
Zur Verteidigung der Künstlerwitwe   229
Ärger mit Kunsthändlern   230
Ein großer Künstler, eine außergewöhnliche
   Persönlichkeit   234
Kandinskys künstlerische Heimat   237
Der Dienst am Nachlaß   238
Hommage an Nina Kandinsky   243

Anhang: Kandinsky-Preis   245

Personenregister   248

»Der Künstler ist kein Sonntagskind des Lebens: Er hat kein Recht, pflichtlos zu leben, er hat eine schwere Aufgabe zu verrichten, die oft zu seinem Kreuz wird. Er muß wissen, daß jede seiner Taten, Gefühle, Gedanken das feine unbetastbare, aber feste Material bilden, woraus seine Werke entstehen, und daß er deswegen im Leben nicht frei ist, sondern nur in der Kunst . . . Wenn der Künstler Priester des ›schönen‹ ist, so ist auch dieses Schöne durch dasselbe Prinzip des *inneren Wertes* zu suchen, welchen wir überall gefunden haben. Dieses ›Schöne‹ ist nur durch den Maßstab der *inneren* Größe und *Notwendigkeit* zu messen, welche uns bis jetzt überall und durchweg richtige Dienste geleistet hat.

Das ist schön, was einer inneren seelischen Notwendigkeit entspringt.
Das ist schön, was innerlich schön ist.«

Kandinsky: *Über das Geistige in der Kunst*

I.
DIE BEGEGNUNG: MOSKAU 1916

Ein russischer Brauch

Es gab im zaristischen Rußland einen alten Silvesterbrauch, der sich bei allen Mädchen im heiratsfähigen Alter großer Beliebtheit erfreute: An der Wende vom alten zum neuen Jahr pflegten sie erwartungsvoll auf die Straße hinauszulaufen und den ersten Mann, den sie dort trafen, nach seinem Vornamen zu fragen. Denn der Name des Mannes, dem ein Mädchen in dieser Nacht als erstem begegnete, würde auch der Name des zukünftigen Ehemannes sein. So versprach es das alljährlich befragte Heiratsorakel.

Wie die meisten russischen Mädchen, die ja in dem Ruf stehen, besonders abergläubisch zu sein, beteiligte auch ich mich in meinem letzten Schuljahr an diesem altergebrachten Namensspiel. Ich erinnere mich noch genau, wie mir als erster ein recht sympathischer junger Mann über den Weg lief, der auf meine Frage nach seinem Vornamen gemessen antwortete: »Ich heiße Wassily!«

Welch herbe Enttäuschung! Der Name Wassily gefiel mir ganz und gar nicht. Denn damals gab es für mich keinen schöneren Namen als Georg, und ich wünschte nichts sehnlicher, als einen Mann mit dem alten russischen Vornamen Georg zu heiraten. Aber das Schicksal wollte es anders: Ich lernte bald darauf Wassily Kandinsky kennen, heiratete ihn und wurde an seiner Seite sehr glücklich.

Meine erste Begegnung mit moderner Kunst

Schon in sehr jungen Jahren kam ich in Moskau mit der modernen Kunst in Berührung. Ich ging noch zur Schule, als ich eines Tages die Sammlung von Ssergej Schtschukin kennenlernte. Schtschukin, ein reicher Moskauer Großkaufmann, sammelte schon Anfang des Jahrhunderts französische Kunst vom Impressionismus bis zum Kubismus und machte diese der Öffentlichkeit zugänglich. Er kaufte Picassos, als Picasso noch völlig unbekannt war. Damals gab es kaum jemanden, der Matisse kannte, aber als Schtschukin in Paris seine Bilder gesehen hatte, begann er seit 1906 auch Werke von Matisse zu kaufen. Wenn es Maler gibt, deren Augen sich niemals irren, so besaß er solche Augen, obwohl er kein Maler, sondern Kaufmann war. Er wählte immer das Beste aus. Manchmal tat es Matisse leid, sich von einem Bild zu trennen, und er sagte: »Das ist mir nicht gelungen, ich zeige Ihnen gleich etwas anderes . . .« Doch die List schlug nicht an. Schtschukin sah sich um und sagte schließlich: »Ich nehme das mißratene Bild.«

Im Auftrag Schtschukins hatte Matisse 1910 die Bilder *La danse* und das Pendant dazu, *La musique*, als Dekoration für das ehemalige Palais Trubezkoj gemalt. Die Bilder kamen im Laufe des Jahres 1911 nach Moskau.

Im gleichen Jahr, als Kandinsky in München den »Blauen Reiter« gründete, 1911, besuchte Schtschukin in Paris Henri Matisse und lernte bei dieser Gelegenheit auch Picasso kennen, dem er einen ganzen Raum in seinem Hause widmete.

Als ich Schtschukins Privatgalerie besuchte, hatte er bereits eine beachtliche Kollektion zusammengetragen, die er in seinem prächtigen Moskauer Haus ausstellte. Tagsüber konnten seine Kunstschätze von jedermann besichtigt werden. In Schtschukins Sammlung sah ich endlich den berühmten *Tanz*, der einen nachhaltigen Eindruck auf mich machte, wenngleich mir der eigentliche künstlerische Wert des Werkes noch verborgen blieb. Außer dem genannten Werk von Matisse sah ich bei Schtschukin noch weitere Bilder, die in der Mehrzahl aus Frankreich stammten. Und da Schtschukin fast ausschließlich zeitgenössische französische Malerei sammelte, hörte ich bei ihm zum ersten Mal die Namen von Gauguin, Braque, Derain und natürlich Picasso. Moderne Russen, die damals durchaus originelle Kunstwerke schufen, fehlten in der Sammlung Schtschukins.

Es gab im Moskau jener Jahre noch eine zweite, nicht weniger wertvolle Sammlung, die dem Geschäftsmann Iwan Morosow gehörte. Wie Schtschukin pflegte auch Morosow regelmäßig nach Paris zu reisen, um vielversprechende, aber unbekannte Maler für sich zu entdecken. 1908 traf er in Paris zum ersten Mal mit Picasso zusammen.

Doch im Gegensatz zu Schtschukin überließ Morosow die Auswahl der Bilder, die er für seine Sammlung ankaufte, den Malern selbst. Er ließ sich viel leichter als Schtschukin um den Finger wickeln und nahm so ziemlich alles, was ihm die Maler anboten. Morosow aber sammelte neben den Werken französischer Künstler, die das Hauptkontingent seiner Sammlung bildeten, auch van Gogh, dessen Kunst ich hier zum ersten Mal mit eigenen Augen bewundern durfte.

Beide, Schtschukin und Morosow, gaben den äußeren Anstoß, der die künstlerische Revolution in Rußland auslöste, indem sie ihre Moskauer Kunstsammlungen zu einem Forum der Begegnung mit der zeitgenössischen französischen Kunst machten.

Dank der Kollektionen dieser beiden Moskauer Sammler besitzen die Eremitage in Leningrad und das Puschkin-Museum in Moskau heute erstklassige Sammlungen französischer Maler aus der zweiten Hälfte des 19. und des frühen 20. Jahrhunderts.

Ich sehe das erste Bild von Kandinsky

Während einer freien Schulstunde besuchte ich in Begleitung einer meiner Freundinnen eine Ausstellung zeitgenössischer russischer Kunst, die in einem öffentlichen Gebäude auf der Bolschaja Dimitrivka gezeigt wurde. Ich muß gestehen, daß uns diese Ausstellung gar nicht gefiel, ja, die ausgestellten Bilder wirkten auf uns eher abstoßend. Mit einer Ausnahme:

Wir entdeckten nämlich ein Bild, das sich von allen anderen auffallend unterschied. Zum ersten Mal erlebte ich jene Faszination der Farben und Formen, die mir später die Welt Kandinskys erschließen half. Aus der Ferne erweckte das Bild den Eindruck eines flackernden Feuers, dessen züngelnde Flammen unentwegt märchenhafte Farbeffekte zauberten. Zögernd und ein wenig unsicher trat ich näher an das seltsame Bild heran und stand – zum ersten Mal in meinem Leben – vor einem abstrakten Kunstwerk. Ein phantastischer Anblick! Natürlich interessierte ich mich für den Namen des Künstlers, den ich endlich in der rechten unteren Bildecke entdeckte: Das Bild stammte von Wassily Kandinsky.

Das Telefongespräch

Immer habe ich an die Macht des Schicksals geglaubt und bin in diesem Glauben bisher noch nie enttäuscht worden. Im Gegenteil, das Schicksal hat sich zeit meines Lebens immer als freundlicher Weggefährte erwiesen. Das wohl sprechendste Beispiel einer solchen Schicksalsfügung ist meine erste Begegnung mit jenem Mann, an dessen Seite ich mein Glück finden sollte: Durch einen reinen Zufall, wenn ich das so nennen darf, habe ich Wassily Kandinsky kennengelernt.

Die zufällige Art, wie ich Kandinsky persönlich kennenlernte, mag manch einem phantastisch erscheinen. Aber das fast Unglaubliche hat sich tatsächlich ereignet und lebt, deutlich wie bei unserer ersten Begegnung, in meiner Erinnerung fort.

An einem Tag Ende Mai 1916 hatte mich eine Freundin zum Essen in ihr Haus eingeladen. Als ich zum verabredeten Zeitpunkt dort eintraf, war bereits eine größere Gesellschaft versammelt; unter den Gästen fiel mir ein Herr auf, der gerade aus dem Ausland zurückgekommen war und sich auf der Durchreise in Moskau aufhielt. Er hatte eine Nachricht für Kandinsky zu übermitteln, die sich – soweit ich mich erinnern kann – auf eine geplante Kandinsky-Ausstellung bezog. Der Herr erkundigte sich im Laufe des Abends bei den Anwesenden nach der Anschrift des Mannes. Er wollte auch wissen, ob jemand unter den anwesenden Gästen Kandinsky persönlich kenne. Aber es stellte sich heraus, daß niemand ihn kannte.

Nun kannte ich aber Kandinskys Neffen, Anatoli Scheiman, den Sohn der Schwester seiner ersten Frau. Ich wies den Herrn auf die Möglichkeit hin, die betreffende Nachricht Kandinsky durch seinen Neffen zukommen zu lassen. Nachdem feststand, daß ich Kandinskys Neffen kannte, drängte mich der Herr, nach Rücksprache mit diesem die Nachricht eigenhändig an den Künstler zu überbringen. Offenbar erschien ihm die Sache so wichtig, daß er kein Risiko eingehen wollte und deshalb einen zuverlässigen Überbringer suchte. Ich erklärte mich selbstverständlich sofort mit seinem Vorschlag einverstanden. Schließlich war ich noch ein Backfisch und stolz auf das Vertrauen, das mir dieser unbekannte Herr schenkte. Die vertrauliche Mission erfüllte mich mit außergewöhnlicher Erregung, in die sich Neugier und Erwartung mischten. Am nächsten Tag telefonierte ich mit Kandinskys Neffen und bekam von ihm die Nummer seines Onkels. Dann rief ich Kandinsky an.

Kandinsky war selbst am Apparat. Da er meinen Namen zuvor noch nie gehört hatte, wollte er zunächst erst einmal wissen, woher ich seine Nummer bekommen hatte. Als ich ihm sagte, daß ich seinen Neffen kenne, schien seine anfängliche Zurückhaltung wohlwollendem Entgegenkommen zu weichen. Erst dann konnte ich ihm die Nachricht durchgeben. Zu meiner Überraschung sagte Kandinsky mit weicher Stimme, als ich nach einigen freundlichen Abschiedsworten gerade den Hörer auflegen wollte: »Ich möchte Sie unbedingt persönlich kennenlernen.«

Darauf war ich nicht gefaßt gewesen. Diesen Künstler, den ich so bewunderte, nachdem ich sein großartiges Gemälde gesehen hatte, nun auch noch persönlich zu treffen! Mir verschlug es für den Augenblick die Sprache, ich schwieg verwirrt, suchte ängstlich nach passenden Worten und wußte nicht, ob ich zustimmen oder ablehnen sollte. Kandinsky, der meine Verlegenheit offenbar spürte, rettete dann die Situation, indem er den Vorschlag machte: »Wir sehen uns dann also am . . .«

Die Entscheidung war gefallen. So schnell allerdings, wie Kandinsky es gewünscht hatte, konnten wir uns nicht sehen. Gerade erst hatten die Schulferien begonnen, und meine Mutter, meine Schwester und ich wollten in den nächsten Tagen nach Esentuki im Kaukasus fahren, einem berühmten Kurort, wo meine Mutter Heilbäder zu nehmen pflegte. Kandinsky erkundigte sich, als ich ihm von unserer Abreise erzählte, etwas enttäuscht nach meiner Ferienanschrift. »Ich möchte Ihnen schreiben«, sagte er.

»Ich kenne die Adresse nicht«, bedauerte ich.

»Gut, dann schreibe ich Ihnen eben *poste restante*«, fügte er energisch hinzu.

»Nach meiner Rückkehr aus den Ferien rufe ich Sie an«, versicherte ich ihm. »Wann das sein wird, weiß ich nicht genau. Denn im Anschluß an unsere Ferien in Esentuki fahren wir noch zu meiner Großmutter aufs Land.«

»Ich hoffe, Sie halten Ihr Wort und rufen mich auch wirklich an, wenn Sie nach Moskau zurückkommen«, meinte Kandinsky.

Nachdem wir einige Tage in Esentuki verbracht hatten, ging ich zur Post und erkundigte mich, ob ein Brief für mich da sei.

»Es ist kein Brief da, aber eine Postkarte«, sagte der Schalterbeamte. Da ich aber mit einer Postkarte nicht gerechnet hatte, lehnte ich es ab, sie anzunehmen: eine Dummheit, die ich mir lange nicht verzeihen konnte.

Später erzählte mir Kandinsky, daß *er* die Postkarte geschrieben hatte. Während des Krieges war es nämlich verboten, Briefe *poste restante* zu verschicken. Deshalb hatte er sich für die Postkarte entschieden. Es war das einzige Mal, daß Kandinsky mir schrieb, denn in den langen Jahren unseres Zusammenlebens fanden wir keine Gelegenheit mehr, uns gegenseitig zu schreiben. Wir verreisten nie getrennt und lebten auch nie getrennt voneinander.

Die Begegnung

Anfang September 1916 kehrten meine Mutter, meine Schwester und ich nach einem etwa vierwöchigen Aufenthalt in Esentuki und nach Ferien auf dem Gutsbesitz meiner Großeltern, die in der Nähe von Wladimir lebten, wohlbehalten und gut erholt nach Moskau zurück. Ich zögerte, mit Kandinsky sofort in Verbindung zu treten, und wartete erst einige Tage ab, ehe ich bei ihm anrief. Kandinsky war ein wenig verstimmt, daß ich mein Versprechen, mit ihm nach meiner Rückkehr unverzüglich zu telefonieren, nicht eingehalten hatte.

Wir verabredeten uns im Museum »Alexander III.«, das heute Puschkin-Museum heißt. Kandinsky war bereits da, als ich die Ausstellungsräume betrat. Ich stand einem Mann gegenüber, dessen ansprechende Erscheinung und vornehme Eleganz mich zutiefst beeindruckten. Vor allem faszinierten mich sofort seine gütigen, schönen blauen Augen. Kandinsky hatte das souveräne Auftreten eines Grandseigneurs. Ich erinnere mich noch ganz genau an unsere Begrüßung: Es war, als kannten wir uns schon seit Jahren, mit einer solchen Selbstverständlichkeit reichten wir uns die Hände. Daß die starke Persönlichkeit Kandinskys mich keineswegs befangen machte, überraschte mich zu Anfang unserer Bekanntschaft sehr.

Wir gingen durch die Ausstellungsräume des Museums. Kandinsky sprach sachkundig über die ausgestellten Werke und äußerte sich lobend über die Kunst der Gegenwart. Ich hörte ihm gefesselt zu und sah alles, wovon er sprach, plastisch und farbig vor mir. Er versuchte mir die Dinge anschaulich zu erklären, und ich gewann den Eindruck, daß er auch während des Sprechens Bilder malte.

Plötzlich kam mir jenes Bild von Kandinsky wieder in den Sinn, das ich in der Ausstellung moderner russischer Kunst kurz zuvor gesehen hatte. Unwillkürlich drängte sich mir eine faszinierende Übereinstimmung zwischen Bild und Künstler auf. Dieses Bild war Kandinsky selber, nicht in der Art eines Selbstporträts, aber doch das ganze Reich seiner Vorstellung, seiner Phantasie und Gestaltungskraft heraufbeschwörend. Kein anderer Maler hätte es so malen können.

Nach dem Rundgang durch die Ausstellung verließen wir das Museum und schlenderten über den Boulevard, der am Kreml vorbeiführt. Kandinsky ließ sich von der untergehenden Sonne inspirieren, fing die Farbenpracht und die Atmosphäre dieses Abends in phantastischen Worten ein und erfand wunderschöne Bilder, die mich an eine Stelle aus *Rückblick* erinnern: »Die Sonne schmelzt ganz Moskau zu einem Fleck zusammen, der wie eine tolle Tuba das ganze Innere, die ganze Seele in Vibration versetzt. Nein, nicht diese rote Einheitlichkeit ist die schönste Stunde! Das ist nur der Schlußakkord der Symphonie, die jede Farbe zum höchsten Leben bringt, die ganz Moskau wie das *fff* eines Riesenorchesters klingen läßt und zwingt. Rosa, lila, gelbe, weiße, blaue, pistaziengrüne, flammenrote Häuser, Kirchen – jede ein selbständiges Lied –, der rasend grüne Rasen, die tiefer brummenden Bäume, oder der mit tausend Stimmen singende Schnee, oder das Allegretto der kahlen Äste, der rote steife, schweigsame Ring der Kremlmauer und darüber, alles überragend, wie ein Triumphgeschrei, wie ein sich vergessendes Halleluja der weiße, lange, zierlich ernste Strich des Iwan Weliky-Glockenturmes. Und auf seinem hohen, gespannten, in ewiger Sehnsucht zum Himmel ausgestreckten Halse der goldene Kopf der Kuppel, die zwischen den goldenen und bunten Sternen der andern Kuppeln die Moskauer Sonne ist. Diese Stunde zu malen, dachte ich mir als das unmöglichste und höchste Glück eines Künstlers.«

Kandinsky schrieb diese Zeilen 1913. Damals war er noch nicht davon überzeugt, daß er das »unmöglichste und höchste Glück«, diese Stunde zu malen, je erfahren würde. Sein Traum erfüllte sich in eben jenem Moment, als wir beide gemeinsam an einem Septemberabend 1916 glücklich und verliebt durch das abendliche Moskau bummelten. Es war für Kandinsky die schönste Stunde des Moskauer Tages. Die Sonne steht schon niedrig und hat ihre vollste Kraft erreicht. Ein verschwindendes Bild: Das Sonnenlicht verglimmt in rötlicher Glut, taucht die Stadt ein letztes Mal in jenes warme Feuerrot, das niemand vergißt, der einen Sonnenuntergang in Moskau erleben durfte.

Es war ihm unmöglich, ohne Freude zu arbeiten. Wenn er sich unglücklich fühlte, versiegte der Strom seiner Kunst. Fühlte er sich aber wohl, so konnte man seine Freude in seinen Bildern ablesen.

Wir genossen den Abend und die Schönheit der Stadt. Kandinsky, der ja viel älter war als ich, wirkte seelisch jung, begeisterungsfähig und besaß wieder die Fähigkeit zum Schwärmen. Diese Tugenden verließen ihn bis ins hohe Alter hinein nicht. Erst nach unserer Heirat verriet er mir, weshalb er mich spontan hatte kennenlernen wollen: »Deine Stimme hat mich sehr beeindruckt.«

Kandinsky war durch meine Stimme sogar künstlerisch angeregt worden. Nach unserem ersten Telefongespräch schuf er ein Aquarell, das durch seinen Titel anzeigt, weshalb es entstanden ist. Er nannte es *Einer unbekannten Stimme gewidmet*. Bevor wir uns also persönlich trafen, hatte er sich schon in meine Stimme verliebt.

Kandinsky drängte darauf, mich möglichst schnell zu heiraten. Meine Mutter war dagegen. Sie machte sich Sorgen wegen des großen Altersunterschieds. Außerdem hatte Kandinsky seinen Wohnsitz außerhalb Rußlands, und meine Mutter wollte mich in ihrer Nähe wissen.

Doch unsere Liebe war stärker als der Widerstand meiner Mutter. Schon fünf Monate nach unserer ersten Begegnung, am 11. Februar 1917, heirateten wir nach russisch-orthodoxem Ritus. Die Hochzeit fand im kleinen Kreis von Verwandten und Freunden statt. Ich hatte mir natürlich gewünscht, in Weiß zu heiraten. Kandinsky sorgte dafür, daß mein Wunsch in Erfüllung ging, und entwarf für mein Hochzeitskleid eigens eine sehr schöne Broderie. Mit unserer Ehe begann für ihn der Frühling in seinem Lebensherbst.

Sicherlich hat nicht nur meine Mutter Bedenken geäußert – auch meine Verwandten und Freunde zeigten sich über meine Wahl eines viel älteren Ehemannes aufs höchste verwundert. Gesprochen habe ich darüber eigentlich mit niemandem. Wie die Leute darüber gedacht haben mögen, interessierte mich nicht. Ich habe weder über das Alter von Kandinsky noch über mein eigenes je nachgedacht. Er sah im übrigen viel jünger aus, als er in Wirklichkeit war.

Abwegig wäre die Annahme, ich hätte Kandinsky seiner Berühmtheit wegen geheiratet. Wir waren auf den ersten Blick ineinander verliebt und wir sind aus diesem Grunde – das hat Kandinsky immer wieder bestätigt – nicht einen Tag voneinander getrennt gewesen.

Unsere Hochzeitsreise führte uns nach Finnland.

Mit dem Zug fuhren wir über St. Petersburg nach Vallinkoskimatra mit dem berühmten Wasserfall gleich hinter der russischen Grenze. Wir kamen in eine herrliche Winterlandschaft. Für wenige Wochen schien es, als lebten wir auf einer glücklichen Insel, weitab von der übrigen Welt, die für uns überhaupt nicht mehr existierte. Es war wunderbar. Nach etwa vierzehn Tagen fuhren wir dann weiter nach Helsinki.

Eines Morgens wurde ich durch lauten Gesang geweckt, der von der Straße herauf durch die geöffneten Fenster unseres Hotelzimmers drang. Ich glaubte zu träumen. Die Leute sangen die Marseillaise, obgleich es offiziell verboten war, Revolutionslieder zu singen. Ich stand auf und schaute aus dem Fenster. Auf der Straße marschierten Marinesoldaten mit roten Fahnen in den Händen. Ich weckte Kandinsky, der sich schnell ankleidete und auf den Korridor unseres Hotels ging, wo sich mehrere Offiziere versammelt hatten. Er kam mit der Nachricht ins Zimmer gestürzt, daß der Zar abgedankt habe.

Die Revolution war in Rußland ausgebrochen.

Für uns kam die Nachricht völlig überraschend. Wir hatten wochenlang keine Zeitung mehr gelesen und waren deshalb über die politischen Ereignisse in unserem Land überhaupt nicht informiert. »Wir müssen sofort nach Moskau zurück«, entschied Kandinsky. »Ich möchte in dieser Situation unsere Wohnung nicht unbewacht lassen und den weiteren Verlauf der Dinge in Moskau mitverfolgen.«

Ohne sich von der allenthalben zu beobachtenden Hektik anstecken zu lassen, versuchte er alles in Ruhe zu überdenken. »Wenn die Revolution für Rußland und seine Menschen positive Ergebnisse bringt«, sagte er, »dann ist sie etwas Gutes und dann kann ich sie nur begrüßen.«

Unsere Wohnung fanden wir bei unserer Rückkehr verschlossen vor. Ich sage »unsere« Wohnung, denn seit unserer Eheschließung wohnte ich zusammen mit Kandinsky auf der Dolgy-Nöpolinowsky Nr. 1. Zuvor hatte ich im Hause meiner Mutter auf der Kosichinsky-Pereulok gelebt.

Meine Herkunft

Mein Mädchenname ist Nina von Andreewsky. Wie der Name schon sagt, entstamme ich einem russischen Adelsgeschlecht in Tula und kam bereits in sehr jungen Jahren mit meiner Familie nach Moskau. In Moskau verbrachte ich meine ganze Jugendzeit, dort bin ich zur Schule gegangen und dort habe ich mein Abitur gemacht. In der Zeit, als ich bereits mit Kandinsky verheiratet war, studierte ich an der Moskauer Universität zwei Jahre lang Philologie, Geschichte und im Nebenfach Philosophie. Obgleich ich nie Vorlesungen in Kunstgeschichte gehört habe, galt seit früher Jugend mein ganzes Interesse der Kunst.

Seit jeher liebte ich bildende Kunst. Dichtung und Musik. Schon als Kind besuchte ich, wann und wo immer sich eine Möglichkeit bot, Museen und Ausstellungen, und ich empfand es als großes Geschenk, wenn meine Mutter mich in Symphoniekonzerte mitnahm. Was mich in der Malerei am meisten faszinierte, waren die Farben, während mich neuere realistische Darstellungen weniger ansprachen, weil sie nicht dem Ausdruck unserer Epoche entsprachen. Nicht sonderlich zu erwähnen brauche ich wohl, daß meine uneingeschränkte Verehrung Genies wie Rembrandt, Tizian oder auch Tintoretto gehört. Den Hyperrealismus unserer Tage lehne ich vollkommen ab.

Ich erinnere mich noch sehr deutlich an ein Erlebnis, das wie ein Blitzstrahl meinen weiteren Lebensweg erhellte. Während einer freien Schulstunde suchte ich zusammen mit einer meiner Schulfreundinnen eine Hellseherin auf. Die Kunst des Hellsehens zog mich seit meiner Kindheit geradezu magisch an. Selbst wenn Wahrsager auch nicht die ganze Zukunft vorhersagen können, so steckt in ihren Vorhersagen allemal ein Körnchen Wahrheit. Meine Freundin und ich schafften es, die Assistentin der Hellseherin mit einem guten Trinkgeld zu bestechen, uns vor den vielen wartenden Besuchern ins Sprechzimmer vorzulassen. Zuerst durfte meine Freundin eintreten. Sie blieb nicht lange in dem dämmrigen, künstlich verdunkelten Raum. Als sie zurückkam, sah ich Tränen in ihren Augen funkeln. Ich war ungeheuer aufgeregt. Sollte auch ich nur Betrübliches erfahren? Als ich dann aber die Hellseherin vor mir sitzen sah, kam eine große Ruhe über mich. Sie war übrigens die erste Frau mit kurzen Haaren, die ich bis dahin gesehen hatte. In Moskau bedeuteten kurze Haare damals eine Sensation, denn fast alle Frauen trugen Zöpfe oder Knoten.

Als erstes fragte mich die Hellseherin nach meinem Geburtsdatum, dann nahm sie meine Hände und sagte spontan:
»Sie sind für mich ein interessanter Fall. Ihr Leben wird sehr ungewöhnlich verlaufen. Lange werden Sie nicht mehr in Rußland bleiben.« Nach kurzem Zögern fuhr sie fort:
»Sie werden einen berühmten Mann heiraten, dessen Berühmtheit ständig zunehmen wird. Ich kann nicht genau sagen, was ihr zukünftiger Mann beruflich macht, aber ich bin sicher, daß er entweder Schriftsteller oder Maler ist. Momentan

lebt dieser Mann nicht in Rußland. Er hält sich in Nordeuropa auf.«

Die Wahrsagerin hatte mir kein falsches Wort gesagt, denn wie sich später herausstellte, hielt sich Kandinsky zu dieser Zeit gerade in Stockholm auf.

»Ihren Lebensweg werden sehr viele bedeutende und interessante Menschen kreuzen«, fügte sie noch hinzu. »Ich bin ganz sicher, daß Ihre Meinung immer gerne gehört wird. Ich weiß, Sie haben im Augenblick wenig Zeit. Aber tun Sie mir bitte den Gefallen und kommen Sie noch einmal zu mir. Ich verlange auch kein Honorar von Ihnen, weil mich allein Ihre Person interessiert.«

Trotzdem bin ich später nicht mehr zu ihr hingegangen. Ich fürchtete, sie könnte mich bei meinem zweiten Besuch enttäuschen. Meiner Freundin hatte sie gesagt, daß ihr Bräutigam im Krieg den Tod finden würde, was dann auch geschah.

Die Moskowiter strömten in Scharen zu dieser Hellseherin, deren Name mir leider entfallen ist. Auch über ihr weiteres Schicksal ist mir nichts bekannt. Ihr Einfluß war so groß, daß die Polizei sie zwang, Moskau zu verlassen.

Mein Elternhaus war stets sehr gastfreundlich. So durften die Jugendfreunde von mir und meiner Schwester bei uns ohne weiteres ein und aus gehen. Meine Mutter gestattete uns auch, kleine Festlichkeiten zu veranstalten. Dennoch fehlte bei unserer Erziehung auch die Strenge nicht, was ich aus heutiger Sicht durchaus richtig finde. Da mein Vater sehr früh verstarb, verdanke ich die gute Erziehung allein meiner Mutter. Als ich in der Bauhaus-Zeit mit Kandinsky in Weimar lebte, ging meine Mutter zum zweiten Mal eine Ehe ein. Sie heiratete Iwan Krylow, einen russischen General, der seit Jahren zum Freundeskreis der Familie gehörte.

Mit zehn Jahren wurde ich einmal gefragt, was ich später werden möchte.

»Dichterin«, antwortete ich. Ich las nämlich sehr viel und sehr gerne und wünschte mir, für andere Menschen Bücher schreiben zu können. »Wenn ich ein Junge wäre«, meinte ich, »möchte ich Botschafter werden.«

»Warum Botschafter?«

»Ich möchte in der Welt herumkommen und viele Menschen kennenlernen.« Später ging dieser Wunsch tatsächlich in Erfüllung. Durch die Heirat mit Kandinsky bin ich in der Welt weit herumgekommen – ob als Botschafter meines Landes, müßten andere beurteilen, gemeinsam mit Kandinsky aber sicher als Botschafter der Kunst.

Meine große Leidenschaft war und ist auch heute noch das Ballett. Ich hätte zu gerne Ballettanz studiert, aber meine Mutter war dagegen. In aller Heimlichkeit nahm ich dennoch einige Monate Unterricht in einer der bekanntesten Ballettschulen Moskaus. Ungesehen mußte ich mich aus dem Haus stehlen, damit meine Mutter nichts von meinen heimlichen Tanzstunden erfuhr. Lange Zeit konnte das allerdings nicht gutgehen. Als mir meine Mutter nach drei Monaten auf die Schliche kam, mußte ich die Schule sofort verlassen. Ich erzählte diese Episode später einmal Kandinsky, der genau wie ich ein großer Liebhaber des Balletts war. »Wer weiß, ob wir uns dann überhaupt kennengelernt hätten«, sagte er lachend.

Es war mir als Kind streng verboten, in die Küche zu gehen, geschweige denn, mich dort aufzuhalten. Als Kandinsky mich heiratete, zeigten sich sogleich die Folgen meiner Unerfahrenheit in Küche und Haushalt: »Meine Tochter hat keine Erfahrungen im Kochen. Sie kann bestimmt keinen Haushalt führen«, warnte ihn meine Mutter. Kandinsky ließ sich davon aber nicht abschrecken. »Das werde ich Nina schon beibringen. Außerdem habe ich vor, eine Haushälterin einzustellen«, beruhigte er meine Mutter.

Meine erste Kochstunde hatte ich dann bei meinem Mann. Er mußte ganz von vorne anfangen, da mir die elementarsten Kenntnisse in Haushalt und Küche fehlten. Welches Gericht wir damals gemeinsam zubereiteten, weiß ich nicht mehr, auf jeden Fall habe ich im Laufe der Jahre in meinen Kochkünsten so gute Fortschritte gemacht, daß Kandinsky mit meinen Gerichten immer sehr zufrieden war. Während der Revolution und in den Jahren danach, bis zu unserer Abreise nach Deutschland, ging mir in Moskau ein Dienstmädchen zur Hand, das mir in unserem Haushalt die gröbsten Arbeiten abnahm.

In der Zeit der Revolution war Schmalhans bei uns Küchenmeister. Die Nahrungsmittel waren knapp. Offiziell erhielten wir unsere recht kargen Zuteilungen. Kandinsky erhielt schmale Mehlrationen, die sogenannte »Akademikerration«.

Ab 1919 arbeitete ich im Moskauer Narkomproß, zuerst als Sekretärin bei Kandinsky, der als Mitglied des Kunstkollegiums beim Volkskommissariat mit der Reorganisation der russischen Museen betraut war, später als Kanzleileiterin und Sekretärin in der Abteilung für Materialbeschaffung des Akademischen Zentrums. Dort bekam ich verschiedene Grundnahrungsmittel zugeteilt, die aber zum Leben nicht ausreichten. Ich ging deshalb auf den schwarzen Markt und tauschte Schuhe, Mäntel oder Schals gegen Eßwaren ein, was nicht ganz ungefährlich war, denn auf Naturalienhandel standen hohe Strafen. Einmal tauschte ich eine Jacke gegen Hammelfleisch. Ich war ganz sicher, ein tolles Geschäft gemacht zu haben, und eilte flugs nach Hause, um dem Dienstmädchen triumphierend zu zeigen, was ich zur Aufbesserung unserer kargen Mahlzeiten mitgebracht hatte. Ein Schrei des Entsetzens entrang sich ihren Lippen, als sie den Hammelbraten inspizierte:

»Gnädige Frau, Sie haben Hundefleisch im Papier!«

Auch dies gehörte zu meinem Debüt in der Küche. Die Episode zeigt aber auch, unter welch katastrophalen Bedingungen wir damals im nachrevolutionären Moskau lebten.

Kandinskys Herkunft

Kandinsky war fünfzig Jahre alt, als ich ihn in Moskau kennenlernte, er war einundfünfzig, als ich ihn heiratete.

Wenn ich an dieser Stelle auf Kandinskys Herkunft, seine K.ndheit und Jugend, seine Studienzeit und seine Entscheidung für die Kunst zu sprechen komme, so stütze ich mich weitgehend auf die Bücher meines Mannes und auf biographische Einzelheiten, die ich aus Gesprächen mit Kandinsky erfahren habe. Ich hätte gerne darauf verzichtet, den Lebensweg Kandinskys vor unserer Heirat zu schildern, aber Unrichtigkeiten und Mißverständnisse in anderen Darstellungen seines Werks und seiner Person nötigen mich, noch einmal seinen Werdegang bis zum Abschluß der Münchner Periode aus meiner Sicht zu beleuchten – erst dann scheint es mir sinnvoll, mich jener zwei Jahrzehnte ausführlich zuzuwenden, die ich mit ihm zusammenlebte. Vieles im späteren Leben Kandinskys läßt sich erst verstehen, wenn man seine frühe Entwicklung kennt.

Kandinsky wurde am 4. Dezember 1866 in Moskau geboren. In den Adern seines Vaters floß russisches und auch etwas mongolisches Blut. Mit Stolz erwähnte er des öfteren eine seiner Urgroßmütter, die eine mongolische Prinzessin gewesen war. Sein Vater, der aus Kjachta an der chinesischen Grenze stammte, kam in jungen Jahren nach Moskau und heiratete dort Lydia Ticheeva, eine gebürtige Moskowiterin, die wegen ihrer Schönheit berühmt war. Sie galt als klug und überaus charmant. Wassily war das einzige Kind aus dieser Ehe.

Saftig grün, weiß, karminrot und ockergelb waren die ersten Farben, die einen starken Eindruck auf den erst Dreijährigen machten. Im Jahre 1869 reisten seine Eltern zusammen mit dem kleinen Wassily nach Italien. Die moskowitische Kinderfrau wunderte sich sehr, daß die Kandinskys eine so lange Reise machten, um »zerbrochene Gebäude und alte Steine« zu bewundern, wo es doch in Moskau so viele davon gab. Wassily behielt denn auch nur einen undurchdringlichen Wald dicker Säulen in Erinnerung.

Er war erst fünf Jahre alt, als seine Familie 1871 von Moskau nach Odessa übersiedelte. Da sein Vater das Moskauer Klima nicht vertrug, nahm er in der südrussischen Metropole den Posten eines Direktors in einer Teefabrik an. Wassilys Tante, Elisabeth Ticheeva, der er nicht weniger als seinen Eltern verdankte, folgte den Kandinskys nach Odessa, aber die ganze Familie wurde dort nicht recht heimisch. Wassily fühlte sich in Odessa immer wie ein vorübergehender Gast.

Die Ehe seiner Eltern hatte nicht lange Bestand, und es kam bald nach der Übersiedlung zur Scheidung. Wassily blieb bei seinem Vater und seiner Tante, der ältesten Schwester seiner Mutter, die liebevoll für ihn sorgte. Im *Rückblick*, Kandinskys Lebenserinnerungen aus dem Jahre 1913, setzte er ihr ein eindrucksvolles Denkmal.

Schon im zarten Kindesalter versuchte sich Wassily in der Malerei, die für ihn damals nichts anderes als ein lustiges Farbklecksen war. Einmal tuschte er einen scheckigen Schimmel mit Wasserfarben an. Das Werk war fast vollendet und nur die Hufe noch ohne Farbe, als Tante Ticheeva, die ihm beim Malen half, ausgehen mußte. Sie empfahl ihm deshalb, mit den Hufen bis zu ihrer Rückkehr zu warten. Wassily blieb allein zurück und quälte sich damit ab, die letzten Farbflecken auf das Papier zu bringen. Schwarz, dachte er, würde die Hufe sicher vollkommen naturgetreu erscheinen lassen. Er nahm also so viel Schwarz, wie der Pinsel halten konnte – welch herbe Enttäuschung: er sah vier schwarze, dem Papier ganz fremde, häßliche Flecken an den Hufen des Schimmels. Verzweiflung überkam ihn, und er fühlte sich grausam bestraft. Bis in sein hohes Alter hinein sollte es ihm Qual bereiten, reines Schwarz auf die Leinwand zu bringen.

Als Knabe konnte Wassily Bilder, die ihn in Ausstellungen besonders fesselten, zu Hause auswendig malen, soweit es seine technischen Kenntnisse erlaubten. Seine bildhafte Vorstellungskraft und sein Augengedächtnis waren schon in früher Kindheit erstaunlich gut entwickelt. Später zeigte es sich dann, daß Kandinsky besser »nach der Erinnerung« als »nach der Natur« malen konnte.

Elisabeth Ticheeva war Baltin und sprach mit dem Jungen des öfteren deutsch. Sie las ihm deutsche Märchen vor und führte ihn in eine bunte Phantasiewelt ein, die seine Einbildungskraft nachhaltig formte. Kandinsky hat vielfach darauf hingewiesen, daß die deutschen Märchen eine der Quellen sind, aus denen sich seine Malerei speist. Seine Tante, die bereits in der Erziehung seiner Mutter eine sehr große Rolle gespielt hatte, gewann auch auf die ganze Entwicklung Kandinskys einen immensen, unverwischbaren Einfluß. Er erzählte mir, daß die meisten Menschen, mit denen sie in Berührung kam, von ihrem verklärten Wesen tief beeindruckt waren.

Wassily war noch zu jung, um die Bedeutung der Scheidung seiner Eltern ganz ermessen zu können. An beiden Elternteilen hing er mit gleicher Liebe, von beiden ist seine Persönlichkeit geprägt worden. Er betrachtete seinen Vater, der offenbar nicht als strenge Autorität in Erscheinung trat, als väterlichen Freund und Vertrauten, dem er seine Nöte mitteilen konnte und von dem er gerne einen wohlwollenden Rat entgegennahm. Auch in späteren Jahren hat Kandinsky nie ein abschätziges Wort über seinen Vater verloren, im Gegenteil: Er bewunderte seine Handlungsweise und seine Entscheidungen aufrichtig und uneingeschränkt. Unbeugsamer Mut, unerschütterlicher Glaube in die Vernunft und das Leben, ein starker Charakter – das waren Tugenden, von denen sich auch der Sohn leiten ließ.

In seiner Mutter sah Wassily das Idealbild der Frau verkörpert. Er verriet mir einmal, daß er insgeheim an seine Mutter gedacht habe, als er im *Rückblick* sein Moskaugemälde entwarf. Die Stadt Moskau war für ihn durch und durch weiblich, eine Inkarnation der Schönheit, Würde, Anmut, Ausgeglichenheit, der belebenden Widersprüche und verführerischen Reize: Verzauberung, Traum, Erotik und Koketterie in einem. Was konnte dieses Moskaugemälde anderes sein als das Geschenk des Sohnes an die Mutter? Es ist ein Bild, das seine ganze Liebe und Zuneigung verrät. Hier spricht ein Maler und Dichter seine Gefühle unverhüllt aus. Wenn ich die hinreißenden Sätze über Moskau im *Rückblick* lese, glaube ich die gleichen Worte herauszuhören, mit denen er zu mir über seine Mutter sprach. Das Porträt der Stadt und das seiner Mutter sind identisch. Als seine Mutter ein zweites Mal heiratete, änderte sich nichts an seinem Verhältnis zu ihr. Sie besuchte ihn auch nach der Scheidung jeden Tag in der Wohnung des Vaters, bei dem Wassily lebte.

Aus der zweiten Ehe seiner Mutter gingen vier Kinder hervor. Von den um viele Jahre jüngeren Stiefgeschwistern war sein jüngster Stiefbruder, Alexej Kojewnikof, Wassilys Patenkind. Kojewnikof studierte Psychiatrie und wurde in seinem Fach auch über die Grenzen Rußlands hinaus bekannt. Der ältere Stiefbruder, Wladimir, hatte einen Sohn mit Namen Alexander Kojewnikof (er nannte sich später Kojew), der an der Heidelberger Universität Philosophie studierte. Alexander Kojew, der nach Beendigung seines Studiums in Deutschland blieb, machte sich einen Namen als Hegel-Spezialist. Er verließ 1925 Deutschland und lebte bis zu seinem Tode 1968 in Paris.

Kojew liebte Kandinskys Malerei, die er mit großem Sachverstand beurteilte. In der Ausgabe des *XXième siècle* von 1966, die im Untertitel »Hommage à Kandinsky« heißt, findet sich ein Aufsatz aus seiner Feder, der beweist, wie subtil er die Kunst Kandinskys zu beurteilen verstand.

Kandinskys Eltern habe ich persönlich nicht kennengelernt. An unserer Hochzeit in Moskau nahmen sie nicht teil. Sie wohnten in Odessa, und da das Reisen in Rußland damals ziemlich beschwerlich war, empfahlen wir ihnen, nicht eigens nach Moskau zu kommen. Kandinskys Mutter schrieb mir daraufhin einen sehr liebevollen Brief, in dem sie ausdrückte, wie sehr sie an das Glück ihres Sohnes glaube. Sie starb, noch bevor wir aus Rußland weggingen. Die Nachricht vom Tode seines Vaters erreichte Kandinsky, als wir in Dessau wohnten.

Der junge Kandinsky erhielt eine gründliche Schul- und Universitätsbildung. In Odessa besuchte er die Grundschule und war ab 1876 neun Jahre lang Schüler am dortigen Gymnasium. Als Wassily zehn Jahre alt war, versuchte sein Vater, ihn zur Wahl zwischen dem Lateingymnasium und der Realschule heranzuziehen. Er erklärte ihm die Unterschiede zwischen diesen beiden Schultypen und half ihm so, selbständig die richtige Wahl zu treffen. Freigebig unterstützte er seinen Sohn viele lange Jahre mit Geld, sprach mit ihm als älterer Freund und bemühte sich, in wichtigen Angelegenheiten Wassily allein entscheiden zu lassen. Seine Erziehungsprinzipien waren volles Vertrauen und freundschaftliche Aussprache. Während all dieser Gymnasialjahre blieb der Wunsch, nach Moskau zurückkehren zu dürfen, in Wassily wach, ein Wunsch, dem sein Vater mit großem Verständnis entgegenkam. Ab seinem dreizehnten Lebensjahr nahm er Wassily jeden Sommer mit nach Moskau, bis dieser mit achtzehn Jahren ganz dorthin übersiedelte. Ab 1874 nahm Wassily Unterricht in Klavier und Violoncello. Wie viele Jünglinge seines Alters begann er auch Gedichte zu schreiben, die er dann allerdings immer wieder zerriß. Über seine schulischen Leistungen ist mir kaum etwas bekannt, weil er praktisch nie darüber gesprochen hat. Sicher aber scheint mir, daß sein Vater, ein Pragmatiker und ein tüchtiger, erfolgreicher Geschäftsmann, Wassily das Studium nicht finanziert hätte, wenn dieser mit nur mittelmäßigen Leistungen hervorgetreten wäre. Alles weist darauf hin, daß der Vater von der Begabung seines Sohnes überzeugt gewesen ist.

Und dieser Vater, der seinem Sohn mit so viel Verständnis entgegenkam, bemerkte schon früh Wassilys Liebe zum Zeichnen und veranlaßte ihn, im Gymnasium zu Odessa Zeichenkurse zu belegen. Es waren erste tastende Versuche, sich mit den Regeln einer Kunst vertraut zu machen, zu der er sich zeit seines Lebens hingezogen fühlte. Sogar die Materialien, in deren Handhabung er sich üben mußte, waren für ihn anziehend, schön und lebendig. All die inneren Spannungen und seelischen Beben, all die Unruhen der Kindheit löschte das Zeichnen.

Der Vater ließ auch keine Gelegenheit aus, Wassilys Allgemeinwissen zu bereichern. Wenn sie gemeinsam nach Moskau fuhren, besuchten sie die vielen alten Kirchen der Stadt. Der Vater, der aus Ostsibirien stammte, wohin seine Ahnen aus politischen Gründen von Westsibirien verbannt worden waren, kannte die Seele Moskaus, den vielberufenen moskowitischen Geist, ebensogut wie das äußere Moskau. Andächtig lauschend hörte ihm der Junge zu, wenn er die zahllosen Kirchen mit den wunderbaren alten Namen aufzählte. Hier lernte Kandinsky die altehrwürdigen Mosaiken und Ikonen kennen und bewundern, tief ins Erdreich der russischen Kultur hinabreichende Wurzeln seiner eigenen Kunst, wie er später bekannte. 1886 übersiedelte er endgültig nach Moskau, um sich an der dortigen Universität als Student der Nationalökonomie und der Jurisprudenz einzuschreiben. Einer seiner Lehrer war Professor A. J. Tschuprow, ein hochbegabter Wissenschaftler, dem der Schüler uneingeschränktes Lob und große Verehrung entgegenbrachte. Später sagte Kandinsky über ihn, Tschuprow sei einer der seltensten Menschen gewesen, die er im Leben getroffen habe.

Auf der Universität beschränkte sich Kandinsky nicht allein auf das Studium seines Spezialfachs. Sein Wissensdurst war so groß, daß er das ganze Spektrum des Lehrangebots innerhalb seiner Fakultät erkundete; seine Aufgeschlossenheit hielt ihn davon ab, seinen Geist von engstirnigen Spezialisten einschnüren zu lassen. Er lotete die Rechtswissenschaft nach allen Seiten hin aus.

»Das römische Recht«, so bekennt er, »das mich durch die feine, bewußte, hochraffinierte ›Konstruktion‹ bezauberte, das mich, den Slawen, aber als eine viel zu kalte, viel zu vernünftige, unbiegsame Logik nicht befriedigen konnte, das Kriminalrecht (das mich besonders und vielleicht zu ausschließlich durch die damals neue Theorie Lombrosos berührte), die Geschichte des russischen Rechtes und das Bauernrecht (das als Gegensatz zum römischen Recht mich als Befreiung und glückliche Lösung des fundamentalen Gesetzes in große Bewunderung versetzte und meine tiefe Liebe gewann), die diese Wissenschaft berührende Ethnographie (von der ich mir anfänglich die Seele des Volkes versprach), nahmen mich in Anspruch und verhalfen mir zum abstrakten Denken.«

Schon damals kamen ihm Zweifel, ob er wirklich den richtigen Weg eingeschlagen habe. Sein stets waches Interesse für die Kunst schlüpfte plötzlich aus dem freiwillig angelegten Kokon und begehrte gegen sein Engagement für die Wissenschaft auf. Der Student der Rechte und der Nationalökonomie geriet in den Zwiespalt, zwischen Kunst und Wissenschaft wählen zu müssen.

Die endgültige Entscheidung fiel in dieser Zeit latenten Zweifels indes noch nicht. Kandinsky blieb vorerst noch seiner Wissenschaft treu. In seinen Erinnerungen aber verschweigt er nicht, welch harte innere Kämpfe er mit sich ausfocht, ehe sein Entschluß feststand, das unsichere Brot der Kunst zu wählen.

»Alle diese Wissenschaften habe ich geliebt, und ich denke noch heute mit Dankbarkeit an die Stunde der Begeisterung und vielleicht Inspiration, die sie mir schenkten.« Und er fährt fort: »Nur verblaßten diese Stunden bei der ersten Berührung mit der Kunst, die allein die Macht hatte, mich außer Zeit und Raum zu versetzen. Nie hatten mir die wissenschaftlichen Arbeiten solche Erlebnisse, innere Spannungen, schöpferische Augenblicke geschenkt.«

Noch fand er seine Kräfte zu schwach, als daß er es hätte wagen können, seine anderen Pflichten zu vernachlässigen, um das unbegrenzt glückliche Leben eines Künstlers zu führen. Auch schien ihm das damals besonders düstere russische Leben nicht geeignet, einen jungen Künstler hoffnungsvoll zu stimmen. An der Universität schätzte man seine wissenschaftlichen Arbeiten, und so setzte er seine juristischen Studien fort. In der Nationalökonomie liebte er vor allem das rein abstrakte Denken, während ihn das Bankwesen mit unüberwindlichem Widerwillen erfüllte. Für die praktische Seite des Geldwesens hatte Kandinsky nicht das geringste übrig, obwohl er nicht umhin konnte, auch diesen Teil seines Studiengebiets mit in Kauf zu nehmen.

Trotz intensiver Studien geriet Kandinsky, der später für Politik kaum noch Interesse aufbrachte, unversehens und unfreiwillig auf das Schlachtfeld politischer Querelen, ja er ergriff sogar Partei und beteiligte sich persönlich am Kampf der Studenten gegen das »listige, unverschleierte Universitätsgesetz von 1885«. Es war in jener Zeit, als man eine allstudentische Organisation zu schaffen versuchte, welche die Studentenschaft nicht nur einer Universität, sondern sämtlicher russischer Universitäten und im Endziel auch der westeuropäischen Universität umfassen sollte. Dieses absolute Universitätsgesetz, gegen das sich die Studenten erhoben, säte nur Unrecht und Unfrieden. Es muß sein ausgeprägtes Gerechtigkeitsgefühl gewesen sein, das Kandinsky in die Revolte zwang, denn in all den Jahren unseres Zusammenlebens hat er jede politische Aktion strikt abgelehnt. Mit Politik wollte er nichts zu schaffen haben. Er interessierte sich später nicht mehr dafür. Willkür und Unrecht machten ihn jedoch in diesen Jahren so betroffen, daß er eindeutig Partei ergriff:

»Vergewaltigungen der alten, moskowitischen freiheitlichen Traditionen, Vernichtung schon geschaffener Organisationen durch die Behörden, unsere neuen Gründungen, das unterirdische Donnern der politischen Bewegungen, die Entwicklung der Selbsttätigkeit der Studentenschaft brachten fortwährend neue Erlebnisse mit sich und machten dadurch Seelensaiten empfindlich, empfänglich, besonders vibrationsfähig.«

Diese Entwicklung der Selbsttätigkeit war für Kandinsky eine der erfreulichsten Seiten des ansonsten im zaristischen Rußland seiner Zeit recht verkrusteten, gedrückten Lebens. Wie viele freie Geister führt auch er bittere Klagen über den Stumpfsinn der Massen. Deshalb die Forderung nach korporativen Organisationen, die er als Übergang zur Freiheit auffaßt, als ein nötiges Band, das aber möglichst locker sein und die großen Schritte zu weiteren Entwicklungen nicht hemmen sollte.

Zu seinem Glück ließ sich Kandinsky von der Politik nicht ganz in Beschlag nehmen. Wenn es seine Studien erlaubten, betätigte er sich gerne sportlich. Er erzählte mir, daß er mit Freunden manchmal bis spät in die Nacht hinein bei Kerzenlicht Tennis gespielt hat. Außerdem nahm er Reitstunden und trainierte sich im Fechten. Auf seinem eigentlichen Studiengebiet war er so erfolgreich, daß die »Gesellschaft für Naturwissenschaften, Anthropologie und Ethnographie« auf ihn aufmerksam wurde, ihn aus einer großen Zahl von Bewerbern auswählte und mit einer wichtigen Mission betraute. Im Jahre 1889 schickte ihn die Gesellschaft in das Gouvernement Wologda, wo er zum einen bei der russichen Bevölkerung das Bauernkriminalrecht studieren und zum anderen bei dem Fischer- und Jägerstamm der langsam verschwindenden Syrienen die Reste ihrer heidnischen Religion sammeln sollte.

Kandinsky brachte eine reiche Ausbeute mit nach Moskau. Die Gesellschaft war mit dem Ergebnis dieser Ein-Mann-Expedition offenbar so zufrieden, daß sie den begabten Studenten als Mitglied in ihre Reihen aufnahm. Fast zur gleichen Zeit wurde er auch Mitglied der »Juristischen Gesellschaft«. Aber noch immer brodelt in ihm die Liebe zur Kunst, noch immer träumt er heimlich von seiner Berufung zum Künstler. Paris lockte, die Weltmetropole der Kunst, Montmartre und Montparnasse, Ziel eines jeden, der sich zur Kunst berufen fühlte. Und Kandinsky war ein Berufener, auch wenn er es sich noch nicht offen eingesteht. In die Jahre 1889 und 1892 fallen zwei Paris-Reisen, die ihm zwar große Eindrücke vermitteln, aber doch wieder nicht so starke Eindrücke, daß sie ihn umstimmen könnten, der Wissenschaft endgültig den Laufpaß zu geben und Maler zu werden.

1892 legte Kandinsky sein Staatsexamen ab, auf das er sich gut vorbereitet hatte. Schon als Schüler war es ihm schwergefallen, Zahlen, Namen oder Gedichte auswendig zu lernen. Das Einmaleins bot unüberwindliche Schwierigkeiten und brachte so manchen seiner Lehrer zur Verzweiflung. Nur wenn er sein stark ausgeprägtes Augengedächtnis zur Hilfe nahm, vermochte er ohne allzu große Anstrengung auch über diese Hürde zu springen: Beim Staatsexamen geschah es, daß er eine ganze Seite Zahlen kannte, nur weil er in der Aufregung diese Seite ganz deutlich in sich sah.

Kandinsky bestand die Prüfungen mit Bravour. Beachtung fand in Fachkreisen vor allem seine Abhandlung über die Problematik des Arbeitslohns. Die juristische Fakultät ernannte ihn daraufhin zu ihrem Attaché. Jetzt standen ihm alle Türen zu einer glänzenden akademischen Laufbahn offen. Die Universität Dorpat meldete sich und bot ihm eine Professur an, Kandinsky aber lehnte ab.

Der Zeitpunkt der Entscheidung war gekommen, und diesmal ließ er ihn nicht verstreichen. An der Schwelle zu einer vielversprechenden Universitätskarriere siegte der Künstler in ihm über den Wissenschaftler. 1896 entschied sich Kandinsky im Alter von dreißig Jahren für die Malerei.

Während seiner Moskauer Studienzeit wohnte Kandinsky bei seiner Tante Tschimiakin. Dort lernte er auch seine erste Frau kennen, Anja Tschimiakin, die Tochter seiner Tante. Anja besuchte zur selben Zeit wie Kandinsky die Universität, zwar nicht als eingeschriebene Studentin, wohl aber als Gasthörerin. Für die damalige Zeit war es etwas Außergewöhnliches, daß eine Frau an einer russischen Universität Vorlesungen hörte.

Nachdem Kandinsky sein Examen bestanden hatte, heiratete er 1892 seine Cousine. Es war eine mehr freundschaftliche Verbindung, keine Liebesheirat, wie Kandinsky mir sagte, jedenfalls nicht von seiner Seite. Er hatte in Anja eine kluge und gebildete Gesprächspartnerin gefunden. Als Kandinsky heiratete, stand noch nicht fest, daß er die akademische Laufbahn aufgeben würde. Anja hatte gehofft, mit ihrem Jawort einen Wissenschaftler und nicht einen Künstler an sich zu binden. Sie war amusisch und sie konnte und wollte auch nicht den Künstler Kandinsky akzeptieren.

Nur mit Widerwillen trennte Anja sich von Moskau. Denn mit dem Abschied von der Wissenschaft war für Kandinsky auch der Abschied von Moskau beschlossene Sache. Im selben Jahr noch, 1896, fuhren sie beide nach München, ihrem ersten ständigen Wohnsitz im Ausland über Jahre hinaus.

Ein lang gehegter Wunsch geht in Erfüllung

An Selbstbewußtsein und Selbstsicherheit hat es Kandinsky nie gefehlt. Er kostete den Becher der Wissenschaft bis zur bitteren Neige, scheinbar unbeirrt von inneren Zweifeln und aus der nüchternen Einsicht in die Notwendigkeit, den einmal eingeschlagenen Weg nicht abbrechen zu dürfen. Es bedurfte einer großen Erschütterung, um diese Einsicht ins Wanken zu bringen. Die Entdeckung der Radioaktivität durch den französischen Physiker Antoine Henri Becquerel 1896 zeigte Kandinsky, daß die Atome und mit ihnen die Elemente physikalisch nicht unveränderlich sind, sondern zerfallen können. Diese überraschende Entdeckung erschütterte sein Vertrauen in die Wissenschaft und ließ in ihm den Entschluß reifen, sich nach dem Examen ganz der Kunst zu widmen: »Das Zerfallen des Atoms war in meiner Seele dem Zerfall der ganzen Welt gleich. Plötzlich fielen die dicksten Mauern. Alles wurde unsicher, wackelig, weich. Ich hätte mich nicht gewundert, wenn ein Stein vor mir in der Luft geschmolzen und unsichtbar geworden wäre. Die Wissenschaft schien mir vernichtet: ihre wichtigste Basis war nur ein Wahn, ein Fehler der Gelehrten, die nicht im verklärten Licht mit ruhiger Hand ein göttliches Gebäude Stein für Stein bauten, sondern in Dunkelheit aufs Geratewohl nach Wahrheiten tasteten und blind einen Gegenstand für einen anderen hielten.«

Obwohl Kandinsky hypersensibel auf diese fundamentale Erschütterung seines wissenschaftlichen Weltbildes reagierte, wurde er mit der allenthalben spürbaren Verunsicherung leichter fertig als viele seiner Kollegen, deren Denkgebäude plötzlich zu wanken begonnen hatte. Kandinsky sah in der Kunst eine Alternative, die nicht vom Zerfall der ganzen Welt bedroht war, ein Refugium, das dem Gewitter der Atomspaltung trotzen würde.

In diesen Tagen des inneren Bebens und der unklaren Sehnsucht nahm sein Traum von einem autonomen Künstlerleben endlich Gestalt an. Der Entschluß war gefaßt. In der Kunst erkannte jetzt Kandinsky eine neue Möglichkeit, sich von seinen inneren Spannungen zu befreien, außer Raum und Zeit zu leben. Dennoch war die Kunst nicht seine Fluchtburg aus der Wirklichkeit, kein Wolkenkuckucksheim romantischer Weltentsagung. Sie war vielmehr eine Möglichkeit intensivster Lebenserfahrung, eine Möglichkeit auch, sein außergewöhnlich sinnliches Verhältnis zu Farben und Formen adäquat auszudrücken. Während seine Komplimente für die Wissenschaft eher spröde klangen, floß sein Herz über, wenn er über Malerei sprach. Schon der Student hatte das scheinbar Unmögliche versucht: den ganzen Farbenchorus der Natur mit dem Pinsel auf die Leinwand zu bannen und die ungeheure Kraft dieses farbigen Klanges einzufangen. Die Kunst des Sehens gewann für ihn immer größere Bedeutung.

Eine Episode aus Kandinskys Jugendjahren zeigt, wie emphatisch er Farben erlebte. Als dreizehn- bis vierzehnjähriger Junge kaufte er sich von zusammengespartem Geld einen Malkasten mit Ölfarben. Das Erlebnis der aus den Tuben fließenden Farben ließ ihn nicht mehr los: »Ein Druck der Finger und jauchzend, feierlich, nachdenklich, träumerisch, in sich vertieft, mit tiefem Ernst, mit sprudelnder Schalkhaftigkeit, mit dem Seufzer der Befreiung, mit dem tiefen Klang der Trauer, mit trotziger Kraft und Widerstand, mit nachgebender Weichheit und Hingebung, mit hartnäckiger Selbstbeherrschung, mit empfindlicher Unbeständigkeit des Gleichgewichts kam eins nach dem andern dieser sonderbaren Wesen, die man Farbe nennt – an und für sich lebendig, selbständig, zum weiteren selbständigen Leben mit allen möglichen Eigenschaften begabt und jeden Augenblick bereit, sich neuen Kombinationen bereitwillig zu beugen, sich untereinander zu mischen und unendliche Reihen von neuen Welten zu schaffen. Manche liegen da als schon ermattete, schwach gewordene, verhärtete, als tote Kräfte und lebende Erinnerungen an die vergangenen, nicht vom Schicksal gewollten Möglichkeiten. Wie im Kampf, wie in einer Schlacht kommen aus der Tube frische, die alten ersetzende junge Kräfte. In der Mitte der Palette ist eine sonderbare Welt der Reste der schon gebrauchten Farben, die weit von dieser Quelle in nötigen Verkörperungen auf Leinwänden wandern. Hier ist eine Welt, die aus dem Willen zu den schon gemalten Bildern entstanden, auch durch Zufälligkeiten, durch das rätselhafte Spiel der dem Künstler fremden Kräfte bestimmt und geschaffen wurde. Und diesen Zufälligkeiten habe ich viel zu verdanken: sie haben mich mehr als irgendein Lehrer oder Meister gelehrt. Mit Liebe und Bewunderung studierte ich sie in nicht seltenen Stunden. Die Palette, die aus den genannten Elementen besteht, die selbst ein ›Werk‹ und oft schöner als irgendein Werk ist, soll für die Freuden, die sie bietet, gepriesen sein. Es schien mir manchmal, daß der Pinsel, der mit unbeugsamen Willen Stücke von diesen lebenden Farbenwesen riß, bei diesem Reißen einen musikalischen Klang hervorrief. Ich hörte manchmal ein Zischen der sich mischenden Farben. Es war wie ein Erlebnis, das man in der geheimen Küche des geheimnisumhüllten Alchimisten hören könnte.

Wie oft und boshaft mich dieser erste Malkasten foppte und auslachte. Bald floß die Farbe von der Leinwand herunter, bald gab sie in kurzer Zeit Risse, bald wurde sie heller, bald dunkler, bald sprang sie scheinbar von der Leinwand herunter, schwang sich in der Luft, bald wurde sie trübe und immer trüber und glich einem toten Vogel, der sich der Verwesung näherte – ich weiß nicht, wie alles kam.«

Mit diesen Zeilen aus dem *Rückblick* offenbart sich für mich Kandinsky in einer Weise, wie ich ihn sonst nie kennengelernt habe. Beim Anblick von Farben und im Umgang mit der Palette geriet er jedesmal in einen Rauschzustand, der ihn aller Erdenschwere zu entheben schien. Der ansonsten so besonnene und beherrschte Kandinsky versuchte in diesen ekstatischen Augenblicken seine Leidenschaft nicht mehr zu zügeln, sondern nahm die Herausforderung durch Farbe und Leinwand spontan an, ja er stellte sich ihr mit einem Gefühlsüberschwang, den er außerhalb seines Ateliers stets hinter vornehmer Zurückhaltung zu verbergen wußte. Was organisch, aber in embryonaler Form immer in ihm existiert hatte, kam nun zur vollen Entfaltung. Die nachgerade erotisch anmutenden Empfindungen angesichts des bunten Farbspektrums auf der Palette verwandelten sich in tiefe seelische Erlebnisse, kristallisierten sich zu Ideen, die später ihren grandiosen Ausdruck in dem grundlegenden Werk *Über das Geistige in der Kunst* finden sollten.

Was ihn an der leuchtenden Phantasiewelt deutscher Märchen und den ehrwürdigen Ikonenwänden alter russischer Kirchen so beeindruckt hatte, begann jetzt Früchte zu tragen, die frühen Eindrücke wurden Form, Farbe, Bild. Andere Erlebnisse prägten seinen Gestaltungswillen.

Während seiner Reise in das Gouvernement Wologda kam Kandinsky zum ersten Mal mit der russischen Volkskunst in Berührung. Er fuhr erst mit der Bahn, dann einige Tage mit dem Dampfer auf dem ruhigen Fluß Suchona, später in einem primitiven Wagen durch unendliche Wälder, zwischen sanft gewellten Hügeln hindurch, über Morast und Sandwüsten. Er fuhr ganz allein, in dem Hochgefühl, auf einem anderen Planeten zu reisen. Tagsüber war es glühend heiß, nachts kalt und frostig. Mit Dankbarkeit erinnerte er sich an seine Kutscher, die ihn oft wärmer in seine Reisedecke hüllten.

Im Gouvernement Wologda sah Kandinsky, dem Sehen so viel bedeutete, die ziselierten Bilder der Bauernarchitektur und des heimischen Kunstgewerbes. Dort fertigte er zahlreiche Zeichnungen an, zum Teil auf den Seiten eines kleinen Jahres-

kalenders. Er erfreute sich an den Geheimnissen der Volkskunst, durchschaute aber auch deren Gefahren, die sie für einen seismographisch reagierenden Künstler in sich bargen.
Die urwüchsigen Formen der Volkskunst lehrten ihn ganz besonders *eine* Erfahrung: »Ich kam in Dörfer, wo plötzlich die
ganze Bevölkerung von oben bis unten grau gekleidet war und
gelblichgrüne Gesichter und Haare hatte, oder plötzlich eine
Buntheit der Kleidung zeigte, die wie bunte lebende Bilder auf
zwei Beinen herumliefen. Die großen, mit Schnitzereien be-
deckten Holzhäuser werde ich nie vergessen. In diesen Wun-
derhäusern habe ich eine Sache erlebt, die sich seitdem nicht
wiederholt hat. Sie lehrten mich, im Bilde mich zu bewegen, im
Bilde zu leben. Ich weiß noch, wie ich zum erstenmal in die
Stube trat und vor dem unerwarteten Bilde an der Stelle ste-
henblieb. Der Tisch, die Bänke, der im russischen Bauernhaus
wichtige große Ofen, die Schränke und jeder Gegenstand waren mit bunten, großzügigen Ornamenten bemalt. Auf den
Wänden Volksbilder: ein Held in symbolischer Darstellung,
eine Schlacht, ein gemaltes Volkslied. Die ›rote‹ Ecke (›rot‹ ist
altrussisch gleich ›schön‹) dicht und ganz mit gemalten und
gedruckten Heiligenbildern bedeckt, davor eine kleine rot
brennende Hängelampe, die wie ein Wissender, diskret-leise,
sprechender, bescheidener für und in sich lebender stolzer
Stern glühte und blühte. Als ich endlich ins Zimmer trat, fühlte
ich mich von allen Seiten umgeben von der Malerei, in die ich
also hineingegangen war. Dasselbe Gefühl schlummerte bis
dahin ganz unbewußt in mir, wenn ich in den moskowitischen
Kirchen war und besonders im Hauptdom des Kreml. Bei dem
nächsten Besuch dieser Kirchen nach meiner Rückkehr von
dieser Reise wurde dasselbe Gefühl in mir vollkommen klar lebendig.«

Kandinsky kühlt seine Faszination aber sogleich ab und bemerkt über die Ornamentik der Volkskunst: »Die tote Schein-
existenz der stilisierten Formen konnte mich nur abschrecken.«
Was, wie ich meine, dafür spricht, daß Kandinsky nie der
Künstlichkeit in der Kunst das Wort redete. Für ihn galt als
oberster künstlerischer Grundsatz, daß Kunst Lebendigkeit zu
vermitteln habe.

Ein weiteres Erlebnis Kandinskys am Beginn seiner Künst-
lerlaufbahn war seine erste Begegnung mit dem Werk Rem-

brandts in der St. Petersburger Eremitage, ein Erlebnis, das als tiefe Erschütterung in ihm nachwirkte. Sie fällt ins gleiche Jahr wie die Wologda-Reise.

Wiederum wähle ich Kandinskys eigene Worte, weil sie präzise das sagen, was der werdende Künstler vor den Gemälden Rembrandts empfand: »Die große Teilung des Hell-Dunkel, die Verschmelzung der Sekundärtöne in die großen Teile, das Zusammenschmelzen dieser Töne in diese Teile, die als ein Riesendoppelklang auf jede Entfernung wirkten und mich sofort an die Trompeten Wagners erinnerten, offenbarte mir ganz neue Möglichkeiten, übermenschliche Kräfte der Farbe an sich und ganz besonders die Steigerung der Kraft durch Zusammenstellungen, das heißt Gegensätze . . . Ich fühlte andererseits ziemlich unbewußt, daß diese große Teilung bei Rembrandt seinen Bildern eine Eigenschaft gibt, die ich bis dahin nie gesehen hatte. Ich empfand, daß seine Bilder ›lange dauern‹, und erklärte es mir dadurch, daß ich erst einen Teil dauernd erschöpfen mußte und dann den anderen. Später verstand ich, daß diese Teilung ein der Malerei erst fremd und nicht zugänglich erscheinendes Element auf die Leinwand hinzaubert – die Zeit.«

Die um die Jahrhundertwende in München gemalten Bilder – es waren drei oder vier – sollten eben diese Eigenschaften bekommen. Wie so oft fällt Kandinsky zuerst als Augen-Mensch sein Urteil, ehe der reflektierende Theoretiker seine Schlußfolgerungen zieht. Er sieht sich in die Dinge ein, läßt sie über die Augen auf sich einwirken. So auch bei zwei anderen Erlebnissen im Jahre 1895, die tiefe Spuren in seiner Malerei hinterlassen haben.

Kandinsky besuchte in diesem Jahr eine *Lohengrin*-Aufführung im Bolschoi-Theater und die Ausstellung französischer Impressionisten in Moskau, wo er Monets Bild *Der Heuhaufen* sah, das zunächst wie eine Provokation, dann aber wie eine lang erwartete Prophezeiung auf ihn wirkte.

»Vorher kannte ich nur die realistische Kunst«, schreibt er im *Rückblick*. »Und plötzlich zum erstenmal sah ich ein Bild. Daß das ein Heuhaufen war, belehrte mich der Katalog. Erkennen konnte ich ihn nicht. Dieses Nichterkennen war mir peinlich. Ich fand auch, daß der Maler kein Recht hat, so undeutlich zu malen. Ich empfand dumpf, daß der Gegenstand in diesem

Bild fehlt. Und ich merkte mit Erstaunen und Verwirrung, daß das Bild nicht nur packt, sondern sich unverwischbar in das Gedächtnis einprägt und immer ganz unerwartet bis zur letzten Einzelheit vor den Augen schwebt. Das alles war mir unklar, und ich konnte die einfachen Konsequenzen dieses Erlebnisses nicht ziehen. Was mir vollkommen klar war –, das war die ungeahnte, früher mir verborgene Kraft der Palette, die über alle meine Träume hinausging. Die Malerei bekam eine märchenhafte Kraft und Pracht. Unbewußt war aber auch der Gegenstand als unvermeidliches Element des Bildes diskreditiert. Im ganzen hatte ich den Eindruck, daß ein kleines Teilchen meines Märchen-Moskau doch schon auf der Leinwand existierte.«

Mir hat Kandinsky einmal erzählt, daß seine Bestürzung über Monets *Heuhaufen* aus der radikalen Verunsicherung seines Sehens herrührte. Aus dem Entsetzen schälte sich eine Einsicht, eine Vision, schließliche eine beglückende Schlußfolgerung heraus. »Ich fragte mich«, sagte er zu mir, »warum der Maler nicht noch über Monet hinausgehen und ganz unabhängig und frei vom Gegenstand malen sollte? Die Komponisten tun das ja auch, wenn sie mit Noten die schönsten Symphonien und Quartette komponieren.«

Dies war das erste Mal, daß Kandinsky sich mit der Idee der Abstraktion auseinandersetzte. Alles ist noch ohne Kontur, ohne Fleisch und Blut, aber die Geburtswehen der Abstraktion haben bereits eingesetzt. Ich nenne diesen Zeitpunkt gerne die Dämmerstunde der Abstraktion.

Bestärkt wurde Kandinsky in seiner Idee, noch einen Schritt über Monet hinauszugehen, durch Wagners *Lohengrin*-Musik: »Lohengrin schien mir aber eine vollkommene Verwirklichung dieses Moskau zu sein. Die Geigen, die tiefen Baßtöne und ganz besonders die Blasinstrumente verkörperten damals für mich die ganze Kraft der Vorabendstunde. Ich sah alle meine Farben im Geiste, sie standen vor meinen Augen. Wilde, fast tolle Linien zeichneten sich vor mir ab. Ich traute mich nicht, den Ausdruck zu gebrauchen, daß Wagner musikalisch ›meine Stunde‹ gemalt hatte. Ganz klar wurde mir aber, daß die Kunst im allgemeinen viel machtvoller ist, als sie mir vorkam, daß andererseits die Malerei ebensolche Kräfte wie die Musik besitzt, entwickeln könne.«

Der Gedanke ließ Kandinsky nicht mehr los. Er quälte ihn regelrecht. Zehn Jahre hindurch machte er sich darüber Notizen, bis er sein Buch *Über das Geistige in der Kunst* schrieb, in dem die Summe seiner Überlegungen über die Abstraktion enthalten ist. Zusätzlich erprobte er seine Gedanken in der Praxis, überzeugte sich erst malerisch, ob seine Ideen tatsächlich Gültigkeit hatten, ehe er sie in Worte faßte.

II.
DIE MÜNCHNER JAHRE: 1896 – 1914

München

Im Dezember 1896 verließ Kandinsky mit seiner Frau Anja Moskau, erfüllt von einem Gefühl der Wiedergeburt, des Befreitseins von leidiger Zwangsarbeit. Die erste Station sollte München sein. Es stand vor der Ankunft in der bayerischen Metropole nicht fest, ob und wie lange sie bleiben würden, aber Kandinsky war von dem heiter-aufgeschlossenen Charme der Stadt so begeistert, daß er sich ohne zu zögern dafür entschied, in München einige Jahre zu leben. Er glaubte jene Welt wiedergefunden zu haben, die ihm als Kind in den deutschen Märchen begegnet war, zugleich eine Welt von südlicher Daseinsfreude und geistiger Urbanität, die den Künstler Kandinsky faszinieren mußte. München war ein Zentrum, in dem sich um die Jahrhundertwende die neue Kunst zu regen begann. Hier residierte der Malerfürst Franz von Stuck, und seinetwegen wurden in Schwabing Redeschlachten geführt, inmitten einer Boheme, die genauso international war wie jene vom Pariser Montparnasse. Der Entschluß, seine Möbel aus Moskau nachkommen zu lassen, war schnell gefaßt.

Der Neuankömmling setzte sich mit dreißig Jahren noch einmal auf die Schulbank, um Kunst zu studieren. Als Schüler an der ausgezeichneten Azbé-Schule nahm Kandinsky in den Jahren 1897 und 1898 Unterricht bei Anton Azbé, den er in seinem Lebensrückblick beinahe hymnisch feiert: »Anton Azbé war ein begabter Künstler und ein selten guter Mensch. Viele seiner zahlreichen Schüler studierten bei ihm unentgeltlich. Seine ständige Antwort auf die Entschuldigung, nicht zahlen zu können, war: ›Nur recht fleißig arbeiten!‹ Er hatte scheinbar ein sehr unglückliches Leben. Man konnte ihn lachen hören, aber nie sehen: seine Mundwinkel hoben sich kaum, die Augen blieben immer traurig. Ich weiß nicht, ob jemandem das Rätsel seines einsamen Lebens bekannt war. Und sein Tod war ebenso einsam wie sein Leben: Er starb ganz allein in seinem Atelier. Trotz seinem sehr großen Einkommen hinterließ er nur wenige tausend Mark. Erst nach seinem Tode wurde bekannt, in welchem Maße er freigebig war.« Diese Passage wirft ein bezeichnendes Licht auf Kandinsky selber. Wie seinen Lehrer Azbé zeichneten auch ihn Güte und Großzügigkeit aus. Zeit seines Lebens vertrat er den Standpunkt, daß ein Künstler nicht nur Talent oder gar noch mehr, nämlich Genie, besitzen müsse, sondern vor allen Dingen Charakter und Persönlichkeit. Ich habe noch die Worte im Ohr, deren er sich oftmals bediente, wenn er Kollegen beurteilte: »Er ist ein guter Künstler, aber er hat einen unaufrichtigen Charakter.« Meist war dieser Kollege für ihn dann erledigt, und er mied jeden weiteren Umgang mit ihm.

Er begegnete an der vielbesuchten Privatschule Anton Azbés einem Landsmann, Alexej von Jawlensky, der russicher Kavallerieoffizier war und sich in München der Malerei widmete. Kandinsky schätzte die eigenen Arbeiten Azbés sehr hoch ein. Mit seinem Zeichenkursus und mit seinen Schülern ging er dagegen hart ins Gericht. Seine Ironie mündete in bissigen Sarkasmus, wenn er sich der Aktstudien bei Azbé erinnerte: »Ich sah die damals sehr berühmte Schule von Anton Azbé dicht besetzt. Zwei bis drei Modelle ›saßen Kopf‹ oder ›standen Akt‹. Schüler der beiden Geschlechter und aus verschiedenen Nationen drängten sich um diese übelriechenden, teilnahmslosen, ausdruckslosen, meistenteils charakterlosen, 50 bis 70 Pfennig pro Stunde bezahlten Naturerscheinungen, bestrichen vorsichtig mit weichem zischendem Geräusch das Papier und die Leinwand und suchten diese sie nichts angehenden Menschen genau anatomisch, konstruktiv und charakteristisch wiederzugeben. Sie suchten durch Überschneidungen der Linien den Zusammenhang der Muskeln zu markieren, durch eine besondere Flächen- oder Strichbehandlung die Modellierung des Nasenflügels, der Lippe zu zeigen, den ganzen Kopf im ›Prinzip der Kugel‹ zu bauen und dachten, wie es mir schien, keinen Augenblick an die Kunst.«

Kandinsky focht einen ständigen Kampf mit sich selbst aus. Bisweilen interessierte ihn das Linienspiel des Aktes noch, dann erschien es ihm abstoßend und widerwärtig. Solche Unterrichtsbedingungen konnte und wollte er nicht akzeptieren, und er nahm sich mehr und mehr die Freiheit heraus, den Unterricht zu schwänzen. Erst auf der Straße konnte er wieder frei atmen. Zu Hause, in der Schwabinger Friedrichstraße 1, versuchte er nach Studien oder frei phantasierend zu malen, oft ging er in die Natur, um den Englischen Garten oder die Isarauen auf seine Art einzufangen. Seine Mitschüler unterstellten ihm daraufhin Faulheit und Unbegabtheit, was Kandinsky als böswillige Kränkung empfand, weil er die Liebe zur Arbeit, den Fleiß und die Begabung ganz deutlich in sich fühlte.

Die Folge davon war, daß er sich isoliert fühlte, kaum Freundschaften anknüpfte und ganz für sich allein lebte. Trot seiner Ablehnung der Azbéschen Unterrichtsmethoden hielt er sich jedoch für verpflichtet, den Anatomiekursus mitzumachen. Schon beim zweiten Mal hörte er Prof. Dr. Louis Moilliet, den temperamentvollen Freund Paul Klees. Kandinsky zeichnete Präparate, machte Aufzeichnungen, roch den Leichenduft und zeigte sich sonderbar berührt, als er von der direkten Beziehung der Anatomie zur Kunst hörte. Mit niemandem sprach er über seine Zweifel und blieb so allein mit ihnen, in seinen Gefühlen verunsichert und stets auf der Suche nach eigenen Lösungen. Hin und wieder wollte er trotzdem das Urteil seiner Studienkollegen über seine Arbeiten hören. Am Ende war er dann doch immer enttäuscht, weil die Mitschüler sich absichtlich negativ äußerten. Da Kandinsky sich an Farben berauschen konnte und sie in seinen Landschaftsstudien mit meisterlichem Können verwendete, nannten die Kollegen ihn einen Koloristen und nicht ohne Bosheit den »Landschaftsmaler«. Ihn erschreckte die Bosheit, mit der dies geschah. Andererseits reagierte er auf die Kritik und suchte nach Fehlern und Schwächen in seinen Arbeiten. Selbstkritisch stellte er fest, auf dem Gebiet der Zeichnung noch nicht die letzte Vollkommenheit erreicht zu haben. Darum ging es ihm aber. Er wollte, daß sein Wert selbst vor den strengsten und härtesten Maßstäben bestehen konnte.

Damals war Franz von Stuck, Mitbegründer der Münchner Sezession, der erste Zeichner Deutschlands und so ging Kandinsky 1899 zu ihm – leider nur mit seinen Schularbeiten. Stuck fand die Arbeiten ziemlich verzeichnet und riet ihm, ein Jahr lang in der Zeichenklasse der Akademie zu arbeiten. Bei der Prüfung fiel Kandinsky prompt durch, was er weniger als Schande denn als Ärgernis empfand. Aber er ließ sich dadurch nicht entmutigen, denn bei dieser Prüfung wurden Zeichnungen für gut befunden, die er dumm, talentlos und ganz ohne Kenntnis fand.

Ein Jahr lang zog er sich von der Schule ganz zurück, arbeitete für sich allein und vervollkommnete seine Maltechnik, in der er eine solche Vollkommenheit erreichte, daß Kenner – auch schon bei früheren Bildern – ihr mit Bewunderung begegnen. Dann versuchte er noch einmal den Sprung in die Stuck-Klasse. Er legte dem Lehrer Entwürfe zu Bildern und einige Landschaftsstudien vor, und Stuck, der sie mit dem Prädikat »ausdrucksvoll« beurteilte, konnte nicht umhin, ihn diesmal aufzunehmen. Trotzdem bemängelte Stuck schon bei seiner ersten Arbeit auf der Akademie energisch Kandinskys »Extravaganzen« in der Farbe und empfahl ihm, erst schwarzweiß zu malen, nur um die Form zu studieren. Gleichzeitig mit Kandinsky studierte Paul Klee bei Stuck an der Münchner Kunstakademie. Der Lehrer gewann Kandinskys volle Sympathie. Er nahm den Ratschlag an und zeichnete in Stucks Klasse ein Jahr lang nach den Vorstellungen seines Lehrers: »Ich wollte bei ihm nur die Zeichnung lernen, da ich sofort merkte, daß er wenig farbenempfindlich ist, und fügte mich völlig seinen Ratschlägen. An dieses Jahr der Arbeit bei ihm, obgleich ich mich manchmal bitter ärgern mußte, denke ich im letzten Schluße mit Dankbarkeit. Stuck sprach immer sehr wenig und manchmal nicht sehr klar. Ich mußte manchmal nach der Korrektur lange über seine Äußerungen nachdenken – fand sie später aber fast immer gut. Meinem bösen Übel der Unfähigkeit, ein Bild fertig zu malen, hat er durch eine einzige Äußerung abgeholfen. Er sagte mir, daß ich zu nervös arbeite, daß ich das Interesse im ersten Augenblick abpflücke und durch den später kommenden trockenen Teil der Arbeit dieses Interesse verderbe: Ich erwache mit dem Gedanken: heute darf ich dieses oder jenes machen. Dieses ›darf ich‹ entblößte vor mir nicht nur die tiefe Liebe Stucks zur Kunst und einen hohen Respekt vor ihr, sondern auch das Geheimnis der ernsten Arbeit. Und ich malte zu Hause mein erstes Bild fertig.«

Kandinsky hat mir gegenüber geäußert: »Bei Stuck lernte ich, daß der Künstler vor allem Selbstdisziplin haben muß.« Die Zeilen im *Rückblick* bestätigen das in anderen Worten. Beherzigt hat Kandinsky diese Tugend dann sein ganzes Leben lang. Er malte immer erst ein Bild zu Ende, bevor er ein neues begann. Ausstellungstermine, Aufträge oder Angebote von

Kunsthändlern konnten ihn von seiner Leitlinie nicht abbringen. All dies vermochte ihn nicht zu übertriebenem Maleifer anzufeuern. Wenn er nicht den Drang in sich verspürte, zu malen, dann zwang er sich auch nicht krampfhaft dazu. Malen war für ihn nicht eine alltägliche mechanische Pflichtübung, die ein bestimmtes Pensum verlangt: Malen war für ihn ein inneres Bedürfnis.

Kandinsky war fünfunddreißig Jahre alt, als er aus der Malklasse Stucks freiwillig ausschied und freischaffender Künstler wurde, gut gerüstet für einen Beruf, in dem zahllose Hindernisse und Schwierigkeiten auf ihn warteten. Aber wenn sich jemand zum Maler berufen fühlte, so war es Kandinsky. Unannehmlichkeiten hatte er vorerst nicht in seinem Berufsleben als Künstler, sondern in seinem Privatleben. Die Ehe mit seiner Frau Anja zeigte solche Risse, daß der Bruch durch nichts mehr zu verhindern war. Kandinsky war sich seit den ersten Tagen seines Zusammenseins mit Anja bewußt, daß sie ihm auf seinem Wege in die Welt der Kunst nicht folgen konnte, weil ihr jedes Verständnis für die Kunst fehlte. Im Grunde wurden sie auch menschlich durch die Kunst getrennt. Kandinsky zeigte nämlich nicht die geringste Bereitschaft, seine Berufung zu verleugnen und einen akademisch-bürgerlichen Beruf auszuüben, nur um die Erwartungen seiner Frau zu erfüllen. Die Kunst war seine Obsession, und nichts konnte ihn davon abbringen.

Kandinsky und Anja trennten sich voneinander im gegenseitigen Einvernehmen. Daß aus der gewiß schmerzlichen Trennung keine Feindschaft wurde, schreibe ich der noblen Gesinnung beider zu – im Gegenteil: sie blieben stets gute Freunde. Anja reiste nicht nach Rußland zurück, sondern blieb in München, wo sie sich in eine Pension einmietete. Ich kann mich nicht erinnern, daß Kandinsky jemals von weiteren Schwierigkeiten mit seiner ersten Frau gesprochen hätte.

Die Künstlergruppe »Phalanx«
und die Begegnung mit Gabriele Münter

Mit der Münchner Kunstszene um 1900 konnte sich Kandinsky nicht recht identifizieren, trotz einiger Berührungspunkte, die ihn mit München auch weiterhin verbanden. Die Münchner glaubten in seinen Bildern deutliche Spuren russischer Malkultur zu erkennen, und seine Landsleute in der Heimat warfen ihm vor, er lasse sich von den deutschen Einflüssen sozusagen vergewaltigen, wobei sie vermutlich den Jugendstil im Auge hatten. Aber ob man da gleich von einer Vergewaltigung sprechen kann, möchte ich bezweifeln. Der Jugendstil war – wenn überhaupt – nur eine flüchtige Episode in seinem Werk.

Kandinsky suchte nach neuen Ausdrucksmöglichkeiten und nach Gelegenheiten, seine angestaute Tatkraft öffentlich zu entfalten, nicht um der Gegenwart zu schmeicheln, sondern um die Zukunft zu ergreifen. 1901 gründete er die Künstlergruppe »Phalanx«, mit dem Ziel, sich für die Kunst von morgen einzusetzen. Wie konnte er ein solches Ziel besser erreichen als durch Ausstellungen? Die »Phalanx« organisierte Kunstausstellungen für die Mitglieder und für in- und ausländische Gäste, darunter Ausstellungen von Bildern Monets und der Neoimpressionisten. Insgesamt veranstaltete sie zwölf Ausstellungen, die in der Öffentlichkeit keine große Resonanz fanden. Kandinsky war vom Erfolg der »Phalanx« gründlich enttäuscht und löste die Gruppe 1904 wieder auf. Die Zeit schien für Kunst, wie sie von den Künstlern der »Phalanx« vertreten wurde, noch nicht reif.

Der »Phalanx« war auch eine Malschule gleichen Namens angeschlossen, in der Kandinsky unterrichtete. Doch ihr ging es nicht besser als der Künstlergruppe. Die Schüler blieben aus, und schon nach einem Jahr mußte die kleine Mal- und Zeichenschule schließen. Übrig blieb die Klasse Kandinskys, die er bis 1903 weiterführte.

Unkonventionell und eigenwillig waren Kandinskys Unterrichtsmethoden. Er erzählte mir, daß er sich mit seinen Schülern aufs Fahrrad schwang und in die freie Natur hinausradelte. Die Ausflüge führten Schüler und Lehrer in die bayerische Landschaft – zum Beispiel nach Kochel und Oberfranken – und zu berühmten bayerischen Kirchen. »Das war«, wie Kandinsky sagte, »nicht nur eine schöne Abwechslung.« Auf den Exkursionen sammelten die Schüler Eindrücke, die ihnen für die Kunst sehr nützlich waren. »Ich nahm diese Mühe auf mich, weil ich als junger Mensch von den Kirchenbesuchen in Moskau stark profitiert hatte und glaubte, daß meine Schüler eine ähnliche Chance bekommen müßten.«

Die Unterrichtstätigkeit war anstrengend, mühevoll und zeitraubend und beeinträchtigte Kandinskys eigenes künstlerisches Schaffen, das noch immer im experimentellen Stadium steckte. Als er sich dessen bewußt wurde, löste er die Klasse kurzerhand auf.

Eine seiner Schülerinnen an der »Phalanx«-Schule war Gabriele Münter, für die er eine große Sympathie empfand. Und bald entwickelte sich zwischen den beiden eine intime Freundschaft, die ihn seine Einsamkeit an der Seite seiner Frau vergessen ließ. Was er bei Anja so schmerzlich vermißte, Aufgeschlossenheit und Interesse für seine Kunst, führte ihn jetzt in die Arme Gabriele Münters. 1909 kauften sie ein Haus in Murnau, im Herbst des gleichen Jahres bezogen sie gemeinsam eine komfortable Wohnung in Schwabing, Ainmillerstraße 36, nur zwei Hausnummern von der Wohnung Paul Klees entfernt. Bis zum Kriegsausbruch spielt sich Kandinskys Leben im wesentlichen zwischen Murnau und München ab. Anfänglich dachte Kandinsky sogar an eine Heirat mit der Münter, aber mit der Zeit besann er sich dann eines Besseren: Das Leben mit Gabriele Münter war nicht einfach, wie mir Kandinsky des öfteren versicherte, auch einige Briefe in der von Dr. Eichner veröffentlichten Gabriele-Münter-Monographie verraten, daß es häufig zu Unstimmigkeiten und Mißverständnissen kam. So ist es auch zu verstehen, daß sie in ihrem Haus in Murnau nur selten zusammen wohnten. Kandinsky war sich der unerfreulichen Situation durchaus bewußt. »Oft war es so, daß ich in München blieb, wenn Gabriele Münter nach Murnau fuhr, und wenn ich in Murnau war, blieb sie in unserer Münchner Wohnung.«

Ein solch disharmonisches Verhältnis konnte nicht von Dauer sein. Als Anja sich 1911 von ihrem Mann scheiden ließ, stand für Kandinsky fest, daß Gabriele Münter ihren Platz an seiner Seite nicht einnehmen werde. Schon nach zwei Jahren des Zusammenlebens mußte er erkennen, daß er einen falschen Weg gegangen war. Die Verschiedenartigkeit ihrer Charaktere schloß eine Ehe von vornherein aus.

»Gabriele Münter hatte einen Charakter«, sagte mir Kandinsky nach ihrer Trennung, »der nicht zu mir paßte. Ich war auch nicht bereit, ihr gegenüber Nachsicht zu üben.«

Daß die Freundschaft zwischen Wassily Kandinsky und Gabriele Münter nicht eher zerbrach, lag an einem gemeinsamen Bindeglied: der Kunst. Und was die Kunst betraf, so konnte Kandinsky der Münter nur von Nutzen sein. Wie sehr sie den Künstler Kandinsky bewunderte, spürt man in ihren Bildern aus dieser Zeit, die seinen starken Einfluß zeigen. Kandinsky scheint unter ihren Schwächen sehr gelitten zu haben. Mehrfach riet er, sich in gegenseitigem Einvernehmen voneinander zu trennen, doch Gabriele Münter ging nicht darauf ein. Sie blieb hart und vermochte ihn immer wieder umzustimmen, was schließlich sogar dazu führte, daß Kandinsky, wie er mir versicherte, ihretwegen im Sommer 1907 ein Sanatorium in der Schweiz aufsuchen mußte, um seine zerrütteten Nerven zu beruhigen.

Wenn Kandinsky mit Gabriele Münter sein Glück gefunden hätte, hieße ich heute nicht Nina Kandinsky. Aber ich empfinde es keineswegs als Triumph, daß Kandinsky nicht sie, sondern mich geheiratet hat, eher als eine glückliche Fügung.

Gabriele Münter und ich waren niemals Rivalinnen. Wir haben uns vor meiner Ehe mit Kandinsky gar nicht gekannt – warum also sollte ich eifersüchtig auf sie sein? Was böse Zungen diesbezüglich kolportieren, finde ich ausgesprochen geschmacklos und lächerlich.

Daß Kandinsky schon einmal verheiratet gewesen war, hatte ich bereits von seinem Neffen Anatoli Scheiman erfahren, bevor ich ihn persönlich kennenlernte. Kandinsky selbst hat mir gleich nach unserer ersten Begegnung davon erzählt. Wir haben uns verschiedentlich über Gabriele Münter und Anja Tschimiakin unterhalten, und ich erfuhr dabei, weshalb Kandinskys erste Ehe scheiterte und weshalb es zu der mit Gabriele Münter nicht kam.

Im übrigen blieb Anja das Verhältnis Kandinskys zu seiner Schülerin nicht verborgen, aber sie besaß genügend Menschenkenntnis, um Gabriele Münters Charakter sogleich zu durchschauen. Ich bin sicher, daß Kandinsky ihr die weise Entscheidung verdankte, Gabriele Münter nicht zu heiraten. Er erzählte mir, welch verständnisvollen Rat Anja ihm gegeben habe: »Ich bin überzeugt, du wirst mit der Münter kein Glück finden. Lebe mit ihr erst einmal einige Zeit zusammen, und wenn du dann immer noch glaubst, diese Frau passe zu dir, dann werde ich unserer Scheidung zustimmen.«

Anja sollte recht behalten.

Die Zäsur

Nachdem die Künstlergruppe »Phalanx« auseinandergegangen war und Kandinsky seine private Malklasse aufgelöst hatte, drängte es ihn, der Münchner Kunstszene für eine Weile den Rücken zu kehren, weniger aus Reiselust denn aus dem Bedürfnis heraus, neue Impulse für sein künstlerisches Schaffen zu gewinnen, zu sehen, zu lernen, zu erleben. Am 30. September 1904 löste er seine Wohnung in der Friedrichstraße 1 auf, um für einige Jahre zu reisen. Zunächst ging es nach Venedig, Odessa und Moskau, dann nach Holland. Die Monate von Ende 1904 bis April 1905 verbrachte er in Tunis, anschließend besuchte er Dresden, wo er drei Monate bleibt. Im Herbst reist er von neuem nach Odessa, in den Wintermonaten Dezember 1905 bis April 1906 lebt er in Rapallo. Für ein ganzes Jahr, von Juni 1906 bis Juni 1907, zog er nach Frankreich, wo er in dem Paris benachbarten Städtchen Sèvres wohnte. Als weitere Stationen folgten im August 1908 Berlin und Südtirol. 1908 kehrte er an seinen Ausgangspunkt München zurück, um bis 1914 abwechselnd in München oder in Murnau zu leben und zu arbeiten. Abgesehen von den Besuchen in Rußland begleitete Gabriele Münter den ruhelosen Kandinsky auf all diesen Reisen.

Eine wahre Odyssee, rastlos und ohne Ziel. Was Kandinsky in diesen Jahren wirklich beschäftigte, vielleicht sogar quälte, hat er niemandem verraten, und ich habe ihn auch nicht danach gefragt. Nach der langjährigen Irrfahrt kehrte Kandinsky mit vielen Bildern heim, die an den verschiedenen Reiseorten entstanden waren. Ob sie ihn schon an das Ziel seiner künstlerischen Wünsche gebracht hatten, muß bezweifelt werden. Kandinsky war sich bewußt, daß er die Schale zum Kern seiner künstlerischen Intentionen noch nicht aufgebrochen hatte.

»Ich habe mit der Zeit und nur ganz allmählich erkannt«, bekennt er, »daß die ›Wahrheit‹ überhaupt, und speziell in der Kunst nicht ein X ist, nicht eine immer unvollkommen erkannte aber unbeweglich stehende Größe ist, sondern daß die Größe beweglich ist, sich in ständiger langsamer Bewegung befindet.

Sie sah für mich plötzlich so aus, wie eine sich langsam bewegende Schnecke, die scheinbar kaum vom Fleck kommt und hinter sich einen klebrigen Streifen läßt, an dem kurzsichtige Gemüter kleben bleiben. Auch hier bemerkte ich diese Tatsache erst in der Kunst, und später sah ich auch in diesem Fall, daß dasselbe Gesetz die anderen Gebiete des Lebens ebenso bestimmt. Diese Bewegung der Wahrheit ist sehr kompliziert: und Wahres wird wahr, Wahres unwahr, manche Teile fallen ab wie die Schale von der Nuß, die Zeit hobelt diese Schale ab, manche halten deshalb die Schale für die Nuß, viele balgen sich um diese Schale, und die Nuß rollt weiter, eine neue Wahrheit fällt wie vom Himmel und sieht so präzise, so steif und hart aus, erscheint so unendlich hoch, daß manche, wie auf eine lange Holzstange, auf sie klettern und sicher sind, daß sie dieses Mal den Himmel erreichen . . . bis sie bricht und bis die Kletterer, wie Frösche im Sumpf, in die trübe Unkenntnis zurückfallen. Der Mensch gleicht oft einem Käfer, den man am Rücken hält: er bewegt mit stummer Sehnsucht seine Ärmchen, greift nach jedem Halm, den man ihm vorhält und glaubt beständig, an diesem Halm seine Rettung zu finden. In Zeiten meines ›Unglaubens‹ fragte ich mich: Wer hält mich am Rücken? Wessen Hand hält mir den Halm vor und entzieht ihn wieder? Oder liege ich auf der staubigen, gleichgültigen Erde auf dem Rücken und greife nach den Halmen, die ›von sich selbst‹ um mich wachsen? Wie oft fühlte ich aber diese Hand an meinem Rücken und dann noch eine andere, die sich auf meine Augen legte, so daß ich mich in finsterer Nacht befand, während die Sonne schien.«

Es wäre voreilig, Kandinsky aufgrund eines solchen Selbstbekenntnisses als Zweifler abzustempeln. Denn ein Zweifler, das bezeuge ich, war er niemals. Andererseits scheint ihn in dieser Lebensphase vieles bedrückt zu haben. Als ich ihn einmal fragte, ob wirklich Gabriele Münter allein die Ursache seiner damaligen Depressionen gewesen sei, da antwortete er etwas zögernd: »Sie war der Anlaß. Ich sah mit einem Male alles um mich herum zusammenbrechen. Neue Hoffnung schöpfte ich nur aus meiner Kunst.« Er kämpfte gegen Täuschungen und Enttäuschungen, gegen störende und zerstörerische Einflüsse, gegen Vorurteile und falsche Ratschläge, und er suchte bei allem Unfrieden mit seiner Lebensgefährtin nach Frieden in sich selbst. Seine Geduld, sein Suchen und seine Zuversicht wurden in der Kunst belohnt: durch Erfindungen, die vor ihm noch keiner gemacht hatte.

»Neue Künstlervereinigung München e. V.«

Die Münchner Künstleravantgarde wurde – wie es der Avantgarde in aller Welt bis heute widerfährt – vom offiziellen Kunstbetrieb schmählich übergangen. Aus einem verständlichen Selbsterhaltungstrieb heraus gründeten deshalb zu Beginn des Jahres 1909 in Schwabing etliche Künstler und Kunstfreunde die Ausstellungsorganisation »Neue Künstlervereinigung München«. Am 22. März wurde die Vereinigung in das Vereinsregister eingetragen. Die Idee stammte von Jawlensky und fand bei gleichgesinnten Kollegen sofort Anklang und Unterstützung. Rückblickend schrieb Franz Marc im *Blauen Reiter:* »Die ersten und einzigen Vertreter der neuen Ideen waren in München zwei Russen, die seit vielen Jahren hier lebten und in aller Stille wirkten, bis sich ihnen einige Deutsche anschlossen. Mit der Gründung der Vereinigung begannen dann jene schönen, seltsamen Ausstellungen, die die Verzweiflung der Kritiker bildeten.«

Der Vorsitz in der Organisation wurde Kandinsky übertragen, der im künstlerischen Leben in Deutschland bereits eine dominierende Rolle spielte. Im Gründungszirkular faßte Kandinsky die ästhetischen Ideen zusammen, die seit Jahren in der Münchner Avantgarde gärten. »Wir gehen aus von dem Gedanken, daß der Künstler außer den Eindrücken, die er von der äußeren Welt, der Natur, erhält, fortwährend in einer inneren Welt Erlebnisse sammelt und das Suchen nach künstlerischen Formen, welche die gegenseitige Durchdringung dieser sämtlichen Erlebnisse zum Ausdruck bringen sollen – nach Formen, die von allem Nebensächlichen befreit sein müssen, um nur das Notwendige stark zum Ausdruck zu bringen –, kurz das Streben nach künstlerischer Synthese, dies scheint uns eine Lösung, die gegenwärtig immer mehr Künstler geistig vereinigt . . .«

Zu den Gründungsmitgliedern zählte eine Handvoll namhafter Künstler. Eine gemeinsame Avantgarde-Front bildeten an der Seite von Kandinsky und Jawlensky die Malerinnen Gabriele Münter und Marianne von Werefkin sowie die Maler Adolf Erbslöh, Alexander Kanoldt und Alfred Kubin. Später gesellten sich Paul Baum, Karl Hofer, Wladimir von Bechtejew, Erna Barrera-Bossi, Moissey Kogan und Alexander Sacharow hinzu. Als letzte traten Pierre Girieud und Henri Le Fauconnier bei. Alles in allem ein ziemlich gemischter Kreis mit unterschiedlichen Talenten und ebenso unterschiedlichen Handschriften. Die Mitgliederliste zeigten Namen aus Deutschland, Frankreich, Österreich, Rußland, Italien. Außer Malern und Bildhauern wurden auch Musiker, Dichter, Tänzer und Kunsttheoretiker zu Mitgliedern gewählt. Aber aus all den begeisterten Plänen wäre nichts geworden, hätte sich nicht im richtigen Augenblick ein Mann gefunden, der die Ausstellungen der Vereinigung organisierte. Dieser Mann war Geheimrat Hugo von Tschudi, der zu diesem Zeitpunkt als Generaldirektor sämtlicher bayerischer Museen berufen wurde. Als man Tschudi um Hilfe bat, wandte sich dieser an Heinrich Thannhauser, der damals die schönsten Ausstellungsräume in München hatte. Thannhauser sagte zu, und so fand die erste Ausstellung der »Neuen Künstlervereinigung München« vom 1.– 15. Dezember 1909 in der Münchner Galerie Heinrich Thannhauser statt. Was die Öffentlichkeit da zu sehen bekam, war jene Kunst, die heute überall als Klassik gefeiert wird. Damals jedoch rührte sie wilde Emotionen auf. Das Publikum schimpfte, drohte und spuckte auf die Bilder. Mit Ausnahme von Tschudi verhielt sich die »Kunststadt« München ablehnend, ja geradezu feindselig.

Auch die zweite Ausstellung der »Neuen Künstlervereinigung« vom 1. – 14. September 1910 erregte den Volkszorn. Diesmal stellten noch mehr Künstler aus, das Spektrum des Ausgestellten war breiter, abwechslungsreicher, die Vielfalt der Stile ließ nichts zu wünschen übrig. Aber wie bei der ersten

Ausstellung lehnte das Publikum die Werke der heimischen wie auch der als Gäste eingeladenen Künstler wutschnaubend ab.

Ich halte es für wichtig, wenigstens einige der Gäste zu nennen, um die überregionale Bedeutung der »Neuen Künstlervereinigung« zu unterstreichen: Die Brüder David und Wladimir Burljuk, Wassily Denisow, Alexander Mogilewsky, Georges Braque, André Derain, Georges Rouault, Maurice de Vlaminck, Kees van Dongen, Pablo Picasso. Franz Marc schaute sich die Ausstellung an und war so begeistert, daß er unverzüglich zu Kandinsky und Jawlensky eilte und sich als Mitglied in der »Künstlervereinigung« einschreiben ließ. Zwischen Marc und Kandinsky entwickelte sich schnell eine tiefe Freundschaft, die beste Basis für ihre gemeinsamen Pläne, die sie wenig später dann im »Blauen Reiter« realisierten.

Die Presse überbot sich in Gehässigkeiten gegen die in den Ausstellungen massiv auftretende Künstleravantgarde. So schrieb der Berichterstatter der *Münchner Neuesten Nachrichten:* ». . . entweder nimmt man an, daß die Mehrzahl der Mitglieder und Gäste der Vereinigung unheilbar irrsinnig ist, oder aber, daß man es mit schamlosen Bluffern zu tun hat, denen das Sensationsbedürfnis unserer Zeit nicht unbekannt ist und die die Konjunktur zu nutzen versuchen.« Würde dieser Mann heute noch leben, er müßte sich vor Scham verkriechen. Dennoch sei ihm gedankt für diese Zeilen, die meiner Meinung nach ein unersetzliches Zeitdokument darstellen. Sie signalisieren das kulturelle Klima, in dem die Avantgarde arbeiten mußte. Vor dieser bedrohlichen Gesinnungsflut mußten die Künstler um ihr Überleben kämpfen. Ich glaube, daß die jungen Künstler von heute im Vergleich zu ihren Kollegen Anfang unseres Jahrhunderts in einem richtigen Paradies leben, was für die Kunst gar nicht so förderlich ist. Bei starkem öffentlichem Widerstand gedeiht, das beweist die Geschichte, sehr oft eine bessere Kunst als in Zeiten unbegrenzter Möglichkeiten. Wäre es bei den Beschimpfungen geblieben, die seitens der Öffentlichkeit auf die »Neue Künstlervereinigung« niederprasselten, so hätten die einzelnen Mitglieder kaum zu kapitulieren brauchen. Aber es kriselte zusehends in den eigenen Reihen, und das schwächte die Vereinigung weit mehr als die Anfeindungen von außen. Schon im Frühjahr 1911 begannen sich

Spannungen bemerkbar zu machen, die auf Meinungsverschiedenheiten innerhalb der Jury zurückzuführen waren. Mißtrauen erweckten bei den etwas halbherzigen Avantgardisten vor allem die immer abstrakter werdenden Bilder von Kandinsky. So unglaublich es klingen mag: Diese Bilder waren der Stein des Anstoßes für das Zerwürfnis im eigenen Lager der Avantgardisten, das sich in drei Parteien gruppierte. Die künstlerischen Auffassungen von Kandinsky teilte Franz Marc, den ich namentlich erwähnen möchte. Am 10. August 1911 schildert er seinem Freund August Macke in einem Brief die explosive Lage. »Ich sehe, mit Kandinsky, klar voraus, daß die nächste Jury (im Spätherbst) eine schauerliche Auseinandersetzung geben wird und jetzt oder das nächste Mal dann eine Spaltung, resp. Austritt der einen oder anderen Partei, und die Frage wird sein, welche bleibt . . .« Auf der Gegenseite standen die Gesinnungsfreunde von Erbslöh, dem Ersten Vorsitzenden, und Kanoldt. Dazwischen stand Jawlensky, der Initiator. Er, der sein ganzes Leben lang kein ungegenständliches Werk geschaffen hat, versuchte zwischen den Fronten zu vermitteln – leider ohne Erfolg. Die Antiabstrakten erwiesen sich als wenig tolerant und waren zu keinerlei Konzessionen bereit. Der Bruch innerhalb der »Künstlervereinigung« war unvermeidlich.

Am 2. Dezember 1912 legte Kandinsky den Vorsitz nieder; mit ihm trat Franz Marc aus dem Verein aus. Gabriele Münter, Alfred Kubin, Thomas von Hartmann und Henri Le Fauconnier erklärten sich mit den beiden Freunden solidarisch. Einen offensichtlichen Affront leisteten sich die Gegner der Abstraktion, als die von ihnen beherrschte Jury Kandinskys Bild *Komposition V* zur dritten Ausstellung der Künstlervereinigung ablehnte. Die Spaltung war da.

Die Jury begründete ihre Entscheidung mit einem reichlich fadenscheinigen Argument. Das Bild sei, so lautete ihre Begründung, zu großformatig und füge sich nicht in die Konzeption der Ausstellung. Aus der Mentalität und den Interessen der Mitglieder läßt sich nachträglich unschwer folgern, daß allein der abstrakte Gehalt des Bildes die Gemüter erregte und verstimmte. Der Irrtum der Jury schadete weder dem Bild noch seinem Schöpfer. Merkwürdig an der leidigen Affäre finde ich nur, daß sich Künstler zur Avantgarde zählten, die weder über

Weitblick noch über die erforderliche künstlerische Sensibilität verfügten. Die Revolution in der Kunst unseres Jahrhunderts fand gerechterweise ohne ihr Dazutun und ohne ihre Beteiligung statt.

Zum Freundeskreis in diesen Jahren gehörten – neben dem Tänzer Sacharow, dem Komponisten von Hartmann und den Malern Bechtejew und Kardowsky – Alexej von Jawlensky und Marianne von Werefkin. Marianne von Werefkin, Tochter eines russichen Generals, der 1886 zum Gouverneur der Peter- und Paulsfestung in Petersburg ernannt worden war. Privatschülerin von Ilja Rjepin, hatte 1891 in Rjepins Atelier den jungen Leutnant Jawlensky kennengelernt. 1896, im gleichen Jahr wie Kandinsky, war sie mit Jawlensky nach München gezogen und zum Kreis der Künstler aus der Azbé-Schule gestoßen. Beider Auffassung über die Kunst war – ungeachtet mancher Berührungspunkte – grundverschieden von der Kandinskys. Man braucht sich nur ihre Werke anzusehen, um das bestätigt zu finden. Ihre Freundschaft beruhte im wesentlichen auf persönlicher Sympathie. Alle drei kamen aus Rußland, was ihr Zusammengehörigkeitsgefühl natürlich bestärkte. Im Sommer 1908 waren Kandinsky und die Münter mit Jawlensky und der Werefkin zum erstenmal gemeinsam in Murnau. Seit dieser Zeit verband Kandinsky und Jawlensky trotz vieler Gegensätze eine lebenslange Freundschaft, die erst der Zweite Weltkrieg und der Tod trennte.

Da ich Kandinsky in der Münchner Periode noch nicht kannte, möchte ich nur ein paar Namen erwähnen. Ein enger Freund war Franz Marc. Man besuchte sich gegenseitig in Murnau und Sindelsdorf oder traf sich in München. Über Marc schrieb Kandinsky: » . . . Er lebte damals in einem Bauernhaus in Sindelsdorf (Oberbayern – zwischen Murnau und Kochel). Bald entstand die persönliche Bekanntschaft, und wir sahen, daß sein Äußeres seinem Innern vollkommen entsprach: ein großer Mann mit breiten Schultern, mit festem Gang, mit einem charaktervollen Kopf, mit eigenartigen Gesichtszügen, die eine seltene Verbindung von Kraft, Schärfe und Milde zeigten. In München erschien er zu groß, sein Gang zu breit. Er machte den Eindruck, die Stadt wäre ihm zu eng, daß sie ihn »genierte«. Seiner freien Natur entsprach das Land, und es war für mich immer eine besondere Freude, ihn mit einem Rucksack auf dem Rücken, mit einem Stock in der Hand durch Wiesen, Felder und Wälder marschieren zu sehen. Seine Natürlichkeit entsprach der Natur auf eine wunderbare Art, und es schien, die Natur freue sich über ihn. Diese organische Verbindung mit der Natur spiegelte sich auch in seinen Beziehungen zu seinem Hund »Russi«, einem großen weißen Schäferhund, dessen Art, Charakterschärfe und Milde eine genaue vierbeinige Kopie seines Herrn bildeten . . .«

Durch Marc lernte Kandinsky schließlich auch August Macke kennen, der anfangs mit Kandinskys Bildern nur wenig anzufangen wußte, bald aber von Marcs Enthusiasmus angesteckt wurde. Anfang Februar 1911 war Marc als Mitglied und dritter Vorsitzender in die »Neue Künstlervereinigung« gewählt worden. Es kam zu einem lebhaften Verkehr mit Kandinsky, von dessen Arbeiten sich der jüngere Marc tief beeindrucken ließ: »Ich gestehe, kaum je einen so tiefen und schaurigen Eindruck von Bildern erhalten zu haben als hier«, schrieb er seinem Freund Macke. »Kandinsky bohrt am tiefsten von allen.« Als Marc seinen Freund im Sommer 1911 in Bonn besuchte, bildeten Kandinskys revolutionäre Einsichten in das Wesen der Kunst das Hauptthema leidenschaftlicher Gespräche und Auseinandersetzungen. Mackes Brief an Marc vom 1. September 1911 zeigt, wie stark er sich zu Kandinsky hingezogen fühlte: »Von seinem (Kandinskys) Bilde bei uns geht auf die Dauer eine Strömung aus, die wunderbar ist. Er ist auch Romantiker, Träumer, Phantast und Märchenerzähler. Aber was er dazu ist, ist die Hauptsache. Er ist voll unbegrenzten Lebens. Die Flächen, über die man hinüberträumt, sprühen und schlafen nie. Seine stürmenden Reiter sind das Wappen, das vor seinem Hause hängt, aber es stürmt nicht nur in Felsblöcken, Burgen und Meeren, auch das unendlich Zarte, Pastorale stürmt, in allen Teilen, in Gelb und Blau und Rosa, ein leises andeutendes Schreiten der Rokokodamen. Es ist wie das Summen von Millionen Bienen oder das Schwirren von Fliegen mit einem unendlich sanften lammartigen Paukenschlag.«

In engem Kontakt stand Kandinsky auch zu Alfred Kubin, dessen zwiespältiges, der Nachtseite zugewandtes Wesen ihn mit leiser Besorgnis erfüllte. Als Kubin ihm 1911 ein illustriertes Exemplar von E. T. A. Hoffmanns *Nachtstücken* schickte, schrieb ihm Kandinsky: »Versuchen Sie doch, energisch die dunklen Gedanken zu verjagen, sie unterzukriegen. Sie sind doch ein Mensch von feinen Gefühlen, feiner Empfindlichkeit. Wie können Sie denn nun nur *eine* Seite des ›Lebens‹ *fühlen*? Wodurch bleibt die andere für Sie verdeckt? Oder besser: warum sehen Sie nur *Die andere Seite*? In diesem famosen Buch haben Sie tausendmal recht. Es ist beinahe eine Vision des Bösen. Sie müssen aber jetzt Ihrer Wachspuppe den Kopf abschlagen und mit Füßen zertreten zu Staub. Aber da Sie so stark den Bösen gesehen haben, so kommen Sie ganz bestimmt auch zum anderen Sehen. Das fühle ich plötzlich ganz deutlich.«

Auffallend viele russische Künstler hielten sich um 1900 in München auf. Als ich Kandinsky einmal fragte, wie er sich diese erstaunliche Tatsache erkläre, meinte er: »In Rußland waren die Studienbedingungen nicht so gut wie damals in Deutschland. Alles wollte zu Azbé, dessen Schule ein Dorado für russische Künstler war.«

Schon früher hatte Kandinsky das Genie von Arnold Schönberg erkannt. Er schätzte die Gespräche mit ihm, weil Schönbergs Musik ihm eine völlig neue musikalische Welt erschloß und weil sie künstlerisch die gleichen Ziele verfolgten. Kandinsky bekannte einmal, daß diese Musik nicht nur hörenswert sei, sondern daß es sich auch lohne, darüber zu diskutieren. Über die Kunst wurden Schönberg und Kandinsky Freunde.

Etwas später freundete sich Kandinsky mit Paul Klee an, der mit seiner Familie zwei Häuser weiter in der Ainmillerstraße wohnte. Beide waren Schüler in der Stuck-Klasse. Kandinsky kam oft auf einen Sprung herüber, wenn Klee mit seiner Frau, der Münchner Pianistin Lily Stumpf, im Duo von Geige und Klavier klassische Musik von Bach bis Beethoven spielte. Klees Sohn Felix, der heute in Bern wohnt, erinnert sich an München: »Ich war erst zwei Jahre alt, als meine Eltern Kandinsky kennenlernten. Wenn meine Eltern mich nicht brauchen konnten, lieferten sie mich in Kandinskys Atelier ab. Während meines Aufenthaltes habe ich dann auch gemalt. Es sind eine Reihe Kandinskys entstanden. Die ganze Zeit ist mir nur noch recht dunkel gegenwärtig. Ich weiß aber noch ganz genau, daß die Türen in seiner Wohnung weiß gestrichen waren, was ich aufregend fand. Es war eine etwas vornehmere Wohnung als die von Klees. Vor allem gab es bei ihm mehr Platz. Kandinsky war eben besser situiert als die Familie Klee. Nur legten wir nicht so furchtbar viel Wert darauf. Für Kandinsky war eine großzügige Wohnung und eine vornehme Einrichtung eine wichtige Angelegenheit.« Was für Felix Klee nur noch dunkel in Erinnerung ist, habe ich durch Hörensagen erfahren. Aber auch ich verfüge nur über ein Kaleidoskop unscharfer Erinnerungen aus dem Munde Kandinskys über seine Münchner Zeit. Klee und er knüpften erst am Bauhaus ihre lebenslange Freundschaft. Darüber soll später ausführlich gesprochen werden.

In München durchlief Kandinsky verschiedene künstlerische Entwicklungsphasen. Zuerst malte er neo-impressionistische Landschaften, die schon eine sehr persönliche Auffassung von Farb- und Formgestaltung zeigen. Aber auch in dieser frühen Periode kann man ganz deutlich seine unverwechselbare »Handschrift« erkennen. Dann entstand eine Gruppe von Bildern, die sehr romantisch wirkt und russische Szenerien darstellt. Gleichzeitig malte Kandinsky märchenhafte Sujets, die seine bis in die Kindheit zurückreichende Beziehung zu Deutschland offenbaren. Seine romantischen russischen Bilder sind der unbewußte Ausdruck einer tiefen Sehnsucht nach seinem Geburtsland, denn sein Herz – davon bin ich überzeugt – gehörte stets seiner russischen Heimat, die er sich in seinen Bildern zu vergegenwärtigen suchte. Bevor er im Jahre 1910 sein erstes abstraktes Aquarell schuf, malte er in einem stark expressiven Stil. Es entstanden zahlreiche wunderschöne Landschaften, oft mit Pferden. Warum gerade Pferde? Ich glaube, all diese Pferde sind als symbolischer Ausdruck für den Drang des Künstlers nach vorne zu verstehen: Öffnung für das Kommende, das Neue. Ab 1908 schrieb Kandinsky auch Gedichte und entwarf Bühnenkompositionen. 1909 verfaßte er *Der gelbe Klang*, der 1912 im Almanach *Blauer Reiter* veröffentlicht wurde.

Mit der Entdeckung der Abstraktion bricht Kandinskys Epoche der malerischen Explosionen an – eine dramatische Ära, in der ihm Farben und Zeichen wie feurige Gäule über die flächige Leinwand galoppieren.

Vielfach wird behauptet, Kandinskys deutsche Märchensujets seien dem Jugendstil verwandt, was ich weder bestätigen noch verneinen kann. Ich bin keine Kunsthistorikerin und

möchte es nicht wagen, Kandinsky einer Richtung zuzuord-
nen, zu der er sich mir gegenüber nie ausdrücklich bekannt
hat. Wenn die Experten hier Elemente des Jugendstils zu entdecken glauben, so nehme ich das zur Kenntnis.

»Der Blaue Reiter«

Die neuere Kunstgeschichte kennt eine Reihe wichtiger Daten
und Fakten, die allesamt die These stützen, daß die Kunst des
20. Jahrhunderts jederzeit vor der Kunst vorangegangener
Jahrhunderte bestehen kann. Für mich ist einer der bedeutendsten Beiträge zur gesamten Kunstgeschichte »Der Blaue Reiter«. Daß es ihn überhaupt gibt, ist dem verständnislosen Verhalten der »Neuen Künstlervereinigung« gegenüber den wirk-
lichen zukunftsorientierten Künstlern zu verdanken.

Einen Tag nach dem endgültigen Bruch schrieb Franz Marc
seinem Bruder: »Die Würfel sind gefallen. Kandinsky und ich
sind . . . aus dem Verein ausgetreten . . . Nun heißt's zu zweit
weiterkämpfen! Die ›Redaktion des Blauen Reiters‹ wird jetzt
der Ausgangspunkt von neuen Ausstellungen. Ich denke, es
ist ganz gut so. Wir werden suchen, das Zentrum der modernen Bewegung zu werden.«

Kandinsky trennte sich von der »Künstlervereinigung«,
nachdem ihm klargeworden war, daß sich seine Kunstauffas-
sung mit der anderer Gruppenmitglieder nicht mehr vereinba-
ren ließ. Marc teilte Kandinskys Meinung und regte an, eine eigene Ausstellung zu veranstalten, die unter demselben Titel
wie ihr im Jahre 1911 gemeinsam geplanter Almanach laufen
sollte. Der Almanach sollte den Titel *Der Blaue Reiter* tragen,
und ebenso hieß auch die Ausstellung. Sowohl im Almanach
als auch in der Ausstellung sollten die besten Künstler ihre
Werke der Öffentlichkeit vorstellen können. »Der Blaue Reiter«
ist im nachhinein oft falsch beurteilt worden. Ich wundere mich
immer wieder, daß Leute über Kunst schreiben, ohne die wirk-
lichen Zusammenhänge zu kennen. Sehr oft geben sich dafür
Kunstexperten her, denen man kaum unterstellen möchte, sie
handelten wider besseres Wissen. Aber auch ihnen unterlaufen Fehler, weil sie einfach – sei es nun aus Bequemlichkeit, sei
es aus Arroganz – die Dokumente der Epoche nicht gründlich

genug studieren. Es gibt ja auch Kunstschriftsteller, die über Kunstwerke schreiben, die ihnen unbekannt sind.

Für die Kunst und für die Künstler wirken sich solch unverzeihliche Fahrlässigkeiten sehr nachteilig aus: Das Resultat ist meist eine große Konfusion. Falsche Datierungen werden weitergereicht, Fakten nicht auf ihre Richtigkeit hin überprüft und gravierende Ereignisse zuweilen so interpretiert, wie es gerade opportun erscheint.

Man arbeitet dabei oft Hand in Hand: Die Maler geben den Kunstschriftstellern Rückendeckung, und zwar aus berechnendem Eigennutz. Denn es bestehen Interessen, Bilder gelegentlich in jene Jahre zurückzudatieren, in denen kunstgeschichtliche Höhepunkte zu verzeichnen sind. Es kommt darauf an, nachdem sich der Erfolg einer Stilrichtung abzuzeichnen beginnt, nun auch an deren Entwicklungsgeschichte beteiligt gewesen zu sein. Also fälscht man Daten und Fakten, um die eigene Person in die Reihe jener ersten Künstler zu schmuggeln, die für eine bestimmte Sache gestritten haben. Die Käufer wissen sehr oft nicht, daß sie getäuscht werden. Und sie sollen es auch nicht wissen, denn von den Vordatierungen profitieren Maler und Händler in gleicher Weise. Die einen verdienen daran und die anderen schmücken sich mit angemaßten Ehren. Ich finde diese Täuschungsmanöver besonders ärgerlich, wenn Epigonen solchermaßen den Rahm abzuschöpfen versuchen.

Ich dränge jeden, der über Kandinsky schreibt, sich mit den Dokumenten intensiv zu befassen. Es geschieht nicht selten, daß auch ich bei Kandinsky zugeschriebenen Werken zum Schiedsrichter aufgerufen werde. In den letzten Jahren sind mir zahlreiche Kandinskyfälschungen vorgelegt worden, die Sammler für teures Geld irgendwo erworben haben. Es tut mir leid, daß ich ahnungslose Käufer, die sich von skrupellosen Geschäftemachern aufgrund falscher Expertisen haben überfahren lassen, immer wieder enttäuschen muß. Um die Sammler von den Fälschungen überzeugen zu können, muß ich Zeitdokumente, die Handschrift Kandinskys und die Kunstgeschichte zu Rate ziehen. Ich rate jedem, der sich zum Kauf eines mittlerweile nicht gerade billigen Kandinsky-Werkes entscheidet, sich umfassend zu orientieren.

Die Gewissenhaftigkeit einiger Kunstschriftsteller läßt manches zu wünschen übrig. Das führt dann dazu, daß sich selbst Publikationen von namhaften Kennern der Materie nicht immer als zuverlässige Orientierungshilfen empfehlen. Unlängst erschien in Frankreich ein Buch über abstrakte Kunst, das schwerwiegende Fehler enthält.

In diesem Buch stimmen zum Beispiel die Daten der Kandinsky-Bilder nicht. Außerdem hat der Autor manche Abbildungen mit unrichtigen Titeln versehen. Die Bilder sind seitenverkehrt reproduziert. Hätte dem Autor nicht wenigstens bei der Korrektur auffallen müssen, daß da etwas nicht stimmte? Selbstverständlich steht jedermann frei, wie er seine Akzente in der Kunst setzt, aber ich finde, wenn jemand schon ein grundlegendes Werk über die abstrakte Kunst schreibt, dann sollte er mit seiner subjektiven Wertung sparsam umgehen.

In dem erwähnten Buch – ich möchte Autor und Titel hier nicht nennen – ist das nicht geschehen, und deshalb stimmen auch die Proportionen nicht. Durch das unausgewogene Verhältnis der Abbildungen von Kandinsky und Mondrian – von ihm sind doppelt so viele Bilder in das Buch aufgenommen worden – wird dem Leser suggeriert, Mondrian sei bedeutender als Kandinsky. Ich meine, man sollte nicht Kandinsky gegen Mondrian oder Mondrian gegen Kandinsky auszuspielen versuchen. Beide haben ihr unbestreitbares Verdienst in der Kunstgeschichte.

Es gibt auch Schriftsteller, die aus Gefälligkeit oder aus Freundschaft angeblich kritische Bücher über bestimmte Künstler schreiben. Nun meine ich allerdings, daß der Kunst mit Hofberichterstattung wenig gedient ist, im Gegenteil: ein offenes ehrliches Engagement ist ihr weitaus dienlicher. Verwerflich erscheinen mir aber die Versuche so mancher Kritiker und Theoretiker, Subjektivität als Objektivität zu tarnen. Den Schaden spüren am Ende alle, für die Kunst ein ernsthaftes Anliegen ist. Mir kommt es hier nicht darauf an, betrübliche Fakten ans Licht zu zerren, doch wenn ich mithelfen kann, Fahrlässigkeiten zu verhindern oder Irrtümer zu korrigieren, dann möchte ich mich dieser Aufgabe nicht entziehen. Und da mir die Sache des »Blauen Reiters« sehr am Herzen liegt, halte ich es für meine Aufgabe, Fehler auszumerzen, die mir in diesem Zusammenhang immer wieder begegnet sind. War doch schon zu Lebzeiten Kandinskys »Der Blaue Reiter« vor Unwahrheiten und Mißverständnissen nicht sicher. Kandinsky hat das immer geärgert.

Eines steht fest: »Der Blaue Reiter« war keine Künstlergruppe, sondern der Titel des Almanachs, den Kandinsky und Marc gemeinsam herausgaben. Und für die beiden Ausstellungen, die von Marc und Kandinsky nach deren Austritt aus der »Neuen Künstlervereinigung« veranstaltet wurden, übernahm man diesen Buchtitel. In seinem 1930 im *Kunstblatt* 14 niedergeschriebenen »Rückblick« nimmt Kandinsky dazu Stellung: »In Wirklichkeit gab es nie eine Vereinigung ›Der Blaue Reiter‹, auch keine ›Gruppe‹, wie es oft irrtümlich geschrieben wird. Marc und ich nahmen das, was uns richtig schien, was wir frei wählten, ohne uns um irgendwelche Meinungen oder Wünsche zu kümmern. So beschlossen wir, unseren ›Blauen Reiter‹ auf eine ›diktatorische‹ Art zu leiten. Die ›Diktatoren‹ waren selbstverständlich Franz Marc und ich.«

Gleichzeitig mit Marc und Kandinsky verließen auch Alfred Kubin und Gabriele Münter die »Neue Künstlervereinigung«; Robert Delaunay, der bei den Ausstellungen der »Künstlervereinigung« als Gast beteiligt war, erklärte sich mit Kandinsky ostentativ solidarisch. Es wäre aber verkehrt, diese Sympathieaustritte als Gruppenaktion auszulegen.

Nach ihrem Austritt ergriffen Marc und Kandinsky die Initiative und rüsteten im Dezember des gleichen Jahres zum Gegenangriff. Sie fanden Unterstützung beim Generaldirektor der Bayerischen Staatsgemäldesammlungen, Hugo von Tschudi, durch dessen Fürsprache Thannhauser zwei Säle seiner Galerie für die Ausstellung von Kandinsky, Marc und deren Freunde reservierte. So fanden dann zur gleichen Zeit und unter demselben Galeriedach zwei große Ereignisse statt: Wand an Wand mit der »Neuen Künstlervereinigung« eröffnete der »Blaue Reiter« seine Ausstellung.

Da Kandinsky und Marc bereits an dem geplanten Almanach arbeiteten, gaben sie als Veranstalter der Ausstellung die Redaktion des »Blauen Reiters« an. Im Katalog erklärten sie, daß die Ausstellung nicht eine besondere Richtung zu propagieren beabsichtige, sondern die Mannigfaltigkeit der Kunstausdrücke zum Ziel habe.

Die erste Ausstellung der Redaktion »Der Blaue Reiter« wurde am 18. Dezember 1911 eröffnet. Was Kandinsky und

Marc an Künstlerprominenz damals zu mobilisieren vermochten, versetzt uns heute in Erstaunen. Unter den 43 Exponaten standen Namen wie Campendonk, Macke, Münter, Bloch, Niestlé, Schönberg, Rousseau, Delaunay und Epstein-Paris. Beteiligt waren auch die Brüder Burljuk. Kandinsky zeigte seine *Komposition V*, seine *Improvisation* 22 und die *Impression Moskau*. Franz Marc war unter anderem mit den Bildern *Die blauen Pferde* und *Die gelbe Kuh* vertreten.

Es wurde oft nach dem Ursprung des Namens »Der Blaue Reiter« gefragt. Nun, der Name war ein wenig Zufall, der Inhalt dagegen Programm. Kandinsky verriet 1930 im *Kunstblatt*, wie dieser Zufall zustande gekommen war: »Den Namen ›Der Blaue Reiter‹ erfanden wir am Kaffeetisch in der Gartenlaube in Sindelsdorf; beide liebten wir Blau, Marc – Pferde, ich – Reiter. So kam der Name von selbst. Und der märchenhafte Kaffee von Frau Maria Marc mundete uns noch besser.« Ich möchte aber trotzdem erwähnen, daß Kandinsky bereits 1903 eines seiner Bilder *Der Blaue Reiter* getauft hatte. Der Reiter als Bildelement taucht auch in Werken wie *Zweikampf* von 1902 und in den *Improvisationen* 2, 3, 9, 12 (1909 – 10) auf. Das Blau »als typisch himmlische Frabe« ist ein kontinuierliches Leitmotiv im Gesamtwerk Kandinskys.

Ich betone noch einmal: Streng genommen dürfen mit dem »Blauen Reiter« nur Kandinsky und Marc in Verbindung gebracht werden. An diese Begrenzung haben sich jedoch die wenigsten gehalten. Als erster stiftete Herwarth Walden indirekt große Verwirrung, als er die spektakuläre – von Schimpf und Schande begleitete, aber auch von Bewunderung getragene – Ausstellung im Frühjahr 1912 nach Berlin übernahm und im »Sturm« zeigte. Walden aber veränderte die Originalkonzeption und ergänzte sie durch Bilder von Mitgliedern der »Neuen Künstlervereinigung«, von Jawlensky und der Werefkin. 1914 brachte Walden die Ausstellung ins Ausland, nachdem sie durch ganz Deutschland gewandert war. Die Werefkin und Jawlensky hatten weder an der ersten 1911 bei Thannhauser noch an der zweiten in der Galerie Neue Kunst Hans Goltz am Odeonsplatz in München veranstalteten Ausstellungen des »Blauen Reiters« teilgenommen. Auch im Almanach *Der Blaue Reiter* fehlten sie. Eindeutig ist der Namensliste der zweiten »Blauen Reiter«-Schau zu entnehmen, daß die Werefkin und

Jawlensky nicht beteiligt waren.

Als die erste Ausstellung in München hing, faßten Kandinsky und Marc bereits den Plan zu einer weiteren Veranstaltung, die bald darauf realisiert werden konnte. Im März 1912 fand in der Kunsthandlung Goltz in München die »Zweite Ausstellung der Redaktion ›Der Blaue Reiter‹« statt. Die 315 Druckgraphiken, Zeichnungen und Aquarelle stammten von Arp, Bloch, Braque, Delaunay, Vlaminck, Marc, de la Fresnaye, Gimmi, der Gontscharowa, Heckel, Helbig, Kirchner, Klee, Kubin, Larionoff, Lotiron, Lüthy, Macke, Malewitsch, Franck-Marc, Melzer, Morgner, Mueller, der Münter, Nolde, Pechstein, Picasso, Tappert, Vera. Von Kandinsky waren 12 Aquarelle ausgestellt.

Teile der zweiten und letzten Ausstellung des »Blauen Reiters« übernahm Walden. Er zeigte sie 1913 auf dem »Ersten Großen Herbstsalon« im »Sturm« und wählte diesmal den unmißverständlichen Titel »Freundeskreis des Blauen Reiters«. Leider nahm er in den »Freundeskreis« auch Mitglieder der inzwischen aufgelösten »Neuen Künstlervereinigung« auf. Daß in dieser Künstlergruppe nicht nur die Freunde Kandinskys und Marcs zu finden waren, dürfte jetzt hinreichend klar sein. Walden stellte also – vielleicht unabsichtlich – die Weichen ein zweites Mal für zukünftige Irrtümer über den »Blauen Reiter«. Seither zieht ein Heer von Fehlern durch die Literatur, und niemand scheint sich daran zu stoßen. Falls der Eindruck entstanden sein sollte, daß ich hier mit allen Mitteln Jawlensky und der Werefkin die Zugehörigkeit zum »Blauen Reiter« streitig zu machen vesuche, so wäre dies ein weiteres Mißverständnis. Denn ich möchte schließlich nur erreichen, daß man die Tatsachen zur Kenntnis nimmt. Deshalb sei noch einmal mit allem Nachdruck gesagt: Marianne von Werefkin und Alexej von Jawlensky waren nie im Almanach und auch nicht in den beiden Ausstellungen des »Blauen Reiters« vertreten.

Kandinsky war mit Jawlensky eng befreundet, und er tat alles, um ihm zum Durchbruch zu verhelfen. So vermittelte er Jawlensky Ausstellungen und emfpahl ihn Galeristen und Museumsleuten. Unzählige Male sagte Kandinsky: »Sie müssen in diese Ausstellung unbedingt auch Jawlensky hineinnehmen.« Er war felsenfest von der Bedeutung Jawlenskys überzeugt. Später dann, in Dessau, kam Jawlensky einige Male zu uns auf

Besuch. Es war immer ein herzliches Wiedersehen. Wir fuhren auch zu ihm nach Wiesbaden, wo er seit Jahren wohnte und arbeitete. In dieser Zeit lebte Marianne Werefkin schon nicht mehr mit ihm zusammen. Jawlensky war mit Helena verheiratet, die ihm lange vor der Eheschließung einen Sohn geboren hatte.

Der Almanach *Der Blaue Reiter* ist eines der aufregendsten Bücher über die Kunst unseres Jahrhunderts. Hier publizierten die führenden Künstler ihrer Zeit, und sie traten in einer solchen Geschlossenheit und in einer solch überwältigenden Zahl an, daß kein Zweifel an der überragenden Bedeutung ihrer Arbeit für die weitere Entwicklung der Kunst möglich ist. Man spürt als Leser beinahe auf jeder Seite, wie es in der Kunstszene vor dem Ersten Weltkrieg brodelte. Der Almanach war schon vor der ersten Ausstellung des »Blauen Reiters« projektiert worden. Der Ausstellungskatalog annoncierte auch schon den Almanach *Der Blaue Reiter*, der dann allerdings erst im Frühjahr 1912 erscheinen sollte. Vor und während der Ausstellung aber lief die Arbeit am Almanach bereits auf Hochtouren.

Den Plan zu einem Jahrbuch hatte Kandinsky bereits im Juni 1911 gefaßt, noch bevor sich die Trennung von der »Künstlervereinigung« abzuzeichnen begann. »Nun! ich habe einen neuen Plan«, schrieb er am 19. Juni am Marc, »Piper muß Verlag besorgen und wir beide – die Redakteure sein. Eine Art Almanach (Jahres-) mit Reproduktionen und Artikeln . . . und *Chronik*!! d. h. Berichte über Ausstellungen-Kritik, nur von Künstlern stammend. In dem Buch muß sich das ganze Jahr spiegeln, und eine Kette zur Vergangenheit und ein Strahl in die Zukunft müssen diesem Spiegel das volle Leben geben. Bezahlt werden die Autoren ev. nicht. Ev. bezahlen sie selbst ihre Chlichés usw. usw. Da bringen wir einen Ägypter neben einem kleinen Zeh, einen Chinesen neben Rousseau, ein Volksblatt neben Picasso und dergleichen noch viel mehr! Allmählich kriegen wir Literaten und Musiker. Das Buch kann ›Die Kette‹ heißen oder auch anders . . . Sprechen Sie nicht darüber. Oder nur dann, wenn es direkt uns nützen kann. In solchen Fällen ist ›Diskretion‹ sehr wichtig.« Marc, der bereits 1910 die Gründung einer eigenen Zeitschrift erwogen hatte, griff Kandinskys

Plan sofort auf und bot seine Mitarbeit an. Mit welch fieberhafter Tätigkeit sich die beiden Freunde in den nächsten Wochen und Monaten an die Arbeit machten, zeigt ein Brief Kandinskys vom 1. September 1911: » . . . Ich dagegen habe Hartmann geschrieben, von unserer Union berichtet und ihm den Titel des ›Bevollmächtigten Mitarbeiters für Rußland‹ verliehen. Und ausdrücklich verlangt, daß er tiefseelig fühlt, was dies bedeutet. Auch an Le Fauconnier schreibe ich . . . Bei Hartmann habe ich einen Artikel über Armenische Musik bestellt und eine musikalische Korrespondenz aus Rußland . . . Über [die] Kräfte. Frl. Worringer über Gereonsclub und seine italienische musikalische Bewegung haben wir etwas Material in dem Manifest der ›Futuristi‹, welches mir zugeschickt wurde. Schönberg *muß* über deutsche Musik schreiben. Le Fauconnier *muß* einen Franzosen besorgen. Musik und Malerei werden schon ordentlich beleuchtet. Etwas Noten sollen auch drin sein. Schönberg hat ja z. B. Lieder. Man könnte ev. Pechstein auffordern, eine Berliner Korrespondenz zu schreiben: wenig verantwortlich – und dabei prüfen wir seine Ziele. Passen Sie auf! Wir kriegen schon einen richtein Puls in unser liebes Heft. Ein Stück aus Tschudischem ›Galeriedirektor‹ dürfen wir auch bringen. Wir müssen eben zeigen, daß *überall* was vorkommt. Wir bringen etwas von der russischen religiösen Bewegung, wo *alle* Schichten beteiligt sind. Dafür habe ich meinen ehemaligen Kollegen Prof. Bulgakoff (Moskau, Nationalökonom und einer der tiefsten Kenner des religiösen Lebens). Theosophen müssen kurz und stark (wenn möglich statistisch) erwähnt werden . . .«

Das Prinzip des Internationalen tritt in diesem Brief deutlich zutage. Es war ein wesentlicher Programmpunkt des *Blauen Reiters*. Henri Le Fauconnier, Mitglied der »Neuen Künstlervereinigung München«, sollte aus Frankreich berichten. Max Pechstein, Haupt der Berliner »Neuen Sezession«, konnte als Mitarbeiter gewonnen werden. Kandinskys Freund Thomas von Hartmann, der russische Komponist, und der Maler-Musiker Arnold Schönberg aus Wien trugen dazu bei, daß die Musik in einem ausgewogenen Verhältnis neben der Malerei im Almanach vertreten war. Auch der in München lebende russische Maler David Burljuk steuert einen Beitrag bei. Kahnweiler schickt aus Paris Fotografien von Bildern Picassos, Matisse genehmigt die Reproduktion seiner Werke: man sieht, der Bogen ist erstaunlich weit gespannt.

Nichts konnte Kandinskys und Marcs Begeisterung trüben, auch wenn sich angesichts der gewaltigen Arbeit bisweilen Zweifel einschleichen. »Es ist mir etwas komisch zumute«, schreibt Kandinsky am 21. September an Piper, »so wie, . . . na ja! wie vor einer anziehenden, riesig interessanten Bergtour, wo man aber durch Kamine kriechen, auf Graten reiten muß.«

Während Kandinsky und Marc als Herausgeber verantwortlich zeichneten, fungierten Macke, Schönberg, von Hartmann, Burljuk, Allard, Busse, Kulbin und Subanejew als Mitarbeiter. Geplant war, den Almanach in zweijährigem Turnus herauszugeben. Der Grundgedanke des Unternehmens, Kandinskys »Idee der großen Synthese«, gärte schon seit seiner Mitgliedschaft in der »Neuen Künstlergemeinschaft« in ihm, und schon zu jener Zeit trug er sich mit dem Gedanken, Künstler über Kunst schreiben zu lassen und die Resultate dann in einem Band zu veröffentlichen. Wichtig erschien ihm dabei, den Autoren möglichst viel Freiraum zu lassen und jedem die Möglichkeit einzuräumen, frei und offen seinen Standort zu beschreiben und seine künstlerischen Perspektiven dazuzulegen. Bestärkt wurde Kandinsky von Franz Marc, der ihn drängte, den Plan so schnell wie möglich zu realisieren. Erst Mitte Mai 1912 aber wurde das Projekt Wirklichkeit: Der lang erwartete Almanach erschien bei Piper in München.

Daß für den Almanach nur Piper in Frage käme, stand für Kandinsky von Anfang an fest. In einem Brief an Marc vom 18. September 1911 schrieb er: »Piper ist doch die feinste Firma und dazu eine Münchner.« Ohne Zweifel, Reinhard Piper ist es zu danken, daß *Der Blaue Reiter* keine Utopie blieb. Kandinsky hatte schon vorher Märchenbilder in Farbholzschnitt für Pipers ehemalige »Vertriebsstelle für Graphik« geliefert. Jetzt, im Herbst 1911, gab Piper Kandinskys Manuskript *Über das Geistige in der Kunst* zum Druck – Kandinsky wußte also, daß der Almanach in den Händen des Münchner Verlages am besten aufgehoben war.

Kandinsky und Marc hatten das seltene Glück gehabt, für ihre Idee einen Mäzen zu finden. Ohne den Berliner Sammler Bernhard Koehler wäre der Almanach vielleicht ein Wunschtraum Kandinskys geblieben, doch Koehler ermöglichte den Druck finanziell durch eine Absatzgarantie. Denn der kommerzielle Erfolg des Almanachs war mehr als fraglich, und so schloß Piper mit den Herausgebern eine Art von Kommissionsvertrag ab, in dem er eine Garantiesumme in Höhe der bei einer ersten Kalkulation errechneten Herstellungskosten verlangte. Das finanzielle Risiko trugen also Kandinsky und Marc. Der Vertrag vom 28. September 1911 enthält folgenden Passus: »Die Herren Franz Marc und W. Kandinsky haften gesamtverbindlich für die Deckung der Kosten.« Kurz vor Weihnachten konnten die beiden Herren dann ihrem Verleger mitteilen, daß die vom Verlag geforderte Garantiesumme gedeckt sei. Bernhard Koehler, ein Berliner Fabrikant, Onkel von August Makkes Frau, hatte sich bereit erklärt, die gesamten Unkosten zu übernehmen. Koehler kaufte schon bei der ersten Ausstellung des »Blauen Reiters« Bilder von Kandinsky, Campendonk, Delaunay und Gabriele Münter. Werke aus seiner bedeutenden Privatsammlung sind im Almanach abgebildet.

Der Almanach enthielt Abbildungen von Cézanne, Delaunay, Picasso, Rousseau und Matisse, er zeigte Beispiele aus der Primitiv- und Volkskunst, er brachte Blätter, die Kinder und Geisteskranke gezeichnet hatten, und berücksichtigte Werke aus Ostasien und Ägypten sowie mittelalterliche Holzschnitte. Von Schönberg, Berg und Webern waren Kompositionsbeiträge eingelegt, und Kandinsky publizierte darin seine Abhandlung *Über die Formfrage* und seine Gedanken *Über Bühnenkomposition*. Marc veröffentlichte den Aufsatz *Geistige Güter*, Macke befaßte sich in seinem Text *Die Masken* mit dem Geheimnis der Form, Schönberg wägte Text und Musik gegeneinander ab, von Hartmann erwies sich als enger Geistesverwandter Kandinskys und schrieb in seinem Beitrag: »Und so ist in der Kunst im allgemeinen und im besonderen in der Musik jedes Mittel, welches aus der inneren Notwendigkeit entsprungen ist, richtig.« Für Kandinsky war die »innere Notwendigkeit« ein fundamentaler Bestandteil seines künstlerischen Glaubensbekenntnisses, und von Hartmann folgte seinem Freund hier aufs Wort.

Im Nachlaß August Mackes hat sich ein maschinenschriftliches Vorwort* der Redaktion vom Oktober 1911 gefunden, in

---

* Der Abdruck des Vorwortes erfolgt mit freundlicher Genehmigung des R. Piper Verlags, München.

dem die Grundsätze der »Blauen Reiter-Idee« ausgesprochen werden, ein imposantes Dokument moderner Ästhetik:

»Es beginnt und hat schon begonnen eine große Zeit: das geistige ›Erwachen‹, die entstehende Neigung zum Neugewinnen des ›verlorenen Gleichgewichts‹, die unvermeidliche Notwendigkeit der geistigen Pflanzungen, das Entfalten der ersten Blüten.

Wir stehen in der Tür einer der größten Epochen, die die Menschheit bis jetzt erlebt hat, der Epoche des Großen Geistigen. Zu Zeiten des scheinbar intensivsten Erblühens, des ›großen Sieges‹ des Materiellen, im eben abgeschlossenen XIX. Jahrhundert bildeten sich beinah unmerklich die ersten ›neuen‹ Elemente der geistigen Atmosphäre, welche dem Erblühen des Geistigen die nötige Nahrung geben wird und schon gibt.

Die Kunst, Literatur und selbst die ›positive‹ Wissenschaft stehen in verschiedenen Graden der Wendung zu dieser ›neuen‹ Zeit. Unterliegen ihr aber alle.

Das Abspiegeln der Kunstereignisse, die im direkten Zusammenhang mit dieser Wendung stehen, und der zur Beleuchtung dieser Ereignisse notwendigen Tatsachen auch auf anderen Gebieten des geistigen Lebens ist unser [erstes und] größtes Ziel.

So findet der Leser in unseren Heften Werke, die durch den erwähnten Zusammenhang in einer *inneren* Verwandtschaft miteinander stehen, wenn auch diese Werke äußerlich fremd zu einander erscheinen. Nicht das Werk wird von uns beachtet und notiert, welches eine gewisse anerkannte, orthodoxe äußere Form besitzt (und gewöhnlich nur als solche existiert), sondern das Werk, welches ein *inneres* Leben hat, im Zusammenhang mit der großen Wendung stehend. Und das ist natürlich, da wir nicht das Tote, sondern das Lebende wollen. Wie das Echo der lebendigen Stimme nur eine leere Form ist, die keine bestimmte *innere Notwendigkeit* hervorgerufen hat, so entstanden zu jeder Zeit und werden bald immer mehr entstehen leere Widerhalle der in dieser inneren Notwendigkeit wurzelnden Werke. Als leere, sich herumtreibende Lügen vergiften sie die geistige Luft und führen die schwankenden Geister auf Irrwege. Durch Betrug führen sie den Geist nicht zum Leben sondern zum Tod. [Und durch alle uns zur Verfügung stehenden Mittel wollen wir versuchen, die Leere des Betrügerischen zu entlarven. Und das ist unser zweites Ziel.]

Es ist natürlich, daß in den Fragen der Kunst als erster der Künstler selbst auch zum Wort berufen ist. So sollen die Mitarbeiter unserer Hefte hauptsächlich Künstler sein, die also jetzt eine Gelegenheit bekommen, alles frei zu sagen, was sie früher verschweigen mußten. Und so fordern wir die Künstler, die innerlich unsre Ziele fühlen, auf, sich *brüderlich* an uns zu wenden. Wir erlauben uns dieses große Worte zu brauchen in der Überzeugung, daß das Offizielle in unserem Falle von selbst erlöscht.

Ebenso ist es natürlich, daß die Menschen, für welche im letzten Grunde der Künstler arbeitet und welche unter dem Namen Laien und Publikum nur selten zu Worte kommen können, eine Möglichkeit finden, ihren Kunstgefühlen und Gedanken Ausdruck zu geben. So sind wir bereit jeder ersten Äußerung von dieser Seite Platz zu geben. Auch kurze und freie Einsendungen werden unter der Rubrik »Stimmen« gebracht.

[In der heutigen Lage der Kunst können wir auch das Mittelglied zwischen Künstler und Publikum nicht ausser Beachtung lassen. Das ist die Kritik, in der Krankhaftes liegt. Unter ernste Interpreten der Kunst haben sich dank der Entwicklung der Tagespresse nicht wenige unwürdige Elemente eingeschlichen, die durch leere Worte, statt eine Brücke zum Publikum, eine Mauer vor ihm bilden. Damit nicht nur der Künstler, sondern auch das Publikum eine Gelegenheit bekommt, das verzerrte Gesicht der heutigen Kritik in starkem Lichte zu sehen, widmen wir eine bestimmte Rubrik auch dieser traurigen und schädlichen Kraft.]

Da die Werke zu unbestimmter Stunde kommen und lebendige Ereignisse nicht nach menschlicher Bestellung entstehen, so erscheinen unsre Hefte nicht an eine gewisse Zeit gebunden, sondern frei, wenn Wichtiges sich gesammelt hat.

Es sollte wohl überflüssig sein, speziell zu unterstreichen, dass in unserem Falle das Princip des Internationalen das einzig mögliche ist. Heutzutage muss aber auch das bemerkt werden: das einzelne Volk ist einer der Schöpfer des Ganzen und kann nie als Ganzes angesehen werden. Das Nationale, gleich dem Persönlichen, spiegelt sich in jedem grossen Werke von selbst ab. In der letzten Consequenz aber ist diese Färbung eine nebensächliche. Das ganze Werk, Kunst genannt, kennt keine Grenzen und Völker, sondern die Menschheit.

Redaktion: KANDINSKY, FRANZ MARC‹

Leider konnte der Almanach über seine erste Nummer hinaus nicht weiter erscheinen. Am 14. Mai 1912 schrieb Kandinsky: »Das zweite Buch: mein Wunsch wäre, daß wir damit gar nicht eilen, ruhig an uns das Material kommen lassen, (d. h. auch ruhig sammeln und viel strenger wie das erste Mal). Dazu mein egoistischer Wunsch: eine Zeitlang (jedenfalls den Sommer) ganz zum Reifen meiner weiteren Gedanken zu behalten. Ich bin sehr aus dem Geleise.« Dieser zweite Band sollte weit über das Programm des ersten hinausgehen, wie den Erinnerungen Kandinskys aus dem Jahre 1930 zu entnehmen ist: »Wir wollten im zweiten Band des ›B. R.‹ Gelehrte als Mitarbeiter heranziehen, um die frühere Kunstbasis immer zu erweitern und deutlich zu zeigen, auf welche verwandte Weise der Künstler und der Wissenschaftler arbeiten und wie nahe nebeneinander die beiden geistigen Gebiete liegen.« Kandinsky hoffte, in der Wintersaison 1913 mit dem Band herauszukommen. Aber all das, was Kandinsky und Marc sich vorgenommen hatten, rückte in weite Ferne, als der Erste Weltkrieg ausbrach.

Kandinskys geistige und künstlerische Revolution

Kandinsky war ein genialer Maler und ein originärer Denker. Die Malerei unseres Jahrhunderts verdankt ihm einen wesentlichen Beitrag, und die neuere Kunsttheorie zehrt in weiten Bereichen von seinen Ideen und Anregungen.

Der Maler Kandinsky überraschte uns zu Anfang dieses Jahrhunderts mit seiner Erfindung der abstrakten Kunst. Der Denker Kandinsky schrieb das Fundamentale Werk *Über das Geistige in der Kunst*. Beide bilden die zweifach revolutionäre Tat Wassily Kandinskys.

Kandinskys Buch *Über das Geistige in der Kunst* ist sicherlich nicht für jedermann geschrieben. Es enthält mancherlei Klippen und Hürden, die nicht so leicht zu nehmen sind. Es ist ein schwieriges Buch, gewiß, aber ein Buch, das – wie ich meine – zum Rüstzeug eines jeden bildenden Künstlers zählen sollte.

Was Kandinsky mit diesem Werk beabsichtigt hat, erklärte er 1913 im *Rückblick*: »Mein Buch ›Über das Geistige in der Kunst‹ und ebenso ›Der Blaue Reiter‹ hatten hauptsächlich den Zweck, diese unbedingt in der Zukunft nötige, unendliche Erlebnisse ermöglichende Fähigkeit des Erlebens des Geistigen in den materiellen und den abstrakten Dingen zu wecken. Der Wunsch, diese beglückende Fähigkeit in den Menschen, die sie noch nicht hatten, hervorzurufen, war das Hauptziel der beiden Publikationen.«

Er geht im folgenden näher auf die Intentionen seiner beiden Schriften ein und setzt sich gegen Vorwürfe zur Wehr, die er von verschiedenen Seiten zu hören bekam. »Die beiden Bücher wurden und werden oft mißverstanden«, schreibt er. »Sie werden als ›Programme‹ aufgefaßt und ihre Verfasser werden als theoretisierende, in Gehirnarbeit sich verirrt habende ›verunglückte‹ Künstler gestempelt. Nichts lag mir ferner, als an den Verstand, an das Gehirn zu appellieren. Diese Aufgabe wäre heute noch verfrüht gewesen und wird sich als nächstes, wichtiges und unvermeidliches Ziel (= Schritt) in der weiteren Kunstentwicklung stellen. Dem sich befestigt und starke Wurzeln gefaßt habenden Geist kann und wird nichts gefährlich sein, als auch nicht die viel gefürchtete Gehirnarbeit in der Kunst.«

Ein Stück Zukunft ist hier bereits vorweggenommen, vorerst als theoretische Perspektive und noch nicht in der Praxis ausgeführt: Kandinsky sah die zunehmende Intellektualisierung des Kunstgeschehens voraus, so wie sie sich im letzten Jahrzehn abgespielt hat. Er begrüßte diese Entwicklung und empfahl Furchtlosigkeit im Umgang mit dem Geist.

Schrieb Kandinsky *Über das Geistige in der Kunst*, um sich seiner eigenen Furchtlosigkeit zu versichern? Wollte er sich Klarheit über seine malerische Praxis verschaffen? Oder ging es ihm vielmehr darum, die in der Luft liegenden Ideen, Probleme, Überlegungen, Erkenntnisse und Erfahrungen in ein Gedankengerüst zu kleiden – ohne Anspruch auf unantastbare Verbindlichkeit, ohne Anspruch auf doktrinäre Gültigkeit?

Aufschluß über diese Fragen bekommt man, wenn man das methodische Vorgehen Kandinskys untersucht. Tatsächlich war das ganze Unternehmen anfänglich als Tagebuch gedacht, in das Kandinsky unsystematisch seine Gedanken über Kunst notierte. Am Ende lag dann doch eine geschlossene und zusammenhängende Konzeption vor. Als er sich 1910 zur Buchfassung entschloß, erwies sich das reichlich gesammelte Inventar als ein lückenloses Ganzes: »So entstand ›Über das Geistige in der Kunst‹ für mich unbemerkt. Die Notizen«, schreibt er, »häuften sich während der Zeitdauer von mindestens zehn Jahren. Eine meiner ersten Notizen über Farbenschönheit im Bilde ist folgende: ›Die Farbenpracht im Bilde muß den Beschauer gewaltig anziehen, und zur selben Zeit muß sie den tiefliegenden Inhalt verbergen.‹ Ich meine darunter den malerischen Inhalt, aber noch nicht in reiner Form (wie ich ihn jetzt verstehe), sondern das Gefühl oder die Gefühle des Künstlers, die er malerisch ausdrückt. Damals lebte ich noch in dem Wahn, daß der Beschauer sich mit offener Seele dem Bild gegenüberstellt und eine ihm verwandte Sprache herauslauschen will. Solche Beschauer existieren auch (das ist kein Wahn), nur sind sie ebenso selten wie Goldkörner im Sand. Es gibt sogar solche Beschauer, die ohne persönliche Verwandtschaft mit der Sprache des Werkes sich ihm geben und von ihm nehmen können. Ich habe solche im Leben getroffen.«

Das Werk ist also in langen Jahren gewachsen und erschien in Buchform erst, als Kandinsky es für vollendet hielt. Nicht anders hielt er es mit seiner Malerei: Ein Bild mußte vollendet sein, bevor er es aus seinem Atelier entließ.

Das Buch *Über das Geistige in der Kunst* kam mit der Jahreszahl 1912 im Dezember 1911 bei Reinhard Piper in München heraus, in demselben Verlag, der auch den Almanach veröffentlichte. Abgeschlossen hatte es Kandinsky aber schon 1910: »Mein ›Geistiges‹ lag fertig geschrieben ein paar Jahre in meiner Schublade. Die Möglichkeit, den ›Blauen Reiter‹ zu verwirklichen, versagte: Franz Marc ebnete dem ersten Buch den praktischen Weg. Das zweite unterstützte er auch durch seine feine, verständnis- und talentvolle geistige Mitarbeit und Hilfe.« Die Resonanz war uneingeschränkt positiv. Nicht nur in Deutschland, sondern auch in Holland und in der Schweiz traf es auf eine begeisterte Leserschaft. In einem Jahr folgten drei deutschsprachige Auflagen.

Hier ist nicht der Ort, in aller Ausführlichkeit über das Werk zu referieren. Ich möchte deshalb nur auf ein paar Stellen verweisen, die mir für Kandinskys Kunstphilosophie wichtig zu sein scheinen.

Im ersten Teil erörtert er die geistigen Grundlagen des Kreativen und der Kreation, im zweiten Teil nimmt die Malerei – speziell das Problem der Farbe – breiten Raum ein. Kandinsky schwelgt in Bildern, wenn er die Farbe ins Kraftfeld der Seele rückt und dabei auf ein neues Prinzip stößt. Immer, wenn ich diese Sätze lese, spüre ich wieder die Begeisterung Kandinskys für die Kunst, der er sein Leben gewidmet hat. Es ist kein bloßes Lippenbekenntnis, sondern eine Beschwörungsformel, die aus seiner innersten Seele herauswächst, wenn er schreibt: »Im allgemeinen ist also die Farbe ein Mittel, einen direkten Einfluß auf die Seele auszuüben. Die Farbe ist die Taste. Das Auge ist der Hammer. Die Seele ist das Klavier mit vielen Saiten. Der Künstler ist die Hand, die durch diese oder jene Taste zweckmäßig die menschliche Seele in Vibration bringt. So ist klar, daß die Farbenharmonie nur auf dem Prinzip der zweckmäßigen Berührung der menschlichen Seele ruhen muß. Diese Basis soll als Prinzip der inneren Notwendigkeit bezeichnet werden.«

Das »Prinzip der inneren Notwendigkeit« ist der Schlüsselbegriff in Kandinskys Werk, in seinem künstlerischen Schaffen wie auch in seinem Leben. Auf diesen Begriff ist alles zurückzuführen, aus ihm entsteht Lebendigkeit, aus ihm erwächst jene Überzeugungskraft, die jeder Aussage Kandinskys eigen ist.

Aus dem »Prinzip der inneren Notwendigkeit« leitet sich auch Kandinskys Begriff der Formenharmonie ab. Formen, das meint zum einen Materielles und zum anderen Abstraktes, das meint also einmal Gegenständliches und das meint ein andermal Quadrat, Kreis, Dreieck, Rhombus, Trapez usw. Der Künstler kann sich nach Auffassung Kandinskys in unserer Zeit nicht mehr »mit dem Protokollieren des materiellen Gegenstands« begnügen. Es gelte vielmehr, die materielle gegen die abstrakte Form abzuwägen und auf diese Weise zur Komposition fortzuschreiten. Gedacht ist dabei an die »Komposition des ganzen Bildes«, aber auch an die Zuordnung und Zusammenstellung der einzelnen Baukörper untereinander.

Endlich reißt Kandinsky die Tür zu seinem Geheimnis auf, die Tür zur Abstraktion: »So tritt in der Kunst allmählich immer näher in den Vordergrund das Element des Abstrakten, welches noch gestern schüchtern und kaum sichtbar sich hinter die rein materialistischen Bestrebungen versteckte. Und dieses Wachsen und schließlich Überwiegen des Abstrakten ist natürlich. Es ist natürlich, ja, je mehr die organische Form zurückgetrieben wird desto mehr dieses Abstrakte von selbst in den Vordergrund tritt und an Klang gewinnt.«

Aber Kandinsky hat noch mehr Überraschungen bereit: Farbe – Form – Komposition auf den Nenner der inneren Notwendigkeit gebracht, fügen sich dem »zu allen Zeiten größten Prinzip in der Kunst: Gegensätze und Widersprüche – das ist unsere Harmonie. Auf dieser Harmonie fußende Kompositionen sind eine Zusammenstellung farbiger und zeichnerischer Formen, die als solche selbständig existieren, von der inneren Notwendigkeit herausgeholt werden und im dadurch entstandenen gemeinsamen Leben ein Ganzes bilden, welches Bild heißt.« Die Krönung des »Prinzips der inneren Notwendigkeit« ist das Bild.

Ich bin sicher, daß die Harmonielehre Kandinskys in solch komprimierter Form der Sache nur äußerst unzulänglich gerecht wird. In seiner anspruchsvollen Grammatik der Malerei gibt es unzählige Feinheiten, die nur durch intensives Studium entdeckt werden können. Mir liegt daran, auf das Buch neugierig zu machen, denn Neugierde ist der beste Ansporn zur Auseinandersetzung mit Kandinskys Gedankenwelt, zur kritischen Würdigung einer Pionierleistung, die eine neue Epoche in der Entwicklung der modernen Kunst eingeleitet hat.

Die Schlußsätze muten wie die Worte eines Betenden an. Ich muß gestehen, daß ich sie auch nach so vielen Jahren nur mit tiefer Ehrfurcht zu lesen vermag: Wort für Wort und Satz für Satz legen sie Zeugnis ab für die innere Größe Kandinskys, der 1910 sein Buch mit einem Bekenntnis zur Schönheit abschloß, das bis heute seine Gültigkeit nicht verloren hat:

»Der Künstler muß etwas zu sagen haben, da nicht die Beherrschung der Form seine Aufgabe ist, sondern das Anpassen dieser Form an den Inhalt. Der Künstler ist kein Sonntagskind des Lebens: Er hat kein Recht, pflichtlos zu leben, er hat eine schwere Arbeit zu verrichten, die oft zu seinem Kreuz wird. Er muß wissen, daß jede seiner Taten, Gefühle, Gedanken, das feine unbetastbare, aber feste Material bilden, woraus seine Werke entstehen, und daß er deswegen im Leben nicht frei ist, sondern nur in der Kunst . . . Er ist nicht nur ›König‹, wie ihn Sar Peladan nennt, in dem Sinne, daß er die große Macht hat, sondern auch in dem Sinne, daß auch seine Pflicht groß ist.

Wenn der Künstler Priester des ›Schönen‹ ist, so ist auch dieses Schöne durch dasselbe Prinzip des *inneren Wertes* zu suchen, welchen wir überall gefunden haben. Dieses ›Schöne‹ ist nur durch den Maßstab der *inneren* Größe und *Notwendigkeit* zu messen, welche uns bis jetzt überall und durchweg richtige Dienste geleitet hat.

Das ist schön, was einer inneren seelischen Notwendigkeit entspringt. Das ist schön, was innerlich schön ist.«

Allzu voreilig Urteilende könnten nun Kandinsky vorwerfen, er entrichtete der Schönheit des Wortes seinen Tribut, hätte aber für die Schönheit der Tat kaum etwas übrig. Ich weiß, daß dieser Irrtum nur jenem unterlaufen kann, der Kandinskys Werk nicht kennt. Denn das genaue Gegenteil ist der Fall: Kandinsky stellte den Praktiker immer über den Theoretiker. Und deshalb behaupte ich: Seine Kunst ist schön, weil sie seiner inneren Notwendigkeit entwuchs. Kandinskys geistige Revolution fand zeitlich nach seiner malerischen statt, das heißt konkret: Seine Programmschrift *Über das Geistige in der Kunst* entstand – zumindest in seiner Endfassung – nach seinem ersten abstrakten Aquarell.

Der Maler-Revolutionär Kandinsky schuf 1910 sein erstes gegenstandsloses Werk. Unbewußt ergriff ihn die Idee der Abstraktion bereits Ende des 19. Jahrhunderts vor dem Bild *Der Heuhaufen* von Claude Monet. Ich bin sicher, daß er vor seinem ersten abstrakten Aquarell von 1910 einige abstrakte Versuche gemacht hat, wie sich aus einer Anmerkung in seiner Programmschrift schließen läßt: »Geheimnisvoll entsteht das wahre Kunstwerk. Nein, wenn die Künstlerseele lebt, so braucht man sie durch Kopfgedanken und Theorie nicht zu unterstützen. Sie findet selbst etwas zu sagen, was dem Künstler selbst im Augenblick ganz unklar bleiben kann. Die innere Stimme der Seele sagt auch, welche Form er braucht und von wo sie zu holen ist (äußere oder innere ›Natur‹). Jeder Künstler, welcher nach dem sogenannten Gefühl arbeitet, weiß, wie plötzlich und für ihn unerwartet die von ihm ersonnene Form ihm widrig erscheint, wie ›wie von selbst‹ sich eine andere, richtige an die Stelle der ersteren, verworfenen stellt. Böcklin sagte, daß ein richtiges Kunstwerk wie eine große Improvisation sein muß, d. h. Überlegung, Aufbauen, vorherige Komposition sollen nicht als Vorstufen sein, auf welchen das Ziel erreicht wird, welches dem Künstler selbst unerwartet erscheinen kann. So soll auch die Verwendung des kommenden Kontrapunktes verstanden werden.« Und ich möchte noch einen weiteren Beweis anführen. Auch im *Rückblick* stellt Kandinsky fest, die malerische Tat müsse der Theorie vorausgehen: »Das ›Licht- und Luftproblem‹ der Impressionisten interessierte mich sehr wenig«, schreibt er. »Ich fand immer, daß die klugen Gespräche über dieses Problem sehr wenig mit der Malerei zu tun haben. Wichtiger erschien mir später die Theorie der Neoimpressionisten, die im letzten Grunde von der Farbenwirkung sprachen und die Luft in Ruhe ließen. Trotzdem empfand ich erst dumpf und später bewußt, daß jede Theorie, die auf äußere Mittel gegründet ist, stets nur ein Fall ist, an dessen Seite viele andere Fälle mit gleichem Recht existieren können, noch später verstand ich, daß das Äußere aus dem Innern wächst oder tot geboren ist.«

Mir ist an dem Entstehungsdatum des ersten abstrakten Aquarells nicht aus Haarspalterei oder aus Besserwisserei so sehr gelegen. Ich finde aber, daß die Kunstgeschichte saubere und korrekte Informationen vermitteln muß. Es mag manch einem nebensächlich erscheinen, ob ein Künstler eine Erfindung von einem anderen Künstler gemacht hat, oder wer was vor wem zuerst geschaffen hat. Dennoch glaube ich im Sinne Kandinskys zu sprechen, wenn ich für ihn den Titel des ersten abstrakten Malers beanspruche. Auf diesen Titel zu verzichten, würde sicherlich nicht den künstlerischen Rang Kandinskys schmälern, aber die Kunstgeschichte fiele dann einer Fälschung zum Opfer. Was veranlaßt die Leute immer wieder, die Wahrheit zu verdrehen? Warum versucht man immer wieder das gleiche Spiel und setzt Namen wie Larionoff, Gontscharowa, Malewitsch oder Mondrian dort hin, wo allein der Name Kandinsky stehen müßte?

Kriminelle Auswüchse sind nicht selten. So wollte man doch tatsächlich den Litauer Tschurljonis zum ersten abstrakten Maler hochstilisieren. Anhand eines Bildausschnitts, den eine Pariser Kunstzeitschrift vergrößert reproduzierte, versuchte man seine abstrakte Malweise nachzuweisen. Zufällig besaß ich aber ein Buch über das Werk von Coulandris und konnte die Manipulation beweisen. Wenn man in anderen Fällen ähnlich verfahren würde, also etwa einen Ausschnitt eines Rembrandt-Bildes übergroß reproduzierte, dann käme am Ende auch er auf die Liste der abstrakten Maler. Ja, jeder beliebige Maler könnte dann zu einem abstrakten verfälscht werden.

Larionoff hat, wie in einem 1912/13 auf russisch erschienenen Buch über diesen Künstler wissenschaftlich nachgewiesen worden ist, erst Ende 1911 seine rayonnistischen Arbeiten geschaffen. Von Mondrian weiß man, daß er ab 1913 zunächst kubistische und ab 1916 abstrakte Elemente verwendete. Bleibt also Malewitsch. Es ist authentisch verbürgt, daß er 1913 seine berühmte Theaterdekoration – schwarzes Quadrat auf weißem Grund – entwarf, und daß 1914 sein *Suprematistisches Manifest* erschien, das heißt: Malewitsch behandelte die Abstraktion erst vier Jahre später als Kandinsky.

Nicht ganz uninteressant dürfte im Zusammenhang mit der Abstraktions-Problematik die Konferenz von St. Petersburg im Dezember 1911 sein. Den dort versammelten Künstlern wurde aus Kandinskys Buch *Über das Geistige in der Kunst* vorgelesen, und zwar in russischer Sprache. Besonders ausführlich behandelte man die Passagen, in denen Kandinsky über das Quadrat, über das Dreieck und über den Kreis spricht. Die russischen Künstler waren spätestens seit diesem Zeitpunkt darüber informiert, daß diese Formen Ausdrucksmittel der abstrakten Kunst sein können. Und – aber das brauche ich kaum zu erwähnen – die russischen Künstler waren gleichzeitig auch über Kandinskys Kunsttheorie im Bilde. Von der St. Petersburger Konferenz sind die Tagungsprotokolle zum Glück über die beiden Weltkriege hinübergerettet worden, und in ihnen ist all das dokumentiert, was für die Diskussion um die Abstraktion von Wichtigkeit ist.

Ich bin oft danach gefragt worden, wie Kandinsky und Malewitsch zueinander standen – eine Frage, die sehr leicht zu beantworten ist. Kandinsky und Malewitsch haben sich sehr, sehr selten gesehen. Malewitsch lebte in den Jahren zwischen 1918 und 1921, als Kandinsky in Moskau wirkte, in Witebsk. Nur dann, wenn Malewitsch Moskau besuchte, konnten sie sich also begegnen, und diese Gelegenheit nahm Kandinsky nur sehr selten wahr, denn zwischen den beiden bestand weder eine Freundschaft, noch waren sie an gemeinsamen Projekten beteiligt.

Persönlichkeit und Charakter Kandinskys waren grundverschieden von denen Malewitschs. Ich verrate gewiß kein Geheimnis, wenn ich sage, daß Malewitsch sehr egozentrisch und

ТРУДЫ
ВСЕРОССІЙСКАГО СЪѢЗДА
ХУДОЖНИКОВЪ

СОСТОЯВШАГОСЯ ПОДЪ ВЫСОЧАЙШИМЪ ПОКРОВИТЕЛЬСТВОМЪ
ЕГО ИМПЕРАТОРСКАГО ВЕЛИЧЕСТВА ГОСУДАРЯ ИМПЕРАТОРА
НИКОЛАЯ АЛЕКСАНДРОВИЧА
■
ПОЧЕТНЫМЪ ПРЕДСѢДАТЕЛЬСТВОМЪ
ЕЯ ИМПЕРАТОРСКАГО ВЫСОЧЕСТВА АВГУСТѢЙШАГО ПРЕЗИДЕНТА
ИМПЕРАТОРСКОЙ АКАДЕМІИ ХУДОЖЕСТВЪ
ВЕЛИКОЙ КНЯГИНИ
МАРІИ ПАВЛОВНЫ

———

Декабрь 1911 — Январь 1912.

———

ПЕТРОГРАДЪ

Titelseite des Rechenschaftsberichts über den Kongreß in St. Petersburg (Dezember 1911 bis Januar 1912), auf dem Kulbin in russischer Sprache einige Kapitel aus Kandinskys Buch »Über das Geistige in der Kunst« vorlas. Anschließend fanden Diskussionen über das Buch statt.

sehr eitel war. Kandinsky war das genaue Gegenteil. Vielleicht erklärt das, weshalb zwischen beiden ein ziemlich großer Abstand bestand. Im übrigen lernte Kandinsky Malewitsch erst nach seiner Rückkehr aus Deutschland in Moskau kennen, obwohl Kandinsky Arbeiten von Malewitsch in der Ausstellung des »Blauen Reiters« gezeigt hatte. Aber das waren keine abstrakten Bilder.

Es ist aber keineswegs so, daß Kandinsky sich weigerte, die suprematistische Theorie Malewitschs anzuerkennen. Er sprach dieser Theorie auch nicht die Eignung ab, neue künstlerische Möglichkeiten zu eröffnen. Kandinsky selbst ging jedoch diesen Möglichkeiten nicht nach, denn Malewitschs Theorie war ihm im Grunde fremd und zu einseitig. Das hat er mehrfach auch öffentlich geäußert.

Mir ist Malewitsch persönlich niemals vorgestellt worden. Ich erinnere mich nur, ihn einmal aus der Ferne gesehen zu haben, und zwar machte mich Kandinsky auf ihn aufmerksam. Obgleich mein Eindruck von ihm sehr flüchtig war, muß ich gestehen, daß ich seit diesem Tage nicht mehr den Wunsch verspürte, mit ihm näher zusammenzutreffen. Ich mochte seine Augen nicht. Malewitsch hatte einen stechenden Blick, den Blick eines Fanatikers.

Ganz anders Kandinsky, von dem Wilhelm Hausenstein in einem Brief an Herwarth Walden vom März 1913 sagte:

»Als ich Kandinsky kennenlernte, war ich von nichts so verblüfft wie von seiner unbedingten Duldsamkeit. Ich hatte mir immerhin einen Radikalen gedacht, einen Prinzipiellen, einen Gewaltsamen. Das erste, was er mir sagte, war die einfache Bemerkung, daß er seine Kunst für etwas höchst Relatives halte.

Kandinsky ist überzeugt, daß sein Weg nicht etwa das absolut neue Prinzip ist. Er ist sicher, daß sehr bald wieder eine Malerei beginnen werde, die von den physischen Realitäten ausgeht und mit den gereinigten Mitteln der gegenwärtigen Kunst oder mit Mitteln, die wir noch nicht sehen, eine neue künstlerische Erschöpfung der physischen Welt versuchen wird. Kandinsky betrachtet seine Kunst als eine Ausdrucksmöglichkeit von bestimmter Art, der andere Ausdrucksmöglichkeiten gegenübertreten sollen. Aber selbstverständlich: mit vollem Glauben sucht er nur die seine.«

Als im Jahre 1914 der Krieg ausbrach, wurde Kandinsky als russischer Staatsbürger gezwungen, München innerhalb von vierundzwanzig Stunden zu verlassen. Er tat dies schweren Herzens und empfand die übereilte Ausweisung als große Härte. Denn München, das war für ihn der Ort künstlerischer Selbstfindung geworden. München, das war eine Periode in seinem Leben, die ihn in seiner künstlerischen Entwicklung weitergebracht hatte. In München erntete er die ersten Erfolge, wenngleich nur im Kreise gleichgesinnter Künstler und bei einigen wenigen Kunstkennern. Die Ausweisung aus München bedeutete zugleich, auch Deutschland verlassen zu müssen. Er war bedrückt, weil er dieses Land liebte, weil er hier Freunde gewonnen hatte, die ihn und seine Kunst schätzten und von denen er jetzt getrennt wurde.

Kriegsausbruch und Ausweisung kamen für Kandinsky völlig überraschend. Er litt darunter wie unter einem unentrinnbaren Alptraum. Der Fluß seiner Malerei wurde unterbrochen, das schlimmste aber war für ihn, daß er seine bis dahin geschaffenen Bilder nicht mitnehmen konnte. Die Trennung von seinen Werken war für ihn noch schmerzlicher als der Abschied von München.

Dennoch war Kandinsky optimistisch. Fest vertraute er darauf, daß sich die kriegführenden Parteien schnell wieder aussöhnen würden, daß der Krieg also kaum von langer Dauer sein könne. Und da er überzeugt war, in kurzer Zeit wieder in München zu sein, gab er seinen gesamten Besitz samt Bilder zur vorübergehenden Aufbewahrung in ein Münchner Depot. Keinen Moment dachte er daran, sich seine Habe nachschicken zu lassen.

Das war, wie sich später herausstellte, ein schlimmer Fehler. Der größte Teil seines Münchner Eigentums und die meisten seiner Bilder waren damit endgültig für ihn verloren. Er hatte sich durch seinen Optimismus zu einer Fehleinschätzung der kriegerischen Lage hinreißen lassen, denn an eine Rückkehr nach München war vorerst nicht mehr zu denken.

Bei Ausbruch des Krieges hatte Kandinsky sich weniger um die Rettung von Hab und Gut als vielmehr um seine eigene Sicherheit zu sorgen. Und damit nicht genug: Er trug auch noch die Verantwortung für einige Personen, die mit seiner Hilfe und nur mit seiner Hilfe Deutschland verlassen konnten. Kandinsky enpfand dies nicht als unbequeme Bürde, sondern als selbstverständliche Pflicht. Er nahm aus München seine erste Frau Anja, die Familie seiner Schwägerin, die sich gerade zu diesem Zeitpunkt in Deutschland aufhielt, und seine langjährige Münchner Haushälterin mit. Gabriele Münter fuhr auf eigenen Wunsch mit, offenbar um nicht allein in München zurückzubleiben und Kandinsky ohne sie abreisen zu lassen, denn als deutsche Staatsbürgerin war sie von der Ausweisung überhaupt nicht betroffen.

Kandinsky und seine Schutzbefohlenen brachen am 3. August 1914 nach Lindau auf. Von dort ging es einen Tag später weiter nach Rorschach und am 6. August nach Goldach am Bodensee, wo ein befreundeter katholischer Geistlicher den Ausgewiesenen sein Haus zur Verfügung stellte.

In Goldach blieb Kandinsky mit den Seinen drei Monate. Er malte dort so gut wie gar nicht, aber er schrieb fleißig und dachte über das Problem der Formfrage nach. Später nahm er die hier erarbeiteten Texte in sein Buch *Punkt und Linie zu Fläche* auf, das 1926 in München erschien.

Während der Monate in Goldach kursierten zwischen Kandinsky und Paul Klee zahlreiche Briefe. Die Familie Klee, schon vor Kriegsausbruch in die Schweiz übergesiedelt, besuchte eines Tages Kandinsky in dessen Goldacher Domizil. Felix Klee, der mit von der Partie war, erinnert sich dieses Besuches noch recht gut: »Das Haus in Goldach lag in einem riesigen Park«, berichtet er. »In dem Park gab es ein kleines Gartenhäuschen. Und da hat Kandinsky offenbar immer gerne und ungestört gearbeitet. Ich wußte davon allerdings nichts. Ich lief also in dem großen Park herum und kam auch an dieses Häuschen. Ich schaute hinein und hörte plötzlich ein merkwürdiges Geräusch. Es war ein seltsamer Schrei, so als gäbe ein Uhu Laute von sich. Da ich mich sehr fürchtete und weil ich glaubte, ich hätte es mit einem gespenstischen Geist zu tun, zog ich meinen Kopf wieder ganz schnell zurück und sperrte das Häuschen hinter mir zu.

Dann hörte ich den Gong zum Mittagessen. Ich lief ins Zimmer. Alle waren am Tisch versammelt. Nur einer fehlte – Kandinsky. ›Wo ist Kandinsky?‹ wurde gefragt.

Keiner wußte eine Antwort.

Also wurde der Gong noch einmal angeschlagen.

Kein Kandinsky kam. Wir gingen in den Park und suchten nach dem Vermißten. Als wir uns dem Gartenhäuschen näherten, sahen wir jemand, der oben an der Luke des Gartenhäuschens stand und mit dem Taschentuch winkte. Es war Kandinsky.

Ich hatte ihn tatsächlich eingesperrt. Ein kleiner unfreiwilliger Bubenstreich, den er humorvoll ertrug. Und seine wie unser aller Reaktion war, daß wir herzhaft lachen mußten.«

Felix Klee hat mir in diesem Zusammenhang bestätigt, was auch ich immer behaupte, manche Kritiker aber gerne verneinen möchten. »Es wird immer wieder über den Ernst von Kandinskys Kunst geredet«, sagt er. »Für mich ist das eine sehr heitere Kunst. Heiter war auch Kandinsky. Er hat immer gestrahlt. Eine Erinnerung, die mir seit Goldach bis heute geblieben ist.«

Doch selbst wenn Felix Klee in Goldach einem Kandinsky begegnet ist, der das Lachen trotz Krieg und Ausweisung noch nicht verlernt hatte, so bestand dennoch wenig Grund für Hochstimmung und Unbeschwertheit. Die Zwischenstation in der Schweiz eignete sich offensichtlich nicht für einen längeren Aufenthalt. Der Gedanke, wieder nach Rußland zurückzukehren, nahm immer deutlichere Züge an. Am 10. September 1914 schrieb er an Klee: » . . . Heute war ein großer Jubel bei uns: wir bekamen die *erste* Nachricht aus Rußland. Sechs Wochen wußten wir nichts. Langsam entstehen wenigstens briefliche Verkehrsmöglichkeiten. Was für ein Glück das sein wird, wenn die schreckliche Zeit vorüber ist. Was kommt nachher? Ich glaube eine große Entfesselung der inneren Kräfte, die auch für die Verbrüderung sorgen werden. Also auch große Entfaltung der Kunst, die jetzt in verborgenen Ecken stecken muß . . .«

Am 16. November nahm Kandinsky Abschid von Goldach und reiste zusammen mit seinen Angehörigen über den Balkan nach Odessa, wo sie am 12. Dezember eintrafen. Gabriele Münter und die Haushälterin kehrten wieder nach München zurück.

III.
DIE MOSKAUER JAHRE: 1915 – 1921

Moskau

Als Kandinsky bei Kriegsausbruch nach Rußland zurückkehrte, dachte er, daß sein Aufenthalt in der alten Heimat nur von kurzer Dauer sein werde. Es wurden dann doch sieben lange Jahre. Gewiß, Kandinsky liebte Rußland und er fühlte sich auch in Moskau leidlich wohl, aber inzwischen hatte er auch München in sein Herz geschlossen. Von München aus war er regelmäßig einmal im Jahr nach Rußland gekommen, um seine Eltern zu sehen und seine Verwandten zu besuchen. Als Kandinsky mich in Moskau heiratete, fürchtete meine Mutter, daß wir fortan mehr Zeit im Ausland als in Rußland verbringen würden. Instinktiv muß sie gespürt haben, wie sehr Kandinsky an seiner Wahlheimat hing, und so mußten wir ihr versprechen, wenigstens einige Monate im Jahr in Moskau zu leben, ein Wunsch, den wir ihr leicht erfüllen konnten, denn Kandinsky besaß in Moskau ein eigenes Haus mit 24 Wohnungen. In der fünften Etage wohnte er selbst, und so stand es für uns fest, daß wir diese Wohnung gelegentlich auch benutzen würden. Meine Mutter war beruhigt.

Ursprünglich wollte sich Kandinsky in der sechsten Etage einrichten, die er sich eigens für seine Zwecke hatte ausbauen lassen, doch als er dann nach Deutschland ging, vermietete sein Schwager, den er als Hausverwalter gewonnen hatte, alle Wohnungen. So geschah es, daß Kandinsky nach seiner Rückkehr aus Deutschland eine Zeitlang im Hotel wohnen mußte. Als dann überraschend die fünfte Etage frei wurde, zögerte Kandinsky nicht lange und zog dort ein. Die Wohnung im sechsten Stock hatte einen kleinen Turmaufbau, der vom darunterliegenden Wohnraum über eine Wendeltreppe zu erreichen war. Aus dem Turmfenster hatte man einen herrlichen Ausblick auf die Kremlanlage.

Neben dem mehrstöckigen Haus lag ein freies Baugrundstück, das Kandinsky erwarb, um sich darauf eine Villa bauen zu lassen. Die Pläne für ein großzügiges Bauwerk mit einem geräumigen Atelier existierten bereits, aber dann machte uns die

Revolution einen Strich durch die Rechnung. Die Villa wurde nicht gebaut, schlimmer noch: Kandinsky verlor im Zuge der Enteignungen jeglichen Privatbesitzes auch noch sein Mehrfamilienhaus.

Die Ausweisung aus München, der sich hinauszögernde Krieg und die ungewissen Zukunftsaussichten lähmten Kandinskys Freude an der Malerei. Die Zahlen sprechen für sich: Zwischen 1915 und 1921 entstanden, verglichen mit anderen Schaffensperioden, nur sehr wenige Werke. Kandinsky war so deprimiert, daß er 1915 kein einziges Bild schuf. Wohl aquarellierte und zeichnete er und zwang sich im folgenden Jahr dazu, trotz eingeschränkter Schaffenskraft acht Bilder zu malen, aber erst als ihm die Stockholmer Galerie Gummesson das Angebot übermittelte, eine Ausstellung zu bestreiten, schöpfte er wieder Hoffnung.

Stockholm

Im Dezember 1915 fuhr Kandinsky nach Stockholm. Er freute sich, einige seiner Bilder wiederzusehen, die er in Deutschland hatte zurücklassen müssen. In Stockholm traf er Gabriele Münter, die einen Monat später in derselben Galerie ausstellte. Den Aufenthalt in dem vom Krieg verschonten Land genoß er sehr, daß er länger als ursprünglich geplant in Schweden blieb.

Am 1. Februar 1916 nahm er an der Vernissage teil und blieb auch noch bis zur Eröffnung der Münter-Ausstellung, für deren Katalog er ein Vorwort geschrieben hatte. Mitte März verließ er Stockholm und verabschiedete sich ein letztes Mal von Gabriele Münter, die er danach nie wieder getroffen hat. Der endgültige Schlußstrich war gezogen.

Und am 26. November 1916 schrieb er ihr, daß sich für ihn endlich »ein alter Traum« erfüllt habe: »Du weißt, daß dieser Traum war, ein großes Bild zu malen, dessen Sinn die Freude, das Glück des Lebens oder des Universums sein muß. Auf einmal fühle ich Harmonie der Farben und Formen, die von dieser Welt der Freude sind.«

Als Kandinsky diesen Brief schrieb, war ich gerade in sein Leben getreten. Auf einmal war er wieder glücklich, überschwenglich und zufrieden. Nach all den vielen Enttäuschungen, Entmutigungen und Demütigungen erfüllte ihn plötzlich wieder große Zuversicht. Später hat er mir dann auch gestanden: »Ich war in dich verliebt, und du hast in mir das Gefühl für diese Welt der Freude wieder geweckt.«

Obwohl in sein Privatleben wieder Ruhe eingekehrt war, wirkten die Revolutionsunruhen beklemmend auf ihn und setzten seine schöpferischen Leistungen in der Kunst auf ein Minimum herab. Kandinsky malte 1917 nur neun Bilder, 1918 gelangen ihm ganze sechs, zwischen 1920 und 1921 entstanden nachweislich nur insgesamt achtzehn Ölbilder.

Zeit der Entbehrung, Zeit des Aufbruchs

Durch die Revolution wurde unser Leben in Moskau unerträglich. Wir machten sehr schwere Zeiten durch, in denen es nur wenig zu essen gab. Um Kandinsky die Schmach zu ersparen, sich um die entwürdigende Lebensmittelbeschaffung kümmern zu müssen, sorgte ich still und ohne viel Aufhebens für die nötigsten Grundnahrungsmittel. Und nur unserer Genügsamkeit verdankten wir es, daß wir Hunger und Not überstanden.

Es war sehr kalt in diesem Winter, so kalt, daß das Wasser in unserem Badezimmer einfror. Da sich jeder Versuch, unsere Wohnung zu heizen, als hoffnungslos erwies, ließen wir einen Ofen aus Ziegel- und Schamottsteieen bauen, mit dem wir wenigstens zwei Zimmer beheizen konnten. Als Brennmaterial verwendeten wir Holz, das nur unter erheblichen Schwierigkeiten zu beschaffen war. Da wir so manche Tage nur von einer Scheibe Brot lebten, waren wir froh, daß wir wenigstens nicht mehr zu frieren brauchten.

Für die Entbehrungen der Revolutionszeit wurden wir ausreichend entschädigt durch die vielversprechende Situation, die sich für Kunst und Kultur in den Jahren danach ergab. Kunst und Kultur erlebten einen revolutionären Frühling, der alles in den Schatten stellte, was sich auf diesem Gebiet bisher in Rußland getan hatte. Allen schöpferischen Menschen standen auf einmal schier unbegrenzte Möglichkeiten offen. Die Atmosphäre war außerordentlich erfrischend und atmete jene fortschrittstrunkene Begeisterung, mit der man überall in harter und fleißiger Arbeit zu Werke ging.

Kandinskys Beziehungen zur russischen Kunstszene der vorrevolutionären Zeit brachen auch vom fernen München aus nicht ab, wie sein umfangreicher Ausstellungskalender zeigt. 1901, noch als Schüler Stucks, nahm er an einer Ausstellung in Moskau teil, 1908 war er in Izdebskijs erstem Internationalen Salon in Odessa, Riga, Kiew und Petersburg vertreten. Im gleichen Jahr stellte er in Majakowskis Salon in Petersburg aus. Im Jahre 1910 hingen 53 seiner Werke in Izdebskijs zweiter Internationalen Ausstellung in Odessa. Im Ausstellungskatalog veröffentlichte er unter dem Titel *Inhalt und Form* einen ersten Entwurf zu seinem Buch *Über das Geistige in der Kunst*. 1915, ein Jahr nach seiner Rückkehr in die Heimat, nahm er an der Ausstellung »Das Jahr 1915« in Moskau und an einer Ausstellung in Petersburg teil. Zu Malewitsch und Tatlin, den führenden Köpfen der russischen Avantgarde, unterhielt er indes keine Verbindung.

Seit dem ersten Jahrzehnt unseres Jahrhunderts durchlief die bildende Kunst in Rußland eine revolutionäre Phase, die das Gesicht der Kunst entscheidend veränderte.

Das Spektrum künstlerischer Ausdrucksformen unmittelbar vor und nach der Oktoberrevolution war außerordentlich breit gestreut, als Kandinsky die Moskauer Szene betrat. Eine neue Zeit war angebrochen, die dem Künstler neue Möglichkeiten versprach. Seit 1917 nahm die Entwicklung ein stürmisches Tempo. Lunatscharski, der Kommissar für Volksbildung, stellte sich hinter die revolutionäre Kunst. Zwei Richtungen waren es vor allem, die den Revolutionsstil prägten: der Suprematismus von Malewitsch und der Konstruktivismus von Tatlin. Gleich nach der Revolution wurde Malewitsch an die Staatliche Kunstschule in Moskau berufen und zum Mitglied der Abteilung für bildende Kunst im Volkskommissariat ernannt, das Lunatscharski im Winterpalais einrichtete. Mansurow, enger Mitarbeiter von Lunatscharski, gründete die IZO, die Abteilung der bildenden Kunst innerhalb des Volkskommissariats. Zur gleichen Zeit wurde die Königliche Akademie der Bildenden Künste in die WCHUTEMAS umorganisiert, ein Institut, an dem neben Kandinsky auch Malewitsch und Pevsner lehrten. Unter dem Vorsitz von Tatlin wurde in Moskau ein Kollegium des Narkomproß gebildet. Lunatscharski ließ unter der einheitlichen Bezeichnung »Staatliche Freie Künstler-Werkstätten« auch die Kunstschulen und Akademien umorganisieren und Museen gründen.

Eines Tages kam Tatlin, der im Kommissariat für Volksaufklärung arbeitete und von Lunatscharski geschickt worden war, zu Kandinsky. Es war das erste Mal, daß sich die beiden begegneten. Tatlin bat Kandinsky, seine Kräfte für die Kunst einzusetzen und Mitglied des Kommissariats zu werden. Kandinsky sagte zu, unterstrich jedoch ausdrücklich, daß er mit Politik nichts zu tun haben wolle. Tatlin sicherte ihm daraufhin zu, daß seine Tätigkeit ausschließlich künstlerischer Natur sein werde. »Dann möchte ich mich gerne in den Dienst meines Landes stellen«, entschied Kandinsky sogleich. 1918 trat Kandinsky dem Kommissariat für Volksaufklärung bei, kurz »Narkomproß« genannt. Jetzt lernte er auch die Arbeiten Tatlins kennen und war angetan von der Eigenwilligkeit und Originalität dieses Künstlers.

Die Beschäftigung am Narkomproß führte Kandinsky mit der Popowa, der Udalzowa und der Rosonowa zusammen. All diese Künstler kannte er vorher nicht, und auch später pflegte er mit ihnen keinen privaten Umgang. Er nahm ihre Arbeiten zur Kenntnis, war aber allzusehr mit seinen eigenen Aufgaben ausgelastet, als daß er sich mit den Werken seiner Kollegen intensiv hätte befassen können. Auch fehlte während und nach der Revolution ein ausgeprägtes Gesellschaftsleben in Moskau, so daß die Künstler privat so gut wie gar nicht miteinander verkehrten, was Kandinsky aber nicht störte, da er sich vom Umgang mit seinen Kollegen ohnehin nicht sonderlich viel versprach. Er fand zwar die Popowa, Rosonowa und Udalzowa begabt und ihre Arbeiten interessant, doch war ihm klar, daß sie den Kubisten nacheiferten und mit ihrer künstlerischen Problematik abseits seiner eigenen Intention standen. Ihre Werke machten ihn nicht einmal neugierig, mehr über ihre Arbeitsweise zu erfahren.

Mir scheint, das künstlerische Leben um 1920 in Moskau wird heute etwas überbewertet und damit verzerrt gesehen. Man glaubt allgemein, daß alle russischen Künstler nach der Revolution eine verschworene Kampfgemeinschaft gebildet hätten, aber das ist nur zum Teil richtig. Was Kandinsky betrifft, so kann ich nur sagen, daß er in diesen Jahren ausgesprochen zurückgezogen lebte. Natürlich kreuzten sich seine Wege mit Pevsner, Gabo oder Majakowski, um nur einige der wichtigsten Namen zu nennnen, mit denen die revolutionäre russische Kunst untrennbar verbunden ist – tiefere Spuren im Schaffen Kandinskys haben diese Begegnungen jedoch nicht hinterlassen.

Mir fällt in diesem Zusammenhang ein, daß wir als Kinder vor Majakowski furchtbare Angst hatten. Majakowski pflegte oft über den Twerskoi-Boulevard zu gehen, meist in Begleitung von Freunden, mit gewaltigen Schritten, in mehr oder weniger soldatischer Haltung, groß, schlecht angezogen, mit Holzlöffeln in der Brusttasche, die weit herauslugten und ihn als Bürgerschreck erscheinen ließen.

»Er kommt, er kommt«, riefen wir uns gegenseitig warnend zu und ergriffen eilends die Flucht vor ihm, wenn er wieder einmal auftauchte. Alles stehen und liegen lassend, vergaßen wir unser Spiel und versteckten uns.

Kandinsky hat mit Majakowski beruflich nichts zu tun gehabt und auch privat nicht mit ihm verkehrt. Einmal sahen wir ihn anläßlich einer Ausstellungseröfffnung in Moskau, diesmal sehr gut angezogen. »Er sieht ja jetzt ganz anders aus als früher«, flüsterte ich Kandinsky ins Ohr, als ich ihn sah. »Jetzt sieht er aus wie Herr Majakowski.«

Zur Vernissage der großen russischen Kunstausstellung in der Berliner Galerie van Diemen 1922 erschien auch Majakowski, der sich zufällig auf der Durchreise nach Paris befand. Wir begrüßten uns kurz, ohne weitere Worte zu wechseln, obwohl Kandinsky ihn für den bedeutendsten Dichter der Revolution hielt.

Selbstverständlich traf Kandinsky auch Marc Chagall, der in Witebsk an der Kunstschule als Professor lehrte und erst 1920 nach Moskau übersiedelte. Chagall malte damals schon seine folkloristischen Szenen, Bilder mit märchenhaften jüdischen Sujets. Ich erinnere mich noch sehr gut an die große Wandmalerei von ihm im Moskauer Jiddischen Theater, in der alle Elemente auftauchten, die in seinen Bildern zu finden sind. Zum Kreis der revolutionären Neuerer der russichen Kunst gehört er nicht.

Kurz nachdem Kandinsky Mitglied der Abteilung der bildenden Kunst im Narkomproß geworden war, bekam er auch eine Professur an den »Staatlichen Kunst-Werkstätten«, die besser unter dem Namen WCHUTEMAS bekannt sind. In beiden Funktionen war Kandinsky vollauf mit Arbeit eingedeckt, zum Malen blieb wenig Zeit. Organisation, Verwaltung und Lehramt nahmen alle seine Kräfte in Anspruch. Kandinsky fiel nun allerdings nicht in einen stupiden bürokratischen Tagestrott, sondern versuchte auch hier kreative Ideen durchzusetzen. 1918 erschienen *Rückblicke* in russischer Sprache. 1919 wurde er zum Kommissar der russischen Museen ernannt und gründete in Moskau das »Museum für malerische Kulturen«, deren erster Direktor er wurde. 1921 gründete er die »Akademie der Kunstwissenschaften« und amtierte als deren Vizepräsident.

Eigentlich hätte Kandinsky zum Direktor der Akademie ernannt werden müssen, aber da er kein Kommunist und auch kein Marxist war, blieb ihm dieses oberste Amt versagt. Als Direktor fungierte der erklärte Marxist Peter Kogan. Kandinsky konnte diese Zurückstellung leicht verschmerzen, da er nicht den Ehrgeiz hatte, hohe Ämter und klingende Titel an sich zu reißen. Er engagierte sich lieber für konkrete Aufgaben. Wie sich bald herausstellte, lebte die Akademie in der Tat überwiegend von den Ideen und Initiativen Kandinskys, denn als er 1921 Moskau verließ, ging es mit der Akademie zusehends bergab. Seine »Idee der großen Synthese« war ein geistiges Korsett, das die Akademie zusammenhielt. Kandinsky war es auch zu verdanken, daß man alle Anstrengungen unternahm, um diese Idee mit Leben und Inhalt zu füllen. So zählten zu den Mitgliedern der Akademie nicht nur bildende Künstler, sondern auch namhafte Wissenschaftler, Literaten, Architekten, Musiker und Theaterleute. Auch das von der IZO 1920 organisierte Institut für Kunst-Kultur lehnte sich an Kandinskys Lehrmethoden an.

Die Kommunisten ließen Kandinsky gewähren. Offenbar schien er ihnen ungefährlich, weil er sich politisch völlig neutral verhielt, obwohl er zu keinem Zeitpunkt verhehlt hatte, daß er mit dem Kommunismus nicht sympathisieren könne.

Bis zu Lenins Tod herrschten in der Sowjetunion für die

Künstler in der Tat paradiesische Zustände. Jeder konnte schreiben, malen und machen, was er von sich aus für vertretbar hielt. Die absolute künstlerische Freiheit spornte zu großartigen Leistungen an, und Kandinsky setzte sich mit ganzer Energie für Projekte ein, deren Verwirklichung ihm unbedingt notwendig erschien.

Seine wohl herausragendste Tat zwischen 1919 bis 1921 war die Einrichtung von 22 Provinzmuseen, deren Kunstankäufe er als Leiter der Ankaufskommission verantwortete. In dieser Zeit arbeitete ich als seine Sekretärin mit ihm zusammen. Was mich damals besonders beeindruckte, war seine Offenheit und Toleranz gegenüber anderen Stilrichtungen, auch wenn sie ihm selbst fremd blieben. Er ließ sich bei der Auswahl ausschließlich von Qualitätskriterien leiten und stellte seine eigene künstlerische Auffassung ganz zurück. Dadurch gelangten die neu eingerichteten Museen in den Besitz von Sammlungen, die das ganze Spektrum der russischen Kunst in jenen Jahren repräsentieren.

In der sechsten Etage seines Mehrfamilienhauses installierte Kandinsky ein sogenanntes Kunst-Reproduktions-Atelier, eine Art graphisches Studio, in dem unter seiner Leitung auch Alexander Michailowitsch Rodschenko arbeitete, der mit eigenständigen konstruktivistischen Arbeiten bekannt geworden ist.

Im Jahre 1921 zeigte Kandinsky seine zweite und bis heute auch letzte Ausstellung mit eigenen Gemälden in Moskau. Zur selben Zeit fand in den benachbarten Räumen eine andere Ausstellung statt, die unter anderem von dem Narkomproß-Kommissar David Sterenberg beschickt wurde. In beide Veranstaltungen verirrten sich drei Bauern aus der Provinz. Es wird erzählt, daß sie auf die Arbeiten der beiden Künstler höchst ambivalent reagierten: »Sterenberg versucht uns zu täuschen«, meinten sie beim Anblick seiner trompe l'oeil-Malerei. »Wir haben schon lange keine Zigarette mehr geraucht oder gar Weißbrot gegessen. Leider können wir beides nicht von den Bildern wegnehmen.«

Über Kandinskys Bilder sagten sie: »Die verstehen wir zwar nicht, aber sie geben uns das Gefühl, in einer Kirche zu sein.«

Diese kleine Anekdote ist sicherlich dazu angetan, sich über die Stimme des Volkes ein paar Gedanken zu machen. Denn was den drei in künstlerischen Fragen unerfahrenen Bauern da auffiel, ist eines der zutreffendsten und ehrlichsten Komplimente, das ich je über Kandinskys Werke gehört habe.

Über das angeblich so rege kulturelle Leben Moskaus in den Jahren nach der Revolution, von dem heute soviel die Rede ist, kann ich meinerseits wenig berichten. Wir haben uns daran nicht beteiligt. Gelegentlich besuchten Kandinsky und ich Konzerte, Theateraufführungen und Ausstellungen. Am liebsten aber blieben wir zu Hause. Hunger und Not waren in den chaotischen Jahren nach der Revolution unsere freudlosen Gesellen, die uns schwerlich zu vergnüglichen Aktivitäten anzuspornen vermochten. Ich glaube, daß die Situation in Moskau Anfang der zwanziger Jahre ähnlich war wie jene in Paris, über die Sonja Delaunay ganz richtig gesagt hat: »Das ist alles nur Literatur.«

1921 verkündete die Partei auf dem II. Kominternkongreß die »Neue ökonomische Politik« (NFP). Die Parteiideologen hatten die Möglichkeit erkannt, die sich für die Propaganda in Kunst, Literatur und vor allem im Theater, Film und Rundfunk ergaben, um die öffentliche Meinung im politischen Sinne zu beeinflussen. Der revolutionäre Frühling war plötzlich vorbei. Als mit der Verkündung der »Neuen ökonomischen Politik« durch Lenin die große Entwicklungskrise der russischen Revolution begann, trat auch die Kunst in den Dienst der Staatsideologie und Staatspropaganda: Die Epoche des Sozialistischen Realismus setzte ein. 1922 verboten die Sowjets offiziell jede Form von abstrakter Kunst, da sie als schädlich für die sozialistischen Ideale gewertet wurde.

IV.
AM BAUHAUS: 1922–1933

Berlin

Eines Herbsttages 1921 wurde Kandinsky vom Moskauer Büro Radek angerufen und aufgefordert, sich sofort im Kreml einzufinden. Eine solche Aufforderung konnte nichts Gutes bedeuten. Karl Radek, der mit Lenin in der Schweiz zusammengetroffen und gemeinsam mit ihm nach Rußland zurückgekehrt war, galt als ebenso beredter wie zynischer Menschenverächter, der es vorzog, aus dem Halbdunkel heraus zu wirken. Wenn es sich um eine politische Angelegenheit handelte, ließ der Anruf das Schlimmste befürchten. Während der ganzen Zeit, die Kandinsky außer Haus war, fühlte ich mich schrecklich aufgeregt. Endlich kam er zurück.

»Du brauchst dir keine Sorgen zu machen«, beruhigte er mich. »Alles ist wunderbar verlaufen. Ich habe eine Einladung an das Weimarer Bauhaus übermittelt bekommen. Radek hat die Sache schon gutgeheißen. Er hat mir sogar für meine Bemühungen um die russische Kunst und Kultur gedankt und mir bescheinigt, daß ich jetzt endlich ein Recht dazu hätte, mich mehr meiner eigenen Kunst zu widmen. ›Sie sind auch für uns ein großer Künstler, und es ist selbstverständlich, daß Sie mehr Zeit für sich selbst beanspruchen.‹ Das waren Radeks eigene Worte.«

Kandinsky erzählte mir, daß er Radek erwidert habe, er sei an der Einladung sehr interessiert, aber er wolle erst seine Arbeit an der Akademie für Kunst und Wissenschaften zu Ende bringen.

»Wenn Sie erlauben, werde ich mich danach erneut an Sie wenden.«

»Tun Sie, was Sie für richtig halten«, antwortete Radek. »Jedenfalls werden Sie innerhalb von drei Tagen Ihren Paß erhalten, sobald Sie ihn beantragen. Dafür werde ich mich einsetzen.«

Und so geschah es dann auch. Als Kandinsky seine Arbeit an der Akademie beendet hatte, stand sein Entschluß fest, wiederum für einige Jahre nach Deutschland zu gehen. Das deutsche Angebot kam für uns zu diesem Zeitpunkt wie gerufen. Allenthalben spürte man, daß sich am politischen Firmament Gewitterwolken zusammenbrauten, denen die künstlerische Freiheit der letzten Jahre wieder zum Opfer fallen sollte. Kandinsky war froh, diesem drohenden Unheil noch rechtzeitig entkommen zu können.

Graf Wiedenfeld, damals diplomatischer Repräsentant Deutschlands in Moskau, pflegte mit russischen Künstlern gute Kontakte. Ich erinnere mich noch an eine Einladung in jener wunderschönen Villa, die er in Moskau bewohnte. Bei ihm bekamen Kandinsky und ich erstmals einen kleinen Vorgeschmack auf die Lebensverhältnisse in Deutschland. Während wir nämlich in Moskau buchstäblich hungerten, konnte sich Graf Wiedenfeld über mangelnde Nahrungsmittel wirklich nicht beklagen. Ein opulentes Diner, das wir bei ihm einnahmen, erlebte ich wie im Traum. Tatsächlich hatte ich, bevor wir zu ihm gingen, lukullischen Wunschträumen nachgehangen, in denen sich köstliche Speisen auf kostbaren Porzellanen türmten. Graf Wiedenfeld war ein liebenswürdiger Gastgeber. Auf das Diner folgte ein Hauskonzert, bei dem man die quälenden Alltagssorgen kurzfristig vergessen konnte.

Graf Wiedenfeld bot uns seine Hilfe an: »Wenn Sie abzureisen wünschen, sagen Sie mir doch bitte Bescheid. Wir werden für Sie alles Nötige vorbereiten, damit Sie an der deutschen Grenze und in Berlin keine Schwierigkeiten haben.« Die Deutschen – nicht nur Graf Wiedenfeld – haben uns in der Tat sehr geholfen. Wir durften sogar mit Erlaubnis der sowjetischen Regierung Bilder von Kandinsky mitnehmen. Leider haben wir nur zwölf seiner Werke eingepackt. Die übrigen ließen wir im Depot des Museums Morosow zurück. Wir entrahmten die Bilder, lösten sie von den Keilrahmen und transportierten sie gerollt. Vor der Abreise telefonierten wir mit Graf Wiedenfeld und teilten ihm unsere großen Sorgen angesichts des schwierigen Gemäldetransports mit. »Das geht alles in Ordnung«, versicherte er uns. »Unser Kurier wird sie in seine Obhut nehmen. Vertrauen Sie ihm die Bilder getrost an. Er wird sie unbeschädigt und sicher über die Grenze bringen.« Graf Wiedenfeld hatte nicht zuviel versprochen: Die zwölf Werke gelangten ohne Beschädigungen nach Berlin.

Zur Ausreise benötigten wir nicht nur die Genehmigung der

sowjetischen Regierung und Reisepässe, sondern auch Durchreisevisa für Estland, Litauen und Polen. Wir hatten bereits unsere Fahrkarten gelöst; unser Abreisetermin stand definitiv fest. Da erfuhren wir plötzlich aus der polnischen Botschaft, daß sich die Ausstellung der Visa um mindestens zwei Wochen verzögern würde.

Sofort gingen Kandinsky und ich zu der Botschaft. Der zuständige polnische Diplomat stellte sich zunächst stur und meinte, er könne in diesem Falle nichts unternehmen, und wir müßten uns gedulden. Natürlich hätten wir auch noch den zweiwöchigen Aufschub überstanden, aber in der Zwischenzeit wären die auf drei Tage Gültigkeit ausgestellten anderen Visa längst verfallen gewesen. Was sollten wir in dieser aussichtslosen Lage unternehmen? Ich fing erst einmal herzerweichend zu weinen an.

Der polnische Diplomat wurde verlegen:

»Ich kann nicht sehen, wenn eine junge Frau wie Sie weint. Ich werde versuchen, die Sache doch noch so zu regeln, daß Sie planmäßig abreisen können. Kommen Sie bitte morgen wieder.«

Am nächsten Tag waren die Visa ausgestellt, und wir konnten rechtzeitig den Zug nach Berlin besteigen.

Das sowjetische Kultusministerium hatte Kandinsky beauftragt, in Berlin Informationen und Erfahrungen zu sammeln und sie nach Moskau zu übermitteln. Dabei handelte es sich keineswegs um einen Geheimauftrag, den Kandinsky im Solde der Sowjets ausführen sollte – dem Ministerium ging es vor allem darum, jene kulturellen wie künstlerischen Ereignisse und Strömungen in Berlin und in Deutschland kennenzulernen, die auch für die Sowjetunion von Interesse sein konnten. Kandinsky glaubte sich hier in die Pflicht genommen, denn er bestand nach wie vor darauf, seinem Lande auch weiterhin nützlich zu sein. Wir waren uns bei der Abreise auch nicht sicher, ob wir Rußland für immer verlassen hatten. Im Gegenteil: Wir glaubten beide, bald wieder in unsere Heimat zurückkehren zu können.

Die Bahnfahrt führte über Litauen nach Deutschland. Als wir in Riga ankamen, teilte man uns mit, daß wir wegen eines orkanartigen Unwetters erst am nächsten Tag weiterreisen könnten. Wir verbrachten also die Nacht in einem Rigaer Hotel.

Vorher fand ich noch Gelegenheit zu einem ausgedehnten Stadtbummel und war überrascht von dem verschwenderischen Warenangebot in den Schaufenstern. Südfrüchte, Pralinen oder andere Delikatessen gab es in Moskau schon lange nicht mehr. Hier quollen die Schaufenster davon über. Ich kaufte wahllos Kuchen, Portwein, Schokolade und vieles von dem, was ich in Moskau so lange entbehrt hatte. Das ungeheure Angebot versetzte mich in einen euphorischen Zustand.

Am Abend darauf bestiegen wir den Zug zur Weiterfahrt. In unserem Abteil nahm ein Herr Platz, mit dem wir uns angeregt unterhielten. Als wir in die Nähe Warschaus kamen, sagte er zu unserer Überraschung plötzlich:

»Falls eine Kontrolle kommt, tun Sie so, als würden Sie mich nicht kennen. Ich bitte Sie, ab sofort kein Wort mehr mit mir zu sprechen.«

Kandinsky und ich begriffen sofort, daß der Mann gefährdet war und sich offenbar unerkannt über die Grenze absetzen wollte.

Militär kontrollierte unser Abteil. Da unsere Visa in Ordnung waren, wurden wir schnell abgefertigt. Der Herr dagegen – wie wir später erfuhren, ein lang gesuchter polnischer Revolutionär – stand auf der schwarzen Liste. Er wurde aufgefordert, sein Gepäck an sich zu nehmen und den Zug zu verlassen. Dann führten ihn die Militärs ab.

Dieser Zwischenfall beunruhigte mich ungeheuer. Während der ganzen Fahrt hatte ich ständig Angst. Unbegründete Angst, denn wir brauchten nichts zu befürchten, weil unsere Papiere ordnungsgemäß ausgestellt waren. Dennoch, der Schrecken saß mir in den Gliedern, bis wir die deutsche Grenze passierten. Nach einer langen, strapaziösen Bahnfahrt näherten wir uns endlich Berlin. Ich hatte schreckliches Herzklopfen, ob vor Freude oder vor der noch ungewissen Zukunft – ich weiß es nicht. Wir kamen in eine Stadt, die voller Hektik und Illusionen war. Alles schien überdimensional: die Preise, der Lebenshunger, die Verzweiflung und Hoffnung.

Berlin empfing uns in seinem reichen Weihnachtsschmuck. Ein Märchen erfüllte sich für mich. Die Geschäfte erschienen mir wie ein übervoll gedeckter Gabentisch, auf dem alles versammelt war, was das Auge erfreut und das Herz begehrt. Es mag vielleicht banal klingen – aber dieses unermeßliche

Warenangebot bedeutete für mich plötzlich den Inbegriff der Freiheit. Ähnlich empfand auch Kandinsky. Gewiß, ein Trugschluß aus meiner heutigen Sicht, aber damals – nach Jahren der Entbehrung, des Hungerns und Frierens in Rußland – waren solche Gefühle wohl verzeihlich. Und im übrigen täuschte ich mich auch gar nicht so sehr, denn mit Berlin und Deutschland öffnete sich für uns ein unbegrenzter Freiheitstraum. Wir atmeten auf, wir waren endlich frei! Ein unbeschreibliches Glücksgefühl!

Wir mieteten als erstes ein Hotelzimmer in der Kantstraße. Danach gingen wir in das nächste Schuhgeschäft, um uns neue Schuhe zu kaufen. Ich erinnere mich noch genau an jenen Schuhladen in der Tauentzienstraße, wo es angesichts so ungeheuer vieler Schuhe überaus schwer war, seine Wahl zu treffen. Wir schämten uns vor dem Verkäufer wegen unserer gestopften Strümpfe. Wie lächerlich!

Wir erzählten dem Verkäufer, daß wir eine lange Bahnreise hinter uns hätten, daß wir aus Rußland kämen und noch keine Gelegenheit gefunden hätten, vor unserem Schuhkauf irgendwo Strümpfe zu kaufen. Es war ein sehr netter Verkäufer, der uns daraufhin sofort neue Strümpfe besorgte und uns dann in einen Raum im hinteren Teil des Ladens bat, wo wir uns von unserem gestopften Strumpfwerk so verstohlen wie Kinder mit einem schlechten Gewissen befreiten. Dann probierten wir lange Zeit Schuhe an, Paar auf Paar, wir genossen dies wie einen Ritus, den man nicht alle Tage zelebrieren darf. Weil wir nur drei Tage in dem Hotel wohnen konnten, besorgten wir uns so schnell wie möglich ein möbliertes Zimmer in einem Haus in der Mottstraße.

Am kulturellen Leben in Berlin beteiligten wir uns so gut wie gar nicht. Wir waren zu erschöpft, um uns jetzt schon in den Trubel der Großstadt zu stürzen. Kandinsky war außerdem stark unterernährt und wollte erst wieder zu Kräften kommen, bevor er sich den Theater-, Konzert- und Ausstellungsprogrammen zu widmen gedachte. In den etwa sechs Monaten unseres Berliner Aufenthalts malte Kandinsky ganze zwei Bilder. Dabei bemühten sich seine Bekannten und Verehrer, ihm die Eingewöhnung in die neue Umgebung nach Möglichkeit zu erleichtern. Ein Berliner Maler, dessen Name mir leider entfallen ist, stellte ihm großzügig sein Atelier zur Verfügung. Finanziell hatten wir vorerst keine Sorgen, denn Kandinsky erhielt für die ersten drei Monate weiterhin von der sowjetischen Regierung sein Gehalt überwiesen.

Zu dieser Zeit lebten zahlreiche russische Künstler in Berlin, aber wir haben so gut wie keinen von ihnen getroffen. Auf einen Sprung besuchte uns Archipenko, und aus Wiesbaden kam Jawlensky herüber, der nach den langen Jahren der Trennung Kandinsky unbedingt wiedersehen wollte, um von ihm etwas über die politische und künstlerische Situation in Moskau zu erfahren.

Bei dem Kunsthistoriker und Dichter Carl Einstein lernten wir eines Abends George Grosz kennen, in dem das Deutschland jener Jahre seinen Porträtisten gefunden hatte. Zu meiner Überraschung war er ein äußerst liebenswürdiger und geselliger Mensch mit den hellen Augen eines verlegen lächelnden Kindes, der nichts von jener Aggressivität ahnen ließ, die von seinen Arbeiten ausgeht. In Wirklichkeit haßte er jene Grausamkeit, die er mit seinem Zeichenstift immer wieder an den Pranger stellte. Ich hatte sogar den Eindruck, daß er im persönlichen Umgang mit Menschen etwas schüchtern wirkte.

Darüber hinaus machten wir in Berlin nur ganz flüchtige Bekanntschaften. Kandinsky hatte den Wunsch, nicht allzu viele Menschen zu treffen, denn nur in der Abgeschiedenheit vermochte er die Moskauer Jahre innerlich zu überwinden. Deshalb mied er auch Gesellschaften und ging Leuten, die ihn in Beschlag zu nehmen versuchten, tunlichst aus dem Wege. Ich möchte sogar sagen, daß wir in Berlin unser selbst gewähltes Eremitendasein richtig genossen – was nicht bedeutet, daß wir Tag und Nacht ausschließlich in unserer Wohnung zubrachten. Wir machten ausgedehnte Spaziergänge und hatten unsere Freude an den lachenden Gesichtern in den Straßen der Stadt. Das war etwas Neues, denn in Moskau gehörte es zu den äußerst seltenen Erlebnissen, auf der Straße lachenden Menschen zu begegnen. Und wir frönten ausgiebig unserer Leidenschaft, ins Kino zu gehen.

Im März 1922 besuchte uns Walter Gropius mit seiner Frau Alma Mahler, um Kandinsky die offizielle Einladung an das Weimarer Bauhaus zu überbringen. Im Mai fuhren wir dann nach Weimar. Das schönste Erlebnis bei unserer Ankunft war für Kandinsky das Wiedersehen mit Paul Klee, den er von

München her kannte, und der inzwischen am Bauhaus lehrte. Alsbald war auch der Vertrag zwischen Kandinsky und dem Bauhaus unterzeichnet: Für lange Jahre sollte das Weimarer Bauhaus – ich sage dies mit Dankbarkeit – unsere zweite Heimat werden.

Der Abschied von Berlin fiel mit einer Ausstellung Kandinskys in der Galerie Goldschmidt-Wallerstein zusammen. Kandinsky zeigte die zwölf Bilder, die wir aus Moskau mitgebracht hatten, und jene beiden Werke, die während der Monate in Berlin entstanden waren.

Die Presse reagierte auf diese Ausstellung wie erwartet. Immer, wenn Kandinsky etwas Neues schuf, verhielt sich die Kritik ablehnend: »Wo sind die reichen, explosiven Farben, Kandinsky? Warum soviel intellektuelle Malerei?«

Kandinsky trug diesen Vorwurf mit Fassung: »Daran habe ich mich mittlerweile gewöhnt. Die Leute wollen immer nur Vertrautes. Sie sperren sich gegen das Neue. Aber genau hier liegt die Aufgabe des Künstlers: gegen die Gewohnheit anzukämpfen, anzumalen. Die Kunst muß voranschreiten. Nur Explosionen in der Kunst sind schließlich langweilig.«

Schon 1912 hatte Kandinsky in aller Offenheit und Schärfe seine Meinung über den Wert und Unwert der Kunstkritik zum Ausdruck gebracht. Er schrieb damals in München: »Man darf nie einem Theoretiker, Historiker oder Kritiker glauben, wenn er behauptet, daß er irgendeinen objektiven Fehler im Werke entdeckt hat. Das einzige, was der Theoretiker mit Recht behaupten kann, ist das, daß er bis jetzt diese oder jene Anwendung des Mittels noch nicht gekannt hat. Die Theoretiker, die, von der Analyse der schon dagewesenen Formen ausgehend, ein Werk tadeln oder loben, sind die schädlichsten Irreführer, die zwischen dem Werk und dem naiven Beschauer eine Mauer bilden. Von diesem Standpunkt aus – welcher leider meistens der einzig mögliche ist – ist die Kunstkritik der schlimmste Feind der Kunst.«

Weimar

»Eines Tages kündigte Gropius vor den Schülern an«, so erinnert sich Ré Soupault, die selbst zwischen 1921 und 1925 Schülerin am Bauhaus war, »daß Kandinsky seinen Ruf ans Bauhaus angenommen habe und in Kürze kommen werde. Kandinsky war den Schülern ein Begriff. Einige von uns hatten seine Bücher gelesen, über die am Bauhaus viel gesprochen wurde. Und wir kannten den Blauen Reiter. Vor allem aber interessierte uns Schüler die Synthese aller Künste, die Kandinsky anstrebte. Bekanntlich ging er hier davon aus, daß alles Schöpferische im Urgrund mit sich selber identisch ist. Es erfährt seine verschiedenen Ausformungen: als Kunst, als Musik, als Literatur, als Architektur . . . Diese Synthese aller Künste ohne Unterschiede war wahrlich ein faszinierender Gedanke.«

In den ersten Junitagen des Jahres 1922 kamen wir in Weimar an. Der Empfang durch die Schüler und Lehrer am Bauhaus war ungemein herzlich. Kandinsky trat in einen Kreis ihm geistesverwandter Menschen ein. Damals waren am Bauhaus die führenden Persönlichkeiten aus Architektur und Kunst in Deutschland unter einem Dach versammelt: eine Einmaligkeit, die sich seither nirgendwo mehr wiederholt hat. Was die Bauhäusler zusammenführte, war – wie ich glaube – ein ungeheures Vertrauen in ihre Ideen und Vorstellungen, ein starker Wille, diese Ideen und Vorstellungen schöpferisch zu verwirklichen. Mit einem gesunden Optimismus und mit großem Idealismus gingen sie ans Werk, um das zu erreichen, was sie sich vorgenommen hatten. Alle verband sie der Wille, am gemeinsamen Werk mitzuarbeiten, zusammenzuarbeiten.

Unserer Ankunft ging eine Episode voraus, die ein bezeichnendes Licht auf Kandinskys Einschätzung von offiziellen Titeln und Würden wirft. Als der Meisterrat im April 1922 die Frage behandelte, ob beim Ministerium die Berechtigung zur Führung des Professorentitels beantragt werden sollte, nahmen die Meister je nach Temperament und Ambition Stellung. Kandinsky, der zu dieser Zeit noch nicht in Weimar war, schickte seine Stellungnahme im September nach:

»Die aufgeworfene Frage erinnert mich an die Geschichte der Kunstschule in Rußland. Auch dort wollten die Lehrer erst unbedingt den Titel ›Meister‹ haben, und freuten sich, daß sie keine ›Professoren‹ hießen, weil sie mit den veralteten Akademien nichts Gemeinsames haben wollten. Bei der drauffolgenden Reform nahmen sie den Professorentitel wieder an.

Was mich anlangt, so möchte ich jede Gelegenheit benutzen, durch die gezeigt werden kann, daß die Titelfrage eine wertlose Frage ist. Deshalb bestand ich in Rußland auf der Benennung eines kunstwissenschaftlichen Institutes: *Akademie der Kunstwissenschaften.* Ich wollte dadurch zeigen, daß die innere Eigenschaft der Nuß und nicht die Benennung der Schale wichtig ist. Nicht die Titel müssen in erster Linie bekämpft werden, sondern die Achtung vor den Titeln – der richtige Inhalt bildet von selbst die richtige Form.

Wenn die Meister, die, wie allgemein angenommen, wie ich, selbst den Professorentitel verstoßen haben, jetzt wieder selbst diesen Titel suchen werden, so wird in den Augen der Schüler der äußere Wert der Titel unterstrichen und gehoben. Und dieses fände ich schädlich.

Die Erklärung der Regierung, daß der Meistertitel dem Professorentitel gleichwertig ist, würde, denke ich, auch die äußere Lösung der Frage sein.«

Kandinsky stellte sich seinen Kollegen und seinen Schülern mit einer Ausstellung vor. Die Bauhaus-Schülerin und spätere Bauhaus-Meisterin Gunta Stölzl, die von den ersten Tagen an die ganze Entwicklung des Bauhauses miterlebte, erinnert sich noch lebhaft an diese Ausstellung sehr großer Bilder im Oberlichtsaal des Bauhauses. Sie schwärmt noch heute von ihren Eindrücken: »Wir waren von diesen Bildern hingerissen. Seine Malerei war für uns eine richtige Offenbarung. Und das ist seine Revolution, die man nicht vergessen kann und nicht vergessen wird.«

Der Ausstellung schloß sich am gleichen Tag ein großes Fest an. Alle Bauhaus-Meister mischten sich unter die Schülerschaft, und es wurde bis spät in die Nacht hinein getanzt. »Tanzen war eine große Leidenschaft der Bauhäusler«, sagt Gunta Stölzl – und jeder wird ihr zustimmen, der je mit dem Bauhaus in Berührung gekommen ist.

In der ersten Zeit konnten wir in der Wohnung von Walter Gropius unterkommen, der kurz nach unserer Ankunft in Weimar in die Ferien verreiste. Sie war großzügig mit einem sehr nüchternen und sachlichen Mobiliar ausgestattet. Gropius wohnte Wand an Wand zum Seminar. Den ganzen Tag über hörte man eine Orgel spielen, und wenn man aus dem Fenster schaute, sah man auf die in Blüte stehenden Lindenbäume. Poesie lag über dieser Stadt, und die Luft war schwanger von schönen Düften. Ich, die ich ja immer etwas romantisch veranlagt war, kam in jeder Hinsicht auf meine Kosten.

Diese schöne Atmosphäre und die spontane Herzlichkeit der Menschen entschädigten uns für vieles, was wir uns materiell nicht leisten konnten. Die Bezahlung der Lehrer war minimal und reichte kaum für unser tägliches Auskommen. Daß wir einen eher ärmlichen Eindruck auf die Bauhäusler gemacht haben müssen, bestätigt Felix Klee, der unsere Lage ein wenig überspitzt so beschreibt: »Wir haben uns immer darüber amüsiert, daß Kandinsky dunkle Strümpfe trug, die mit roter Wolle gestopft waren. Das war eben eine ziemlich schwere Zeit für die beiden, die verarmt aus Rußland in Weimar eintrafen.« Immerhin waren schon einige Monate seit unserem Strumpfkauf in Berlin verstrichen, und offenbar erweckten unsere Berliner Neuanschaffungen nicht mehr den Eindruck des allzu Neuen.

Doch arm waren nicht nur die Kandinskys. »Wir besaßen absolut nichts«, erinnert sich Ré Soupault. »Viele von uns gingen abends in ein Unternehmen, das Thüringer Bauernmalerei herstellte. Wir arbeiteten da einige Stunden, meistens bis Mitternacht, und wurden anschließend sofort ausgezahlt. Sobald der Bäcker am Morgen seinen Laden öffnete, stürzten wir hinein, um Brot zu kaufen. Mittags war das Brot schon wieder teurer, die Inflation grassierte. Dennoch empfanden wir das Leben damals wie ein Abenteuer.«

Ein schönes Abenteuer war das Leben auch für Kandinsky und mich. Und aus heutiger Sicht möchte ich sogar sagen, es war eine der interessantesten und intensivsten Phasen unseres Lebens.

Die Sommerferien verbrachten wir an der Ostsee im Haus der Mutter von Gropius, einer gütigen, gastfreundlichen und klugen Frau, die uns herzlich bei sich aufnahm. Da zum Semesterbeginn im Herbst auch Gropius wieder in Weimar war, mußten wir uns nach einer eigenen Wohnung umschauen, die sich jedoch alsbald fand. Wir mieteten uns in der Cranachstraße ein, zwei möblierte Zimmer im Parterre und ein winziges Schlafzimmer unter dem Dach. Die Küche teilten wir mit der Vermieterin, die uns das Zusammenleben nicht eben erleichterte. Ein Glück, daß Kandinsky sein Atelier im Bauhaus hatte, denn zu Hause konnte er aus Platzgründen nur zeichnen oder aquarellieren. Auch schrieb er in dieser Zeit ziemlich viel. Im Herbst 1923 bekamen wir endlich eine kleine möblierte Wohnung in der Südstraße vermittelt, in der wir viel ungestörter und wesentlich freizügiger lebten.

Weimar war damals eine charmante, ja beinahe idyllische Stadt, ein verträumter Ort mit Parks und Alleen, der eine jedem Künstler so wohltuende Ruhe ausstrahlte. Leider neigten ihre Bewohner ein bißchen zum Provinziellen und Spießigen. Eine große Schar behäbiger Philister sonnte sich im Ruhme Goethes, und es wirkte auf uns bisweilen eher peinlich, daß Goethe auf Schritt und Tritt in Weimar präsent war. Sein Name mußte für alles Mögliche und Unmögliche herhalten. Die Geschmacklosigkeiten waren kaum zu überbieten – Goethe auf Seife, auf Brillen, auf Hüten, auf Masken, auf Plaketten . . . Goethe überall . . . Welch ein Kontrast: Weimar, die Stadt des Dichterfürsten und zugleich die Stadt des Bauhauses!

Das Bauhaus war in Weimar eine isolierte geistige Insel. Von der Bevölkerung wurde diese seltsame Künstlerkolonie wie ein Fremdkörper betrachtet, von dem man eher Schlechtes denn Gutes erwartete. Bezeichnend für das Mißtrauen, das die Einheimischen uns allen, die wir mittelbar oder unmittelbar mit dem Bauhaus in Verbindung standen, entgegenbrachten, sind jene Horror-Geschichten, die aufgeschreckte Eltern ihren ungezogenen Kindern erzählten. Die Kinder wurden dadurch ihrerseits erst richtig verschreckt. Es gab eine elterlich-autoritäre Drohung, die jedes aufsässige Kind aus Weimar schnell wieder zur Räson brachte: »Ich schick' dich ins Bauhaus!«

Das Bauhaus, schien es, war die lokale Residenz des Teufels. Und welche Kinderseele fürchtet sich nicht vor dem Teufel? Was die Bewohner Weimars so gegen uns aufbrachte, kann ich mir nur damit erklären, daß wir für diese durchweg stockkonservativen Gemütsmenschen zu modern dachten und zu extravagant handelten. Aus Rache oder vielleicht auch aus Selbstschutz verbreiteten schließlich böse Zungen das Gerücht, das Bauhaus sei kommunistisch unterwandert! Und damit noch nicht genug: seine Mitglieder seien gar jüdisch!

Zum ersten Mal erfuhr ich in Weimar etwas über den Nationalsozialismus und den Antisemitismus. Wie weit die nationalsozialistische Verhetzung des deutschen Volkes gegen jüdische Menschen bereits gediehen war, bekamen wir sogar im engsten Familienkreis zu spüren. Eines Morgens blieb unsere Aufwartefrau wie versteinert vor Kandinsky stehen und starrte ihn prüfend an. Mir fiel ihre Reaktion sogleich auf, und ich fragte sie, was ihr Verhalten bedeuten solle. »Ich habe nur geschaut, ob Ihr Mann gekräuseltes Haar hat«, antwortete sie kurz.

»Gekräuseltes Haar?«

»Ja, gekräuseltes Haar. Ich habe von einer Weimarer Dame erfahren, bei der ich auch putze, wenn jemand krauses Haar hat, dann ist er Jude.«

»Bei wem arbeiten Sie denn?«

»Bei einer Dame, deren Gatte Mitglied der Nationalsozialistischen Partei ist.«

Wir schrieben das Jahr 1924.

Auch Kandinsky und ich hatten unter den Vorurteilen der Weimarer zu leiden. Man unterstellte uns – und das sogar in aller Öffentlichkeit! –, wir seien Kommunisten und daher nur mit äußerster Vorsicht zu genießen. Kandinsky empörten solche Unterstellungen, denn nichts lag ihm ferner als die kommunistische Ideologie, wie jede Ideologie überhaupt.

Das Gerücht hatte ein Mitarbeiter der *Braunschweigischen Landeszeitung* in die Welt gesetzt. Es machte schnell die Runde und drang auch bis Weimar vor. Kandinsky wandte sich deshalb in einem Brief vom 11. August 1924, geschrieben an unserem Ferienort Wennigstedt auf Sylt, an Will Grohmann und bat ihn, mit ihm zusammen gegen diese gemeine Verleumdung vorzugehen. Er schrieb ihm: ». . . Ich habe gar kein Interesse für Politik, bin vollkommen unpolitisch und habe mich nie politisch betätigt (lese nie Zeitungen!). Dies ist wichtig, weil ich von dieser Seite kürzlich auf eine unglaublich unverschämte Weise angegriffen wurde. Bestellen Sie sich bitte Nr. 260 der *Braunschweigischen Landeszeitung*. Ganz ausnahmsweise habe ich eine Erwiderung losgelassen. Ich werde da als gefährlicher kommunistischer Russe bezeichnet, der ›nachgewiesenermaßen ein Agitator ist‹, der die politisch-russische Kunstausstellung in Deutschland leitete und dafür ›eine großangelegte Agitationsreise unter gut gewählter Flagge‹ ausgeführt hatte, dem endlich die Regierung des süddeutschen Staates . . . die Aufenthaltsgenehmigung verweigert‹ hatte. Und meine Frau wäre

›ebenso bekannt und berüchtigt‹. Alles bodenlose Lüge . . .
Sogar in der Kunstpolitik war ich nie einseitig, wie ›Der Blaue
Reiter‹ und die Ausstellungen seiner Redaktion doch genügend beweisen. Man darf über mich derartige Unwahrheiten
nicht schreiben: ich bin im ganzen fast 20 Jahre in Deutschland
(16 Jahre vor dem Krieg und jetzt bald 3 Jahre), und man sollte
mich wirklich wenigstens von dieser Seite kennen. Vielleicht
ist der Artikel auch in anderen Zeitungen erschienen. Er heißt
›Unsere falsche Russen-Politik‹ und ist von einem ›höheren
Beamten‹ geschrieben. Vielleicht wäre es gut, wenn außer
meiner Erwiderung von anderen objektiven Menschen energisch protestiert würde . . .«

Natürlich gab es in Weimar auch Persönlichkeiten, die das
Verhalten ihrer Mitbürger gegenüber dem Bauhaus peinlich
berührte. Nichts konnte sie davon abhalten, mit den Bauhäuslern enge Kontakte zu pflegen. Ein alle Zeit offenes Haus für
die Bauhaus-Meister war die von Henri van de Velde errichtete
Villa der Familie Dürkheim. Bei den Abendgesellschaften der
Dürkheims war die Kunst ein beliebtes Thema. Für Gäste des
Bauhauses veranstalteten sie eigens Empfänge, und sie luden
auch andere Künstler in ihre Villa ein.

Von ähnlicher Aufgeschlossenheit wie die Familie Dürkheim
zeigte sich auch die Gräfin Dohna, eine Liebhaberin der Künste, die unsere Aktivitäten im Bauhaus mit großem Interesse
verfolgte. Besonders schätzte sie die Malerei Kandinskys, was
sie ihm immer wieder in schlichten Worten bestätigte. Gräfin
Dohna war von sympathischer Bescheidenheit: sie konnte sich
Kandinskys Bilder sehr, sehr lange anschauen, ohne auch nur
eine Silbe darüber zu verlieren. Kandinsky mochte solche Betrachter, weil er glaubte, daß in der Stille seine Kunst sich am
besten erschließen lasse.

Wann immer ich mit ehemaligen Schülern oder Lehrern des
Bauhauses ins Gespräch komme, schweifen unsere Erinnerungen zu den zahlreichen Bauhaus-Festen ab. Sie waren im
Grunde die einzigen Veranstaltungen, auf denen die Bauhäusler sich vergnüglich unterhalten konnten. Die Stadt Weimar
bot kaum gesellschaftliche Möglichkeiten. Die von ihnen selbst
inszenierten Feste waren für die Bauhäusler – durchweg leidenschaftliche Tänzer – Anlaß zu ungetrübter Heiterkeit. Nur
Kandinsky und Klee tanzten so gut wie nie. Dennoch fehlten

sie auf diesen Festen nicht. Ich habe noch das Bild vor Augen, wie Kandinsky und Klee an ihrem Tisch saßen, von Rauchwolken aus ihren Zigarren eingehüllt, und sich an dem ausgelassenen Treiben auf der Tanzfläche erfreuten. Ich selbst tanzte eifrig, ließ fast keinen Tanz aus und brauchte auch nicht zu fürchten, daß ich als Mauerblümchen sitzen blieb. Eifersucht kannte Kandinsky nicht – im Gegenteil. Felix Klee sagte sogar: »Er liebte es, wenn seine junge Frau von den jungen Bauhäuslern ein wenig umschwärmt wurde.«

Neue Ideen, frische Impulse und aufregende Informationen wehten beim Besuch zahlreicher Persönlichkeiten aus dem In- und Ausland ins Bauhaus hinein. Die Bauhäusler waren für alles Neue empfänglich, und diese Aufgeschlossenheit vor allem verhinderte jede inzüchtige geistige Entwicklung. Ständig wurden Kollegen zu Vorträgen und Vorlesungen eingeladen. Auf einer dieser Veranstaltungen lernte ich auch Kurt Schwitters kennen. Ich erinnere mich, daß er etwas aus seinem Dada-Repertoire auskramte und zum Entzücken der Bauhäusler höchstpersönlich rezitierte. Leider sind mir die Details entfallen, aber ich weiß noch, daß der Abend in Lachsalven ausklang.

Plastischer in Erinnerung geblieben ist mir ein Zusammentreffen mit Schwitters aus späteren Jahren. Kandinsky hatte einen Vortrag in Hannover zu halten. Einen Tag später gingen wir zu Schwitters nach Hause, der aber nicht in der Wohnung war, als wir ankamen. Seine Frau öffnete uns die Tür. Wir gingen ins Speisezimmer, das zu unserer Überraschung recht bürgerlich eingerichtet war. Ein blitzblankes Tischtuch bedeckte den großen Eßtisch, auf dem kostbares Porzellan stand.

»Mein Mann ist schnell etwas besorgen gegangen. Er wird gleich zurück sein«, vertröstete uns Frau Schwitters.

In diesem Moment kam Schwitters auch schon herein.

»Entschuldigen Sie. Ich weiß, daß Sie gerne Zigarren rauchen, und habe schnell welche besorgt«, sagte er in seiner trokkenen Art. Da es draußen in Strömen goß, war Schwitters bis auf die Haut durchnäßt, worüber er aber kein Wort verlor. »Oder möchten Sie vielleicht doch lieber Zigaretten?« – »Ich würde jetzt eine Zigarette bevorzugen«, sagte Kandinsky. Kaum hatte er seinen Wunsch ausgesprochen, sprang Schwitters mit einem Satz auf den Tisch und langte nach einer Pakkung Zigaretten, die er in einem Kristallüster aufbewahrte.

Uns stockte der Atem. Die Tischdecke war total verschmiert. Seine Frau schaute ihn erschrocken an, und auch wir befürchteten einen Eklat. Aber nichts passierte. Schwitters reichte Kandinsky mit todernstem Gesicht die Zigaretten. Seine Frau, die solche Eskapaden offenbar gewohnt war, wechselte wortlos das Tischtuch aus. Kandinsky und ich verloren unsere Beherrschung und schüttelten uns vor Lachen. Schwitters verzog keine Miene.

Abends führte uns Schwitters in sein Atelier, das gleich neben dem Eßzimmer lag. Dort stand die berühmte Merz-Säule. Damals reichte sie noch nicht ganz bis zur Decke. Vor dieser Säule wurde Schwitters überaus redselig. Für jedes Requisit, das er in den Nischen der Säule aufbewahrte, hatte er eine Anekdote, eine Geschichte oder ein persönliches Erlebnis zur Hand. Wir trauten uns nicht, Fragen an ihn zu stellen, denn er tat bei einigen dieser Requisiten sehr geheimnisvoll. Kandinsky meinte später auf dem Heimweg: »Er besitzt die Unschuld eines Kindes, das in Nichtigkeiten ein Mysterium wittert.«

Zum fünfjährigen Bestehen des Bauhauses im Jahre 1923 fand das große Bauhaus-Fest statt. Den Höhepunkt der Feierlichkeiten bildete die Uraufführung von Strawinskys *Geschichte vom Soldaten.* Was Rang und Namen in der Welt der Musik und Kunst hatte, kam aus diesem Anlaß nach Weimar. Igor Strawinsky nahm an der Aufführung als Zuschauer teil, ebenso sein Kollege Ferruccio Busoni. In der damaligen Zeit war Strawinskys Musik für die Ohren des großen Publikums etwas Ungewohntes. Um so erfreulicher, daß die Bauhäusler Strawinskys Werk uneingeschränkt bewunderten.

Auf dem Jubiläumsprogramm stand auch Oskar Schlemmers *Triadisches Ballett,* das er selber choreographiert hatte – »triadisch« genannt wegen der Dreizahl der Tänzer und dem dreiteiligen symphonisch-architektonischen Aufbau des Ganzen und der Einheit von Tanz, Kostüm und Musik. Schlemmer dachte sich sein Ballett als Teil einer größeren Einheit, einer »metaphysischen Revue«.

Im Sommer dieses Jahres legte das Bauhaus mit einer alle Gebiete seines Schaffens umfassenden Ausstellung, an der sich die Meister und Schüler beteiligten, öffentlich Rechenschaft ab. Viele prominente Gäste erschienen, und die Presse berichtete ausführlich über das Ereignis. Das Bauhaus wurde zum Begriff.

Meister und Schüler entwarfen zur Ausstellung mehrfarbige Postkarten, von denen zwanzig lithographisch vervielfältigt worden sind, darunter Kandinskys *Ausstellungs-Karte* 3 in den Farben Braun, Schwarz, Blau und Rot.

Das Bauhaus bot seinen Schülern und Lehrern im Grunde wenig Angriffsfläche. Denn wo hat es je größere Toleranz und Freiheit für die Kunst gegeben als eben am Bauhaus? Verständlicherweise rumorte es deshalb auch nicht in den eigenen Reihen. Die Störenfriede drangen von außen ein. Sie schürten Querelen, oft mit kaum zu überwindender Boshaftigkeit.

Unruhe etwa erzeugte Theo van Doesburg, Wortführer der »Stijl«-Gruppe der uns bereits in Berlin aufgesucht hatte und in Gesprächen verlauten ließ, daß er am Bauhaus zu unterrichten wünschte, was allerdings nie geschah. Er ging zwar dort ein und aus, hielt einige Vorträge, knüpfte jedoch wenig Kontakt zu den Künstlern des Bauhauses. Zwei Gründe waren dafür ausschlaggebend: zum einen seine radikale Art, zum anderen seine allzu einseitigen Ideen, die nicht zum Bauhaus gepaßt hätten. Nur einige Schüler teilten seine Vorstellungen und waren mit dem, was er am Bauhaus anstellte, einverstanden. Furore machten seine Auftritte dennoch. Ré Soupault schildert ihre Eindrücke, denen ich mich weitgehend anschließen kann, so: »Van Doesburg ging mit Trommeln und Trompeten auf die Sache und auf die Menschen los. Und er schrie. Je lauter er schrie, um so mehr glaubte er, seine Ideen würden in die Menschen eindringen. Er machte ganz Weimar und das Bauhaus unsicher. Ich gehörte zu den Teilnehmern seiner Abende, an denen er über den Konstruktivismus redete und schrie. Sein Geschrei wurde hier und da durch Einlagen konstruktivistischer Musik unterbrochen, die seine Frau Nelly auf dem Klavier zum besten gab. Sie haute heftig auf die Tasten und erzeugte Disharmonien. Wir amüsierten uns köstlich. Vier Schüler konnte von Doesburg sogar zu Anhängern seiner Ideen gewinnen. Diese Truppe beschimpfte die übrigen Bauhäusler: ›Ihr seid alle Romantiker.‹«

Was als Schimpf gemeint war, empfanden die Beschimpften als Kompliment. Ré Soupault bestätigte mir, daß die Bauhäusler ganz bewußt Romantiker waren. Doch dies im Sinne von Novalis: »Wir ließen den Dingen ihren Zauber.« Ich finde, daß aus solcher Sicht Kandinsky unter den sogenannten Romantikern bestens aufgehoben ist. »Genau da kam uns Kandinsky mit seiner Mentalität entgegen«, meint Ré Soupault. Die Art, wie er in seinem Werk *Über das Geistige in der Kunst* über Farben spricht, macht ihn in der Tat zu einem erklärten Romantiker.

Kandinskys täglicher Stundenplan hatte einen exakt festgelegten Rhythmus. Kurz nach zehn Uhr verließ er das Haus und blieb bis ein Uhr am Bauhaus. Dann kam er heim zum Mittagessen, ruhte nach dem Essen ein wenig und ging am späten Nachmittag wieder zum Unterricht. Heilig war ihm sein Mittagsschlaf. Da wollte er von keinem gestört werden. Deshalb brachte ich an der Haustüre unserer späteren Dessauer Wohnung ein Schild an, auf dem es hieß: »Zwischen zwei und drei Uhr wird nicht geöffnet.« Das Schild erregte Aufsehen unter den Bauhäuslern. Felix Klee erinnert sich noch an einen kleinen Zwischenfall, der am Bauhaus die Runde machte.

Eines Tages nämlich kam ein Bettler an unsere Tür und läutete just zur Stunde der Mittagsruhe. Ich war sehr wütend, ging ans Fenster und rief ihm zu: »Können Sie nicht lesen? Zwischen zwei und drei wird nicht geöffnet.«

Der Bettler darauf: »Wegen Ihnen werde ich meine Tour doch nicht unterbrechen.«

Viele Stunden brauchte Kandinsky für seine Unterrichtsvorbereitungen. Er arbeitete daran sehr gewissenhaft, da er sich seine pädagogische Methode und seinen Lehrstoff selber entwickeln mußte. Denn die abstrakte Kunst steckte damals noch in den Kinderschuhen. Lehrbücher darüber gab es keine. Es hing also von dem erzieherischen Talent des Lehrers ab, die Erfindung der Abstraktion für die Schüler leicht verständlich aufzubereiten und im Unterricht überzeugend darzustellen. Über den Wert des theoretischen Unterrichts in der Malerei äußerte sich Kandinsky in der Zeitschrift *bauhaus* 1926, worin er ausführte, daß beim Unterricht in der Malerei zwei verschiedene Methoden verwendet werden können, die wiederum in zwei große Gruppen geteilt bleiben:

»1. Die Malerei wird als Selbstzweck behandelt, das heißt, der Studierende wird zum Maler ausgebildet: Er bekommt auf der Schule die dazu notwendigen Kenntnisse – soweit es durch den Unterricht zu erreichen ist – und braucht nicht unbedingt die Grenzen der Malerei zu überschreiten, oder

2. die Malerei wird als eine mitorganisierende Kraft behandelt, das heißt, der Studierende wird über die Grenzen der Malerei, aber durch ihre Gesetzmäßigkeit zum synthetischen Werk geleitet.

Dieser zweite Standpunkt bildet die Grundlage des malerischen Unterrichts im Bauhaus. Auch hier können natürlich verschiedene Methoden verwendet werden. Was speziell meine Richtlinie anlangt, so muß meiner Meinung nach folgendes als Hauptzweck und schließlich als Endzweck diese Richtlinie lenken:

1. Analyse der malerischen Elemente in ihrem äußeren und inneren Wert,
2. Beziehungen dieser Elemente zu denjenigen der anderen Künste und der Natur,
3. Aufbau der malerischen Elemente in thematischer Form (Lösungen thematischer planmäßiger Aufgaben) und im Werk,
4. Beziehungen dieses Aufbaues zu anderen Künsten und zur Natur,
5. Gesetzmäßigkeit und Zweckmäßigkeit.

Ich muß mich hier mit dieser allgemeinen Richtungsangabe begnügen . . . Aber auch dieses kurze Schema zeigt, wohin ich hinaus will. Es hat tatsächlich bis jetzt kein planmäßiges analytisches Denken in Kunstfragen gegeben, und analytisch denken können heißt logisch denken können . . .

Der junge und besonders der anfangende Künstler muß von vornherein an ein objektives, das heißt wissenschaftliches Denken gewöhnt werden. Er soll verstehen, seinen Weg abseits der ›Ismen‹ zu suchen, die in der Regel nicht zum Kern streben, sondern schnell vergängliche Einzelheiten für Grundfragen halten. Die Fähigkeit, sich zu fremden Werken objektiv zu stellen, schließt die eigene Einseitigkeit in eigener Arbeit nicht aus, was natürlich und vollkommen gesund ist: Im eigenen Werk darf (vielmehr ›muß‹) der Künstler einseitig sein . . .

Durch Vertiefung in die Elemente, welche die Bausteine der Kunst sind, bekommt der Studierende – außer der Fähigkeit des logischen Denkens – die notwendige innere Fühlung zu den Kunstmitteln. Diese einfache Behauptung, darf nicht unterschätzt werden: Die Mittel werden durch den Zweck bestimmt – so wird der Zweck durch die Mittel verstanden. Die innere, vertiefte Bestimmung der Mittel und der gleichzeitig unbewußte und bewußte Verkehr mit den Mitteln verwerfen die der Kunst fremden Zwecke, die dadurch unnatürlich und abstoßend wirken. Hier dient also tatsächlich das Mittel dem Zweck.

Das Sich-verwandt-Fühlen mit den Elementen einer Kunst steigt weiter . . . bei dem Studium der Beziehungen dieser Elemente zu denjenigen anderer Künste . . . Die Beziehungen der Kunstelemente überhaupt zu denjenigen der Natur bringen die ganze Frage auf eine noch breitere philosophische Basis . . . So geht der Weg vom Synthetischen in der Kunst zum Allgemein-Synthetischen über . . .

In der Praxis ist die extreme Spezialisierung eine dicke Mauer, die uns vom synthetischen Schaffen trennt. Ich darf wohl hoffen, daß ich manche heute allgemein bekannte Tatsachen nicht zu beweisen brauche: Zum Beispiel die Gesetzmäßigkeit des malerischen Aufbaues. Und trotzdem ist die prinzipielle Anerkennung dieser Tatsache für den Studierenden nicht ausreichend – sie muß in sein Inneres eingepflanzt werden, und zwar so gründlich, daß sie in seine Fingerspitzen von selbst eindringt: Der bescheidene oder gewaltigste ›Traum‹ des Künstlers hat an und für sich keinen Wert, so lange die Fingerspitzen nicht imstande sind, dem ›Diktat‹ dieses Traumes mit höchster Präzision zu folgen. Für diesen Zweck müssen mit dem theoretischen Unterricht praktische (thematische) Übungen verbunden werden . . . Die Gesetzmäßigkeit in der Natur ist lebendig, da sie das Statische und das Dynamische in sich vereinigt, und in dieser Beziehung ist sie der Gesetzmäßigkeit in der Kunst gleichwertig . . . [So] ist die Erkenntnis der Naturgesetzmäßigkeit für den Künstler unumgänglich. Diese einfache Tatsache bleibt aber den Kunsthochschulen leider vollkommen fremd.«

Kandinsky sah als Formmeister für Wandmalerei seine Aufgabe vor allem darin, große Flächen farbig zu gestalten und in den größeren Rahmen der Architektur einzuordnen. Um diese komplexe Aufgabe zu lösen, entwickelte er ein systematisches Programm, das er im Anhang zum Protokoll der Meisterratssitzung vom 4. April 1924 darlegte:

»Dazu gehören zwei Einzelaufgaben, die das Wesen der Farbe in für die Wandmalerei notwendigem Sinne umfassen:
1. Chemisch-physikalische Eigenschaften der Farbe – ihre materielle Substanz.
2. Psychologische Eigenschaften der Farbe – ihre schöpferischen Kräfte.

Mit diesen beiden Punkten sind die zwei Arbeitsarten verbunden:
1. Technische Arbeiten – die Verwendung verschiedener Eigenschaften, verschiedener Pigmente und Bindemittel, Auftrag der Farbe.
2. Spekulative Versuchsarbeiten – analytischer und kompositioneller Art – Entwürfe und Ausgestaltungen der Flächen und Raumbehandlungen.

Die Farbe bietet der Raumbehandlung oder Gestaltung des Raumes durch die Farbe eine lange Kette der Möglichkeiten, was die einführenden Vorarbeiten auf der Fläche zu einer Notwendigkeit macht. Die Farbe muß erst in einfachen Bedingungen kennengelernt werden, wozu die Flächenbehandlung eine notwendige Stufe ist.

Was die praktische Arbeit der Werkstatt anbelangt, so soll dieses kurz erwähnte Programm obligatorisch gemacht werden mit allen daraus fließenden Folgen.

Diesem Programm muß also auch die praktische Arbeit außerhalb des Bauhauses (Aufträge) untergeordnet werden, da die sämtlichen Versuche, diese gleichwertig zu behandeln, zu Mißerfolgen führten. So sollen also die Produktivarbeiten der Werkstatt den zweiten Platz einnehmen.

Diese Fragestellung betrifft außer der Wandmalerei auch die Bildhauerei, Glasmalerei, Bühne und teilweise die Druckerei. Die einseitige Einstellung auf Produktion würde die weitere

Existenz der erwähnten Werkstätten unmöglich machen, was für das Endziel des Bauhauses – Entwicklung der synthetischen künstlerischen Idee – verhängnisvoll sein würde. Abgesehen davon, daß das Bauhaus eine Schule ist, die sich ausschließlich auf die Produktion nicht einstellen kann, sollte das Bauhaus eine Gemeinde bilden, die – außer den laufenden Arbeiten mit der sofortigen direkten Verwendung – der Ausbildung der synthetischen Idee und in der Vorbereitung der Studierenden zur Aufnahme dieser Idee ihr höchstes Ziel setzen sollte.«

Mit seinen Kursen über Form und Farbe leistet Kandinsky einen entscheidenden Beitrag zur Grundausbildung im Bauhaus. Es gibt drei Zeugen, die sich an den Unterricht Kandinskys in Weimar noch sehr gut erinnern.

Gunta Stölzl war eine von Kandinskys ersten Schülerinnen. Sie erzählt, daß das Verhältnis der Schüler zu ihrem Lehrer sehr respektvoll war: »Wir bewunderten seine Klarheit und seine Logik. Er war sehr bestimmend. Was er sagte, war immer einsichtig und in den Fakten nicht zu widerlegen. Bei Klee dagegen war immer alles ein bißchen in der Schwebe. Man konnte daraus machen, was man wollte. Kandinskys Unterricht war sehr konstruktiv.«

Kandinsky unterrichtete in der Klasse für Wandmalerei und im Vorkurs. Alle Klassen hatten einen sogenannten technischen und einen sogenannten künstlerischen Meister. Herbert Bayer, der zweite Kronzeuge, beschreibt den Unterrichtsverlauf so: »Der Unterricht beruhte auf Übungen zu Wandmalereien für Innen- und Außenräume. Damit sollte ein Gefühl für die in die Architektur integrierte Farbe entwickelt werden. Die praktische Arbeit wurde ergänzt durch Diskussionen über die Natur der Farbe und ihrer Beziehung zur Form. Beides ging ineinander über: Theorie und Praxis. Die theoretischen Erfahrungen wurden erprobt in Wandgemälden mit den unterschiedlichsten Materialien und Techniken. Besonders heiße Diskussionen lösten Kandinskys Ideen über die Psychologie der Farben und deren Verhältnis zum Raum aus. Soweit ich mich erinnern kann, spielte Kandinskys eigene Malerei im Unterricht und in den Diskussionen keine Rolle, wenngleich sie auch nicht ganz ausgeklammert blieb.«

Herbert Bayer war auch an dem Projekt beteiligt, das Kandinsky für die Berliner »Juryfreie« 1922 ausführte. Endlich konnte Kandinsky einmal wirklich großformatig malen. Er entwarf zunächst eine Skizze und vergrößerte diese dann auf die wandgroßen Maße in der Ausstellung. Herbert Bayer beschreibt, wie die Arbeit an dem Projekt vor sich ging: »Kandinsky bat mich und einige andere Schüler, die Wandmalerei für Berlin mit ihm gemeinsam auszuführen. Die Leinwand wurde auf dem Boden im Auditorium des Bauhauses ausgebreitet, und dann begannen wir darauf mit Kaseinfarben zu malen.« Das Resultat wurde ein heiteres Werk in Formen und Farben.

Geplant war, diesen Entwurf im großen Foyer eines modernen Kunstmuseums in Berlin endgültig zu verwirklichen. Das scheiterte jedoch am Geldmangel. Das Gebäude konnte nicht gebaut werden. Ich hatte die Skizzen bis jetzt im Nachlaß. Da ich meine, sie müßten ihrem eigentlichen Zweck zugeführt werden, sah ich mich nach einem Raum um, in dem sie angemessen in den von Kandinsky geplanten Dimensionen realisiert werden könnten. Deshalb schenkte ich die Skizzen unlängst der Stadt Paris. In dem neuen Kunstzentrum »Centre Beaubourg« werden sie als Wandmalerei in einem eigens für sie reservierten Raum, nämlich im Empfangssaal, in Originalgröße ihren angemessenen Platz haben.

Bayers Würdigung von Kandinskys pädagogischen Fähigkeiten darf ich nicht unterschlagen. Immer wieder wird versucht, Kandinsky als autoritär hinzustellen. Bayer charakterisiert ihn hingegen völlig anders: »Kandinsky besaß die großartige Gabe, sich nicht über die Schüler zu erheben, sondern ihnen zu helfen und sie in ihrer Entwicklung zu führen. Dies war die Grundlage der Unterrichtsmethoden am Bauhaus. Er respektierte das individuelle Talent und die Persönlichkeit des Schülers. Er konnte sehr selbstsicher sein, war aber immer höflich. Seine Objektivität als Pädagoge kann vielleicht am besten durch meine eigene Arbeit belegt werden, die keine Nachahmung Kandinskys ist, obgleich ich viel von Kandinsky gelernt habe. Er war der perfekte Gentleman, der niemand seine Überlegenheit spüren ließ. Seine Kritik war objektiv.«

Recht anschaulich beschreibt Ré Soupault, ebenfalls eine Schülerin aus den Weimarer Tagen des Bauhauses, den Umgang Kandinskys mit seinen Schülern. Sie gibt zu, daß die

Ausstrahlung Kandinskys weit größer als die anderer Bauhaus-Meister war. »Ich erinnere mich«, so erzählt sie, »daß auf den breiten Korridoren der Schule Kandinsky im Kreise seiner Schüler stand und diskutierte. Er wies die Umstehenden auf eine Sache hin, die ihn nie losließ: auf die innere Notwendigkeit. ›Was ist das?‹ wurde nachgefragt.

Kandinsky machte uns das eines Tages an einem Beispiel klar. Die Schüler mußten in seiner Wandmalerei-Klasse Wandschirme auf irgendeine Weise farbig gestalten. Da gab es den Schüler George Adams. Der malte eine Sonne nach japanischem Vorbild auf den Schirm: Aufgang, Zenit, Nachmittagsstand, Untergang.

Kandinsky sah sich die Arbeit an und fragte:

›Was haben Sie sich darunter vorgestellt?‹

›Ich habe an Japan gedacht‹, antwortete Adams.

Kandinsky darauf: ›Sie sind doch kein Japaner.‹

Adams: ›Nein. Ich kann mich aber gut in die Seele eines Japaners hineinversetzen.‹

Da reagierte Kandinsky sehr scharf. Das war für ihn unmöglich, weil es Nachahmung und nicht innere Notwendigkeit war.«

Wie Herbert Bayer, meint auch Ré Soupault, daß zwischen Kandinsky und seinen Schülern zwar ein sehr lebendiges Zwiegespräch geführt wurde, daß jedoch Imitationen verpönt waren. »Ich kann mir denken«, sagt Ré Soupault, »daß er Nachahmung seines Stils durch seine Schüler ablehnte. Natürlich gab es Anregungen, und zwar von beiden Seiten. Ich glaube, die Meister wurden auch von uns angeregt.«

Zwei Dinge versuchte Kandinsky in Weimar seinen Schülern klarzumachen: das Formproblem und das Farbenproblem. Die Ergebnisse seiner Untersuchungen und seiner Erfahrungen legte er in dem 1926 abgeschlossenen Werk *Punkt und Linie zu Fläche* vor, ein Buch, das ich – und sicherlich nicht nur ich – neben seinem frühen Werk *Über das Geistige in der Kunst* zu den grundlegenden Handbüchern der modernen Kunst zähle.

Gleich zu Anfang seiner künstlerischen Laufbahn stand Kandinsky in voller Klarheit das Ziel vor Augen, das ihm die Kunst gesteckt hatte: Ihm war auferlegt, die Malerei zu neuen Höhen zu führen.

In Weimar verlor er dieses Ziel nicht aus den Augen. Wo

immer es ihm möglich war, nahm er sich Zeit für seine eigene Kunst.

Erwähnenswert ist unter seinen Weimarer Arbeiten die Mappe *Kleine Welten*. Kandinsky schuf sie 1922 im Auftrag des Propyläen-Verlags. Sie entstand in einem gewaltigen Wurf: vier farbige Lithographien, vier Holzschnitte, zwei davon farbig, und vier Radierungen. Ein wahres Meisterwerk. Das Album wurde im Bauhaus gedruckt und vom Propyläen-Verlag publiziert.

Neben der vielen Arbeit blieb aber immer noch genügend Zeit für Reisen und Ausflüge in die reizvolle Umgebung Weimars und in die benachbarten Städte Erfurt und Jena, zuweilen auch nach Dresden. In Dresden wohnte das mit uns befreundete Ehepaar Grohmann und Ida Bienert. Bei beiden waren wir des öfteren zu Besuch.

Als wir einmal von Grohmanns aus Dresden nach Hause kamen, stellte Kandinsky entsetzt fest, daß er unterwegs den Haustürschlüssel verloren hatte. Es war weit nach Mitternacht. Wir wollten nicht viel Lärm machen und verzichteten darauf, die Wohnungstür aufzubrechen. Unser einziger Ausweg war, den unverschlossenen Speicher als Schlafstätte für diese Nacht zu wählen. Wir schliefen auf einer Matratze unter einer einzigen Decke. Kandinsky stellte am nächsten Morgen schmunzelnd fest: »Wir haben wirklich fein geschlafen.« In einem Brief an Grohmann berichtete er ausführlich von unserem nächtlichen Mißgeschick.

Ida Bienert war eine sehr bekannte Sammlerin, die schon früh moderne Kunst zu sammeln begonnen hatte. In ihrer Kollektion war eines meiner Lieblingsbilder aus der dramatischen Epoche Kandinskys, *Träumerische Improvisation* aus dem Jahre 1913. Ida Bienert hatte dieses Bild auf einer Kandinsky-Ausstellung bei Walden in Berlin erworben. Es hing neben Werken von Matisse, Picasso, Klee und Schwitters.

In Weimar selbst gab es nur wenig Möglichkeiten der Unterhaltung und der Zerstreuung, ausgenommen die Lichtspielhäuser, die alle Filme zeigten, welche auch in anderen deutschen Städten zu sehen waren. Wir ließen keinen Streifen von Rudolf Valentino, Buster Keaton und Charlie Chaplin aus. Diese drei gehörten zu Kandinskys Lieblingsschauspielern. Er konnte sich ihre Filme sogar zwei- oder dreimal anschauen, ohne seine Begeisterung und sein Interesse daran zu verlieren.

Ab und zu zog es uns auch in das Weimarer Theater, wo moderne Stücke aufgeführt wurden. Ich erinnere mich, daß man dort zum Beispiel Opern von Hindemith spielte.

Engen Kontakt hielten wir zu den Familien der Bauhaus-Kollegen Klee, Feininger, Muche und Schlemmer. Eine besonders gute Bindung hatten wir zu den Klees, die etwa dreißig Minuten Fußweg von uns entfernt wohnten. »Wenn Nina Kandinsky bei uns abends eingeladen war, dann legte sie immer Wert darauf, daß ich sie nach Hause begleitete«, erinnert sich Paul Klees Sohn Felix. »Eine furchtbare Angst hatte sie vor Überfällen. Nun war Weimar überhaupt nicht gefährlich, und wir konnten alle nicht begreifen, weshalb sie sich trotzdem fürchtete.« Im nachhinein kann ich mir das schon erklären. Mir steckten noch die Eindrücke aus den vorangegangenen Jahren in den Gliedern, die mich schreckhaft und ängstlich gemacht hatten. Außerdem geriet ich ziemlich jung in eine mir völlig unbekannte Umgebung, in der ich mich erst einmal zurechtfinden mußte. Ich klammerte mich an die wenigen Freunde, denen ich vertraute. Zu ihnen gehörten zuallererst die Klees.

Am 26. Dezember 1924 wurde das Bauhaus in Weimar aufgelöst. Die Gegner des Bauhauses in der Weimarer Regierung hatten sich gegen seine Freunde und Befürworter behauptet. In Weimar kapitulierten Kunst, Vernunft und die neuen Ideen vor der Borniertheit der Macht. Mehrere Städte bewarben sich sogleich um die Errichtung des Bauhauses in ihren Mauern.

Sieger wurde Dessau.

Dessau

Das beliebteste und am meisten verbreitete Verkehrsmittel in Dessau war das Fahrrad. »In Dessau kommen die Kinder mit einem Fahrrad auf die Welt«, hieß es in Thüringen. Kandinsky und ich machten da keine Ausnahme. Wir waren beide passionierte Radfahrer. Seit seiner Münchner Zeit hatte Kandinsky diese Möglichkeit der Fortbewegung oft und gerne genutzt. Aus dieser Ära stammte auch sein vielbewundertes Rennrad, das in Dessau bereits ein wenig an Altersschwäche litt, aber immer noch zuverlässig funktionierte. Kandinsky hing sehr an diesem Rad, das er um keinen Preis gegen ein neueres und moderneres Vehikel eingetauscht hätte.

»Ich weiß noch«, sagte Felix Klee, »wie wir ihn an die Bilder erinnerten, die er in einem Münchener Depot untergebracht hatte. Kandinsky meinte: ›Ich will die Bilder nicht zurückverlangen. Ich will nur mein Fahrrad wieder haben.‹ Das fanden wir rührend. Über dieses Fahrrad haben wir uns seiner Konstruktion wegen immer königlich amüsiert.«

Die Umgebung von Dessau war landschaftlich so abwechslungsreich, daß sie jedermann zu einem Besuch einlud. Wir haben diese Landschaft ausgiebig erkundet, erwandert und mit dem Fahrrad durchstreift. Ausgedehnte Spaziergänge unternahmen wir in die Elbniederung, die Kandinsky wegen ihrer heiteren Stimmung, ihrer einmaligen Naturschönheiten und vor allem ihres Lichtes wegen sehr liebte. Hier fühlte er sich wohl, hier verbrachte er mit mir zusammen viele schöne Stunden und hier holte er sich so manche Anregung für seine Bilder.

Mit Sehnsucht erwarteten wir alljährlich die Zeit der Fliederblüte in Dessau. Dann mieteten wir uns, immer gemeinsam mit der Familie Klee, einen zweispännigen Landauer und ließen uns zu den Schlössern am Stadtrand kutschieren. Dort lag das von Erdmannsdorf erbaute Schloß Wörlitz inmitten eines Parks, den wir wie ein Juwel schätzten. Kein Geringerer als Goethe hatte sich in diesen Park so verliebt, daß er ihn in Weimar ähnlich dem Dessauer Vorbild nachgestalten ließ. Natürlich hatte es uns auch die Architektur des Schlosses Wörlitz und die des Schlosses Oranienbaum angetan. Klee und Kandinsky bewährten sich bei diesen Ausflügen immer als gute Reiseführer und als sachkundige Architekturkenner. Ich sehe mich noch als aufmerksame Zuhörerin vor ihnen stehen, verzückt ihren Erläuterungen lauschend. Eingebettet in den idyllischen Park um das Schloß Wörlitz lag ein schöner großer See. Oft mieteten wir einen Kahn, ließen uns über den See rudern und tranken dabei unseren obligatorischen Nachmittagstee.

Anders als in Weimar fühlte ich mich in Dessau trotz der allseits gerühmten architektonischen Sehenswürdigkeiten anfangs etwas fremd. Dessau war die Residenzstadt der Fürsten von Anhalt gewesen, wovon noch ein Stadtschloß, dessen einen Teil von Knobelsdorff erbaut hatte, die spätgotische

Schloßkirche, in der bedeutende Gemälde von Lukas Cranach hingen, und die beiden Schlösser Wörlitz und Oranienbaum zeugten. Natürlich hatte Dessau im Vergleich zu Weimar auch seine besonderen Vorzüge. So war die Bevölkerung wesentlich offener und toleranter als in Weimar. Hier wehte schon der Wind des 20. Jahrhunderts, hier war Industrie angesiedelt, und hier produzierte Junkers seine Flugzeuge.

Die Bevölkerung dachte modern, und ihrer Aufgeschlossenheit verdankte das Bauhaus seine neue Heimat. Denn die Ideen des Bauhauses entsprachen der neuen Zeit, die in Dessau bereits angebrochen war. Offene Arme streckte die Stadt dem Bauhaus entgegen, um es in seinen Mauern anzusiedeln. Sie schickte eine Abordnung nach Weimar, die mit den Bauhausmeistern über die Umsiedlung verhandeln sollten. Der Bürgermeister und spätere Oberbürgermeister Dr. Fritz Hesse und der damalige anhaltische Konservator Dr. Ludwig Grote gehörten zu den eifrigsten Initiatoren, die sich um die Übernahme des mittlerweile über die Grenzen Deutschlands hinaus bekannten Instituts bemühten. Großzügig gingen sie auf die Wünsche der Bauhäusler ein, um ihnen die Wahl unter den Bewerbern zu erleichtern. Im Meisterrat hatte man zu Beginn des Jahres 1925 vor allem Hoffnungen auf Frankfurt am Main gesetzt, Dessau aber garantierte sehr günstige Arbeitsbedingungen, ausreichende finanzielle Unterstützung und die Errichtung von Neubauten: verlockende Angebote also, die den Bauhäuslern wie Musik in den Ohren klangen.

Am 25. Mai 1925 besiegelten das Bauhaus und die Stadt Dessau den Vertrag. Für das Bauhaus unterzeichnete Walter Gropius, für die Stadt Dessau Dr. Fritz Hesse.

In der Schlußphase der Verhandlungen waren Kandinsky und ich nicht in Weimar. Wir hielten uns Mitte Februar 1925 in Dresden auf. Doch bevor wir nach Dresden aufgebrochen waren, hatte Kandinsky noch eine Unterredung mit dem Dessauer Oberbürgermeister und dem Konservator, aus der eindeutig hervorging, wie sehr dem Magistrat daran lag, das Bauhaus nach Dessau zu holen. In Dresden erreichte uns dann ein Brief von Gropius, in dem er uns bat, nach Dessau zu fahren und die neuen Örtlichkeiten des Bauhauses zu inspizieren.

Kandinsky atmete auf, als er den Brief las. »Es ist endlich geschafft«, meinte er, »das Bauhaus wird weiterbestehen, und wahrscheinlich haben wir einen guten Tausch gemacht.« Ich hatte den Eindruck, daß er gern nach Dessau ging. Gropius hatte in seinem Brief an Kandinsky nicht versäumt, ihm die vertraglich festgelegten Bedingungen kurz zu skizzieren. Das gab Kandinsky die Gewißheit, von einer gesicherten Zukunft des Bauhauses sprechen zu können. Wir fuhren am 19. Februar 1925 von Dresden nach Dessau und trafen dort Georg Muche mit Frau, um an Ort und Stelle die Verhältnisse zu begutachten. Die Begegnung hatte Gropius von Weimar aus arrangiert. Kandinsky und Muche sprachen mit Dr. Fritz Hesse, während Frau Muche und ich die Stadt besichtigten. Unser erster Eindruck war nicht gerade überwältigend, aber das änderte sich bald, und am Ende unserer kleinen Stippvisite sahen wir die Stadt schon mit anderen Augen.

Bis dahin stand noch nicht fest, wo der Neubau des Bauhauses errichtet werden sollte. Auch die Standorte der Ateliers und der Meisterhäuser waren noch nicht genau festgelegt. Während unseres Spazierganges waren wir bis zum Stadtrand vorgedrungen, wo uns eine besonders schöne Gegend auffiel, die für Wohnhäuser wie geschaffen schien. Als Kandinsky, Muche und der Bürgermeister nach ihrer Besprechung wieder mit uns zusammentrafen, fragte uns Dr. Hesse:

»Nun, wo hat es Ihnen denn am besten gefallen?«
Ich überlegte nicht lange: »Wenn Sie mich fragten, wo ich am liebsten wohnen möchte, dann würde ich Ihnen ohne zu zögern antworten: in der Nähe der Burgkühnauer Allee.«

Kandinsky war überrascht.

»Warum gerade dort?«

Ich erklärte ihm, daß es dort eine unbebaute Grünfläche gebe, deren landschaftliche Umgebung ein angenehmes Wohnen verspräche. Unter anderem befand sich dort gleich in der Nähe der Schloßpark der Erbprinzessin.

Hesse griff meinen Wunsch auf und sicherte Gropius zu, für seine Baupläne die Burgkühnauer Allee bereitzustellen. Der Bau der Meisterhäuser und des eigentlichen Bauhausgebäudes wurde von der Stadt Dessau finanziert. Es handelte sich dabei um sieben Baueinheiten; ein Einzelhaus für Gropius und drei Doppelhäuser für Moholy-Nagy und Feininger, Muche und Schlemmer, Kandinsky und Klee mit ihren Familien. Mit der Errichtung der Häuser wurde im Sommer 1925 begonnen. Die

Doppelhäuser waren jeweils in eine kleine und eine größere Wohnung aufgeteilt. Die größere erhielten die Meisterfamilien mit Kindern, die kleinere kinderlose Ehepaare. Im Spätherbst 1926 waren die Häuser bezugsfertig. Sie standen inmitten eines lichten Kiefernwäldchens nicht weit vom Bauhausgebäude entfernt.

Wir bezogen mit der Familie Klee als Nachbarn das Haus Burgkühnauer Allee 6–7. In welchem Maße sich die Nachbarschaft auch auf das Geistige erstreckte, ist einem Bericht aus der Potsdamer Zeitschrift *Das Kunstblatt* zu entnehmen, der sich im Juli 1929 mit der Burgkühnauer Allee 6–7 befaßte. Die Verfasserin war Fannina W. Halle. So sehr sich die vier Meisterhäuser von außen auch gleichen mochten – im Inneren unterschieden sie sich in auffallender Weise:

»Ein Blick aber ins Innere irgendeines dieser Häuser bringt uns sofort die große Verschiedenheit der Welten ins Bewußtsein, die sich in all den weiß-in-weiß gehaltenen Betonwänden verbergen, eine Verschiedenheit, die wohl in keinem dieser Doppelhäuser so klar zu verspüren ist wie bei Nr. 6–7, wo unter einem Dach zwei so starke Künstlerpersönlichkeiten wohnen wie Kadinsky und Klee, beide als Formmeister am Bauhaus tätig. Wassily Kandinsky: Der Eingang links. An einem kühl zurückhaltenden Raum in Blaßrosa vorbei, dessen eine abgeteilte Wand vergoldet ist, an einem anderen in reinem Schwarz, das aber durch ein farbig weithin leuchtendes Bild und eine glänzend-weiße, große runde Tischplatte wie durch zwei Sonnen aufgehellt ist, besteigt man einen schmalen Treppenaufgang und wird sogar durch dessen Anblick, auf dem bloßen Wege in das Atelier des Künstlers, darauf hingeleitet, daß er die reinen kalten Farben liebt und daß hier jede Form sowie jeder Farbton einen Sinn für sich und einen Sinn in der Verbindung hat.

Eine Tür geht auf, und schon stehen wir mitten in einem von der Erde losgelösten Reich, dessen unermüdlich schaffender Gebieter, ewig jung und menschlich überragend, schon 1912 – vor Krieg, Revolution und den verschiedenen einander ablösenden Ismen – in fast prophetischer Auflehnung den Anbruch einer neuen Ära, einer neuen Geistigkeit verkündet hat.

Von allen Seiten strömen sie nun auf uns zu, die mit einer bis zum äußersten Raffinement gediehenen Kultur des Könnens, Auges und Geschmacks, als reife Frucht der letzten Jahre liebevoll in Öl und Tempera, in Aquarell und Gouache hervorgezauberten großen und kleinen, immer neuen Wunderwelten . . .

Die Variations- und Ausdrucksmöglichkeiten dieser Kunst – die, wie alle Kunst nach Kandinskys Überzeugung, ihre volle Kraft erlangt, ›wenn sie vollkommen frei, von der Natur befreit, eine neue, selbständige Welt neben die Natur stellt‹ – sind unerschöpflich. Jedes Werk – ein Schicksal für sich – ist stets von neuem von den mannigfaltigsten Klängen, Wiederklängen, von gedämpfter Glut, von Schwingung und Bewegung erfüllt, deren Wellen bis in die letzten Winkel schlagen . . . So wird durch die Darstellung rein geistigen Erlebens, ohne Bezug auf die gegenständliche Welt, ein neues Gefühl für die Dynamik unserer Zeit offenbar, eine Atmosphäre, die, befreit von jedem Druck des Materiellen, über die Grenzen des Sinnlich-Wahrnehmbaren hinaus, den Gehalt einer vielleicht nicht allzufernen Zukunft andeutet, verspricht, der ›Epoche des Großen Geistigen‹.

Eine dünne Wand scheidet den Arbeitsraum Kandinskys von dem seines Kollegen Paul Klee, man glaubt aber, ein langer Weg liege dazwischen, so anders, viel vertrauter, erdnäher, um nicht zu sagen schwüler, wirkt die Luft, die uns schon an der Hausschwelle empfängt, und so verschieden – leise und doch eindringlich – ist die Sprache, die darin gesprochen wird.«

Paul Klee liebte Katzen. In Dessau hielt seine Katze immer Ausschau am Atelierfenster. Ich konnte sie von meinem Privatzimmer aus sehr gut beobachten. Klee, der die Psyche seiner Katzen liebevoll studierte, meinte hingegen, die Katze beobachte mich. »Nina«, sagte er, »Sie können kein Geheimnis für sich behalten. Meine Katze wird mir alles erzählen.« Ich habe vor Katzen Angst, obgleich sie mich mögen. Wo immer ich hinkomme und Katzen begegne, bin ausgerechnet ich ihr Opfer. Sie streifen an meinen Beinen entlang und springen sogar auf meinen Schoß. Ich verstehe das nicht. Klee, der genau wußte, daß Katzen mir zuwider sind, schloß seine Katze immer in ein Nebenzimmer ein, wenn wir zu Besuch kamen.

Die Kellerräume der Doppelhäuser wurden von beiden Wohnparteien gemeinsam benutzt. Gropius hatte im Keller den Waschraum und den Trockenraum untergebracht und auf

Trennwände zwischen den beiden Wohneinheiten verzichtet. Auch die Gärten hinter den einzelnen Doppelhäusern waren nicht durch Zäune unterteilt.

Besonders glücklich fühlten Kandinsky und ich uns in der Architektur von Gropius nicht. Es gab Mängel, die das Wohnen nicht sehr behaglich machten. So hatte Gropius den Flur mit einer großen durchsichtigen Glaswand ausgestattet, die es jedermann ermöglichte, von der Straße aus in die Häuser hineinzuschauen. Das störte Kandinsky, der seine Privatsphäre lieber abgeschirmt gewußt hätte. Kurzerhand tünchte er die Glaswand von innen weiß.

Gropius war dagegen, seine Architektur farbig auszugestalten. Kandinsky hingegen schätzte das Wohnen in Farben und mit Farben. Deshalb ließen wir unsere Räume streichen, das Speisezimmer etwa schwarz und weiß. Die Leute am Bauhaus meinten, das sei ein trauriges Wohnen, aber das genaue Gegenteil war der Fall: Die Schwarzweißkontraste vermittelten eine heitere Atmosphäre.

Der Wohnraum war hellrosa getüncht, eine Nische mit Blattgold ausgelegt. Das Schlafzimmer erhielt einen mandelgrünen, das Arbeitszimmer Kandinskys einen hellgelben, das Atelier und das Gästezimmer einen hellgrauen Anstrich. Die Wände meines kleinen Privatraumes leuchteten in hellem Rosa. Kandinsky hatte die verschiedenen Farbtöne instinktiv richtig ausgesucht. Unsere Dessauer Wohnung erschien durch die gelungene Farbgestaltung angenehm luftig und großzügig – jeder Raum ein architektonisches Individuum.

Nach genauen Angaben Kandinskys entwarf Marcel Breuer für unser neues Domizil die Speise- und Schlafzimmer-Einrichtung. Kandinsky, der sich damals gerade in der Epoche der Kreise befand, wünschte sich von ihm zum Beispiel für das Speisezimmer Möbel mit möglichst vielen Kreiselementen. »Als Farben stelle ich mir ausschließlich Schwarz und Weiß vor«, ließ er Breuer wissen, der ganz genau auf Kandinskys Wünsche einging und Möbel von zeitloser Gültigkeit entwarf. Noch heute dienen sie mir als Einrichtung für meine Pariser Wohnung und finden bei Besuchern immer lebhaften Anklang. Kandinsky war von Breuers Sicherheit, Nüchternheit und Klarheit begeistert. Das erste Mal hatte er Möbel von ihm auf einer Bauhaus-Ausstellung gesehen. Von den 1925 gezeigten Metallsesseln und Metallstühlen war Kandinsky so angetan gewesen, daß er spontan einen dieser Sessel und zwei Stühle erworben hatte. Er war einer der ersten Käufer dieser Breuer-Modelle gewesen, die in den sechziger Jahren dann von einer Möbelfabrik in Bologna nachgebaut wurden. Der Metallsessel ging auf Wunsch Breuers als »Wassily«-Modell in Serie.

Als der Lehrbetrieb in Dessau bereits aufgenommen war, wohnten die meisten Bauhauslehrer noch in Weimar. Kandinsky und ich gehörten zu den ersten, die nach Dessau übersiedelten. Als Übergangslösung wählten wir eine möblierte Wohnung in der Moltkestraße. Klee, der alle vierzehn Tage in Dessau unterrichtete, war in dieser Übergangsphase, also vor Fertigstellung der Künstlersiedlung an der Burgkühnauer Allee, Untermieter bei uns in der Moltkestraße. Er bewohnte ein Einzelzimmer, aß jedoch zusammen mit uns. Eines Tages brachte er auch seinen Sohn Felix mit, der das Terrain in Dessau sondieren wollte. Er wohnte ebenfalls bei uns.

Felix Klee weiß von einem Abendbrot zu berichten, das ihn sehr beeindruckt haben muß: »Normalerweise unterhält man sich doch beim Essen. Das war bei Kandinsky nicht der Fall. Kandinsky saß wie ein Prophet am Tisch, hatte ein Buch neben sich und las während des Essens darin. Ich weiß noch heute, daß es Bratkartoffeln mit Schinken gab. Und auf jeden Happen strich Kandinsky sich eine dicke Schicht schärfsten Senfs. Ich war beeindruckt, weil bei Kandinskys einfach alles anders als bei uns war. Zum Abendbrot gab es starken schwarzen Tee. Hier wurde die heilige Form des Essens zelebriert und kultiviert. Für mich war das ein ungewöhnliches Erlebnis.«

Als wir dann alle in unsere Doppelhäuser eingezogen waren, passierte, was wir nicht für möglich gehalten hatten: Die neue Heimat Dessau nahm uns sogleich mit ihrer gastlichen Atmosphäre gefangen. Natürlich blieben wir anfänglich noch ganz unter uns. Auch hatten wir mit dem Haus vollauf zu tun, aber zu diesem Haus gehörte ein kleiner Garten, in dem wir beide mit wachsender Begeisterung arbeiteten. Wir pflanzten dort Fliederbäume und versuchten Rosen zu züchten, die zu unserer Freude großartig gediehen. Glücklich ob seines Erfolges schrieb Kandinsky an die mit uns befreundete Familie Grohmann: »Es ist hier herrlich: wir leben auf dem Land, weit von der Stadt, hören Hühner, Vögel, Hunde, riechen Heu, Lindenblüte, Walddünste. In einigen kurzen Tagen sind wir hier andere Menschen geworden. Sogar das Kino zieht uns nicht an und damit ist viel, sehr viel gesagt.«

Endlich bekam er nun auch einen Teil seiner persönlichen Habe aus München zurück. Es waren insgesamt 26 Kisten. Erstaunlicherweise waren die Sachen nach so langer Zeit noch in sehr gutem Zustand. Das Auspacken beschäftigte uns einige Wochen. 15 Bilder förderten wir zutage. Küchengeräte und Wäsche waren in Koffern verpackt. In einem der Wäschekoffer fanden wir auch eine Mappe mit Aquarellen: ein unschätzbarer Fund. Die Möbel für den Salon stammten noch aus Moskau. Die Ateliereinrichtung hatte Kandinsky sich in München gekauft.

Mit der Zeit stellten sich zwischen den Bauhäuslern und der Dessauer Bevölkerung gute Kontakte ein, was hauptsächlich an der Initiative von Oberbürgermeister Dr. Fritz Hesse lag, der unentwegt bemüht war, uns aus der Isolation, die wir noch von Weimar her gewöhnt waren, herauszuführen, um Bauhaus und Bauhäusler mit den Menschen seiner Stadt ins Gespräch zu bringen. Das Bauhaus wurde sogar populär.

Kandinsky, dem immer nachgesagt wird, er habe sich gerne abgekapselt, wollte bestimmte Persönlichkeiten Dessaus unbedingt näher kennenlernen und suchte nach Wegen, sich einen geselligen Kreis zu schaffen. Das war schon deshalb nicht schwer, weil er hohes Ansehen genoß. Vor allem jene Dessauer, die sich für Kunst interessierten, sahen ihn gerne als Gast in ihrem Haus. Auch Elisabeth, die Erbprinzessin von Anhalt, die später im Alter erblindete, gehörte zu Kandinskys Verehrerinnen. Sie wollte den Künstler unbedingt persönlich kennenlernen und lud uns zu sich ein. Kandinsky, der sich in ihrer Gesellschaft immer wohl fühlte, spürte sofort ihr großes Interesse für die Kunst und folgte ihren Einladungen mit Vergnügen. Solange wir in Dessau wohnten, zählte die Erbprinzessin zu den von uns sehr hoch geschätzten Bekannten.

An kulturellen Ereignissen mangelte es in Dessau nicht. Wir waren eifrige Theater- und Konzertbesucher. Mit der Familie Klee mieteten wir jede Saison eine Loge im Dessauer Friedrich-Theater, in dem auch Symphoniekonzerte stattfanden. Kandinsky, ein passionierter Musikliebhaber, besuchte diese Konzerte regelmäßig. Mit dem Orchesterchef, Franz von

Hoesslin, verband ihn bald eine enge Freundschaft.

Georg von Hartmann, damals Intendant des Friedrich-Theaters, brachte vielbeachtete Aufführungen von Puccinis *Gianni Schicchi* und Verdis *Macht des Schicksals* heraus. In der Ära Hartmann brach eine Blütezeit des Dessauer Theaters an, die nicht zuletzt auf den Wagemut zurückzuführen war, mit dem in Dessau die neue Musik gepflegt wurde. Paul Klee lud regelmäßig drei Mitglieder des Theaterorchesters ein, um mit ihnen Quartett zu spielen. Auch im Bauhaus fanden Konzerte von höchstem Rang statt. Zur Freude der Bauhäusler gastierten hier Eduard Erdmann und Adolf Busch.

Hoesslin hatten wir bereits während unseres ersten Besuchs in Dessau gesehen, als wir auf Wunsch von Gropius die Bedingungen für die Übersiedlung des Bauhauses erkundet hatten und bei dieser Gelegenheit von ihm zum Mittagessen eingeladen worden waren. Seine Frau, eine temperamentvolle ehemalige Opernsängerin, hatte damals ziemlich unbefangen gesagt: »Ich weiß, daß am Bauhaus Mazdaznan-Anhänger sind. Hoffentlich gehört niemand von Ihnen dazu.«

Mazdaznan, eine europäische Spielart des von Zarathustra begründeten altpersischen Mazdaismus, entstand nach dem Ersten Weltkrieg als eine Art Ersatzreligion. Dazu gehörten auch Fasten und vegetarische Kost.

Wir schmunzelten, denn die Muches waren in der Tat erklärte Mazdaznan-Gläubige. Muche errötete. Kandinsky rettete schließlich die Situation, indem er unseren Gastgebern verriet, daß unsere Freunde Muche dazugehörten. Frau von Hoesslin hatte ein bißchen verlegen gewirkt: »Ich hoffe, das läßt sich schnell lösen.« Sie trug weitere Speisen auf, unter denen auch etwas war, das sich mit den Sitten und Gebräuchen der Mazdaznan-Muches vertrug.

Die Mazdaznan-Anhänger boten Kandinsky manchmal Anlaß zu spöttischen Bemerkungen. Wenn wir zum Beispiel spazierengingen, so roch es in manchen Gegenden zuweilen etwas penetrant nach Knoblauch. »Die Geruchsfahne stammt von Ittens oder Muches Mazdaznan-Truppe«, sagte er dann und entfernte sich eilenden Schrittes aus der Knoblauchaura.

In Dessau konzertierte, was damals in der internationalen Musikszene Rang und Namen hatte. So der Cellist Gregor Piatigorsky, Béla Bartók, Rudolf Serkin, Richard Strauss, Adolf

Busch und der Geiger Joseph Szigéti, ein gefeierter Ungar. Mit Szigéti trafen wir auf etwas kuriose Weise zusammen. Er sollte in Dessau auftreten, und auf Plakaten war überall groß sein Name zu lesen. Angekündigt war Beethovens Violinkonzert. Einige Wochen vor seinem Auftritt schenkte mir Kandinsky ein Grammophon. Frau Klee, die davon wußte, wollte mir mit ein paar Empfehlungen die rasche Zusammenstellung einer kleinen Plattensammlung erleichtern.

»Wissen Sie«, sagte sie, »ich habe neulich fabelhafte Schallplattenaufnahmen von einem Geiger gehört, der Szigéti heißt. Ich rate Ihnen, einige seiner Aufnahmen zu kaufen.«

Da ich Frau Klees Geschmack und Urteil traute, befolgte ich ihren Ratschlag. Tags darauf gingen Kandinsky, Frau Klee und ich in ein Dessauer Musikgeschäft, um die Platten zu kaufen.

Kandinsky legte Wert darauf, daß ich in Dessau nicht versauerte, und so fuhr er mit mir von Zeit zu Zeit nach Berlin, wo wir Dinge einkauften, die wir in Dessau nicht bekommen konnten. Dort holten wir an Musik, Theater und Literatur nach, was Dessau uns nicht bieten konnte. Berlin war als Kunststadt ein eruptiver Krater, ein brodelnder Kessel.

Wir planten wieder einmal eine solche Reise nach Berlin und hatten auch schon die Fahrkarten gelöst, als wir die Ankündigung von Szigétis Auftritt in Dessau lasen. Ich war verzweifelt, weil ich unbedingt dieses Konzert miterleben wollte. Kandinsky entschloß sich sofort, unseren Aufenthalt in Berlin zu verkürzen und rechtzeitig zum Konzert nach Dessau zurückzukehren.

Als wir in Berlin in den Dessauer Zug stiegen, kam in unser Abteil ein gutaussehender, eleganter Herr und nahm uns gegenüber Platz. Kaum hatte sich der Zug in Bewegung gesetzt, da fiel mir auf, daß die Türe unseres Abteils nicht geschlossen war.

»Die Türe ist noch auf. Du mußt sie schließen«, sagte ich auf russisch zu Kandinsky.

Der Herr uns gegenüber wiederholte mit einem merkwürdigen Akzent auf russisch: »Die Türe ist noch auf. Man muß sie schließen.« Dann stand er auf und zog die Türe zu.

Wir waren beide erstaunt. Dennoch fiel kein weiteres Wort zwischen uns und dem Unbekannten. Dann näherten wir uns Dessau.

»Das wird Dessau sein«, sagte ich zu Kandinsky.

»Nein, noch nicht, erst die übernächste Station«, meinte der Herr in gebrochenem Russisch.

Nun wurde ich neugierig. Ich hatte das leise Gefühl, mit Szigéti zusammen im Abteil zu sein. »Ich glaube«, flüsterte ich Kandinsky ins Ohr, »das ist Szigéti. Willst du ihn nicht fragen?« Mir war der Geigenkasten im Gepäcknetz aufgefallen.

»Entschuldigen Sie bitte, sind Sie nicht Herr Szigéti?« fragte Kandinsky prompt.

»Ich bin Joseph Szigéti.«

»Ich bin Kandinsky.«

»Oh, sehr erfreut. Ich kenne alle Ihre Bücher und habe Ihre Bilder gesehen«, sagte Szigéti.

»Wir sind gespannt auf Ihr Konzert. Deshalb kommen wir extra früher aus Berlin zurück«, sagte ich.

»Hoffentlich bereuen Sie das nicht«, meinte Szigéti bescheiden.

Selbstverständlich bereuten wir es nicht. Szigéti, der in dem angekündigten Konzert gleich zu Anfang auftrat, bereitete uns und allen Besuchern ein einmaliges Musikerlebnis. Das Dessauer Musikpublikum, verwöhnt und äußerst sachkundig, feierte den Künstler mit Beifallssalven.

Nach Szigétis Auftritt kam Intendant von Hartmann in unsere Loge, die wir mit der Familie Klee teilten.

»Szigéti bittet, daß Sie in die Intendantenloge kommen, er möchte so gerne mit Ihnen zusammen sein«, teilte er uns mit. Kandinsky war einverstanden, und wir gingen hinüber.

Auf einem abschließenden Empfang für Szigéti und für Artur Rother, der das Orchester an diesem Abend leitete, erfuhren wir, woher der Geiger Russisch konnte. Er war mit einer Russin verheiratet, die ihm ein paar Worte beigebracht hatte. Szigéti wohnte in Paris. Als wir nach dorthin übersiedelten, entwickelte sich zwischen ihm und Kandinsky eine sehr enge Freundschaft. Szigéti war ein großer Ästhet mit einem ausgeprägten Gespür für die subtilen Nuancen in der Kunst, was seinem Spiel den Charakter des Entdeckens, Aufspürens und Enträtseln verlieh.

Auf ähnlich ungewöhnliche Weise lernten wir auch Joan Miró kennen. Ich habe so etwas wie einen sechsten Sinn. Wenn ich die Kunst eines Menschen gesehen, gelesen oder gehört habe, dann kann ich mir – wenn auch nur vage – die Persönlichkeit vorstellen, von der diese Kunst stammt. So war das bei Szigéti. Und so war es auch bei Miró. Wir lebten schon in Paris, als uns Pierre Loeb einmal zum Cocktail einlud. An der Pont de Neuilly stiegen wir in die Metro und mußten an der Place d'Etoile umsteigen. Als wir Platz nahmen, kam ein Mann herein, klein und scheu, und setzte sich uns gegenüber. Ich schaute ihn an und hatte blitzschnell die Vorstellung: »Miró!«

»Das ist Miró«, sagte ich zu Kandinsky, der mir offensichtlich nicht glaubte. Wir stiegen aus. Der Mann ging vor uns her und klingelte zu unserer Überraschung an der Türe bei Pierre Loeb.

Dieser öffnete und sagte: »Ach, wie schön, Miró und Kandinsky kommen zusammen.«

An diesem Abend bot sich die erste Gelegenheit für eine Unterhaltung zwischen Kandinsky und Miró. Sie setzten sich an einen Tisch in der Ecke und plauderten ein bißchen – wie gesagt, sie plauderten.

Die Weimarer Tradition der berühmten Bauhaus-Feste wurde auch in Dessau wieder aufgenommen. Schon in Weimar hatte sich eine Bauhaus-Kapelle formiert, die nun die Dessauer Veranstaltungen musikalisch bereicherte. Sie war mittlerweile so bekannt, daß sie Einladungen aus verschiedenen deutschen Städten bekam.

Am 4. Dezember 1926 wurde mit einem Festakt in der Aula das Dessauer Bauhausgebäude eingeweiht, und dieser Tag der Eröffnung war der glanzvollste in der Geschichte des Bauhauses. Mehr als tausend Gäste aus dem In- und Ausland nahmen daran teil. Die Presse würdigte die Eröffnungsfeierlichkeiten als kulturelles Ereignis ersten Ranges.

Kandinsky empfand es stets als seine Pflicht, an den Bauhaus-Festen teilzunehmen, auch wenn ihm derartige Festlichkeiten nicht so recht lagen. Daß die Schüler Kandinsky gern unter sich sahen, bestätigt der ehemalige Bauhaus-Schüler Hannes Neuner: »Wenn Kandinsky mit seiner Frau zu den Festen erschien, dann erst wurde das Fest zu einem richtigen Fest. Sie waren die besondere Delikatesse.«

Gerngesehener Gast der Bauhaus-Feste war der junge Prinz von Anhalt, ein ausgezeichneter Tänzer.

In Weimar konnten wir keine größeren Einladungen geben, weil unsere Wohnung dort viel zu klein war. In Dessau änderte sich das. Endlich konnten wir unsere zahlreichen Freunde und Bekannten auch zu uns bitten.

Zweimal im Jahr ging es in unserem Haus hoch her: zu Silvester und im Karneval. Zu Silvester luden wir grundsätzlich die Familien Klee, Grote und Albers ein. Auch Muche und seine Frau gehörten zu unseren Gästen. Kandinsky, der im übrigen nie tanzte, machte zu Silvester eine Ausnahme. Um Mitternacht bezwang er seinen Widerwillen – Klee ebenfalls – und ging mit mir auf die Tanzfläche. Unser Standardtanz war dann immer der Strauß-Walzer »An der schönen blauen Donau«. Ich bereitete für unsere Gäste ein kaltes Büfett vor, zu dem Champagner gereicht wurde. Den 24. Dezember feierten wir im kleinen Kreis stets bei der Familie Klee.

Ein besonders herausragendes Ereignis für uns wie für unseren engeren Freundes- und Bekanntenkreis war der 8. März 1927, der Tag, an dem Kandinsky und ich deutsche Pässe bekamen: ein richtiger Freudentag. Daß wir nun plötzlich nicht mehr russische, sondern deutsche Staatsbürger waren, empfanden wir als reine Äußerlichkeit, denn nach wie vor fühlten wir uns beide als Russen. Was uns indes wichtig erschien, war der Zugewinn an Freiheit. Durch die deutschen Pässe gewannen wir unsere Bewegungsfreiheit zurück. Obgleich wir uns nie in einen Käfig eingesperrt fühlten, erschien uns die Welt jetzt auf einmal ohne Grenzen. Und das bedeutete uns sehr viel. Wir konnten ab sofort auch außerhalb Deutschlands reisen. An unserer unbeschreiblichen Freude über dieses Ereignis wollten wir natürlich auch unsere Freunde teilhaben lassen. Es gab also ein Kostümfest in unserem Haus, zu dem jeder, der eingeladen war, verkleidet erscheinen mußte.

Die Regie des Abends lag bei Oskar Schlemmer. Er beschaffte aus dem Theaterfundus in Dessau für die Meister passende Kostüme. Ich kann mich leider nicht mehr ganz genau an alle Kostüme erinnern. Ich weiß nur noch, daß Klee als orientalischer Scheich ankam, Feininger wählte die Tracht eines Maharadschas, Moholy-Nagy trug die Uniform des Alten Dessauers. Herbert Bayer trat in der Militäruniform des Prinzen von Anhalt auf. Auch Kandinsky hatte sich eine lustige Kombination ausgedacht: eine bayerische Seppelhose und darüber einen Frack. Marcel Breuer vertraute seiner Phantasie und bastelte sich ein Kostüm zusammen, das alle Moden gründlich

Das Foto zeigt Kandinsky in seinem Atelier in Neuilly-sur-Seine
vor seinem 1936 entstandenen Bild »Herrschende Kurve«.

Lydia Kandinsky, geb. Ticheeva, die Mutter Wassilys, um 1871 in Rom.
Lydia, in Moskau geboren, war berühmt wegen ihrer Schönheit,
ihrer Klugheit und ihres Charmes.

Wassily Kandinsky sen., der Vater, stammte aus Kjachta
an der chinesischen Grenze
– eine seiner Großmütter soll eine mongolische Prinzessin gewesen sein.

Nina von Andreewsky Die spätere Frau Wassily Kandinskys

Wassily Kandinsky im Alter von etwa fünf Jahren

Wassily Kandinsky um das Jahr 1912 an seinem Arbeitstisch in München. In dieser Stadt hatte er 1896 sein Kunststudium aufgenommen, zunächst bei Azbé, dann an der Akademie der bildenden Künste, zuletzt bei Franz Stuck. 1910 hatte Wassily Kandinsky nicht nur sein erstes, sondern das erste abstrakte Bild überhaupt, ein Aquarell, geschaffen.

um 1913 in München

Nina von Andreewsky im
Mai 1916 in Moskau

Die Paßfotos von Nina und Wassily Kandinsky aus
dem Jahr 1921, als sich das Ehepaar entschloß, die
Sowjetunion zu verlassen und wiederum nach
Deutschland, zunächst nach Berlin, zu gehen. Am
11. Februar 1917 hatte Wassily Kandinsky die junge
Studentin Nina von Andreewsky geheiratet – hinter

ihm lag die Scheidung seiner ersten Ehe mit seiner
Cousine Anja, lag die Trennung von seiner langjährigen Freundin Gabriele Münter. Über die 27 Jahre
währende Ehe mit Wassily Kandinsky schreibt Nina:
»Wir verreisten nie getrennt und lebten auch nie getrennt voneinander«.

1921 Moskau   1923 Weimar

1926 Dessau   1929 Dessau

Vielfältige Interessen verbanden den Maler und Kunsthistoriker Wassily Kandinsky mit dem Komponisten Arnold Schönberg. Auf dem Foto die beiden Künstler und ihre Frauen (1927 in den Ferien in Pörtschach/Österreich).

Foto: Nina Kandinsky im Dessauer Atelier ihres Mannes, auf seinem
Sessel sitzend (1931)

Wassily und Nina Kandinsky 1933 in Berlin

Wassily Kandinsky 1936 in Paris

persiflierte. Ich selbst trug ein ziemlich freches, kurzgeschnittenes Tüllkleid.

Den Höhepunkt des Abends bildete unsere offizielle Taufe. Die Weihe nahm Ludwig Grote vor, der kurz nach der Übersiedlung des Bauhauses von Weimar nach Dessau zum Direktor des Museums ernannt worden war. Der Bauhäusler Weinfeld, ein einfallsreicher und witziger junger Mann, hielt die Laudatio, bei der sich die Anwesenden vor Lachen nur so schüttelten.

Das Bauhaus blieb auch in Dessau ein Dorado der Maler, Architekten, Komponisten, Bildhauer, Wissenschaftler und Schriftsteller. Sie kamen aus dem In- und Ausland angereist, um zu nehmen, aber auch um zu geben. Das Bauhaus faszinierte jeden, und von dieser Faszination bröckelte nichts ab, solange das Bauhaus bestand: Aus dem Strom der Gäste will ich nur ein paar Namen nennen: Adolf Busch, J. J. P. Oud, Hans Driesch, Igor Strawinsky, Professor Giedeon, Gleizes. Der Maler Albert Gleizes sprach angeregt über die neue französische Malerei, und weil am Bauhaus nicht alle Französisch verstanden, lud man Will Grohmann und dessen Frau aus Dresden ein, welche die Aufgabe übernahm, den Vortrag zu übersetzen. Die Grohmanns gehörten zur Bauhaus-Gemeinde. Mit den meisten dortigen Künstlern waren sie befreundet, besonders eng mit Kandinsky und natürlich auch mit Klee.

Will Grohmann, ein ausgezeichneter Kenner von Klees und Kandinskys Malerei, hat in Wort und Schrift engagiert für das Werk dieser beiden Künstler gefochten. Von ihm stammt eines der wichtigsten Bücher, die je über Kandinsky geschrieben worden sind. Für mich ist Grohmanns Monographie das Standardwerk über Kandinskys Kunst. Auf Grohmann ist, darüber gibt es keinen Zweifel, absolut Verlaß.

Kandinsky hatte in Dessau eine ungeheuer schöpferische Phase, vielleicht sogar die produktivste seines ganzen Lebens. Zwischen 1925 und 1933 entstanden 289 Aquarelle und 259 Bilder. Jedes Blatt, jedes Bild ein vollendetes Werk. Ich bewundere vor allem die physische Kraft, die nötig war, um eine so unglaubliche Leistung zu vollbringen. Nach der dramatischen Phase, die von 1910 bis 1919 dauerte, begann jetzt die konstruktive Phase. Die Bilder sind klar durchkonstruiert und erinnern an Architekturen, weshalb man auch von seiner architektonischen Epoche spricht, die noch in der Weimarer Zeit begann. Zwischen 1925 bis 1928 liegt seine sogenannte Epoche der Kreise. In die Dessauer Zeit fällt aber auch seine Erfindung der romantischen Abstraktion. In ihr erweist er sich als großer Poet, der mit empfindsamen und zarten Farben seine malerischen Dichtungen schuf und seine Handschrift zu höchster Vollkommenheit entwickelte, sowohl im Aquarell als auch in der Ölmalerei. Immer wieder stellte er aus, und endlich begannen in diesen Jahren auch die Museen seine Werke zu kaufen. Als Vizedirektor des Bauhauses hatte Kandinsky obendrein ein ungeheures Pensum an verwaltungstechnischen und organisatorischen Aufgaben zu erledigen. Und zusätzlich gab er noch Unterricht in seiner privaten Malklasse.

Bereits in Weimar war Kandinsky mit Gropius übereingekommen, in Dessau eine private Malklasse einrichten zu dürfen. Ebenso setzte er diese Bedingung für seine Kollegen Klee und Feininger durch. »Ich weiß von sehr vielen Schülern«, sagte er zu Gropius, »daß sie sich näher mit der Malerei von mir, Klee und Feininger befassen möchten. Wir sollten ihnen diese Möglichkeit nicht vorenthalten. Und sofern die Maler damit einverstanden sind, sollten auch Sie Ihre Genehmigung dazu erteilen.« Gropius tat das ohne Zögern. Max Bill, der Kandinskys Privatunterricht besuchte, erzählt: »Kandinsky gab im Vorkurs für das erste Semester Vorlesungen und theoretische Übungen. Außerdem bestand auch noch seine freie Malklasse für Fortgeschrittene, in die ich mich später zur Teilnahme anmeldete. Es gehörte nicht zum offiziellen Programm des Bauhauses, daß man da auch malen konnte. Aber es hat dann irgendwie einem Bedürfnis entsprochen, sich mit Kunst zu befassen in Anbetracht dessen, daß eben sehr berühmte Maler am Bauhaus lehrten: Kandinsky, Klee, Feininger, Schlemmer und Moholy-Nagy.«

Aber nicht jeder war in Kandinskys privater Malklasse willkommen, wie Bill berichtet: »Um in eine der drei Malklassen (Kandinsky, Klee, Feininger) zu kommen, mußte man vom Meister ausdrücklich aufgenommen werden, dafür mußte man ihm etwas vorzeigen. In die Malklasse brachte jeder seine Produkte, dann wurde darüber diskutiert. Kandinsky sagte, was er von dem hielt, was man ihm vorlegte. Es kam bei diesen Diskussionen zur Sprache, ob das, was man hatte machen wollen, auch erreicht worden sei oder nicht. Die Zielvorstellung des Schülers war dabei maßgebend. Der Meister sagte lediglich: ›Ich ziehe dieses oder jenes diesem vor.‹ Das war die Zeit, in der Kandinsky und Klee sich im äußeren Aspekt ihrer Arbeiten am nächsten waren. Ich beteiligte mich in beiden Malklassen. Die Kriterien und Urteile, die angewandt wurden, waren bei Kandinsky und bei Klee verschieden und deshalb für mich um so fruchtbarer.«

Das ist sehr aufschlußreich. Kandinskys Toleranz wird besonders deutlich, wenn Bill sagt: »In Kandinskys Malklasse waren meist solche Schüler, die in einer ähnlichen Richtung wie er arbeiteten. Ich arbeitete nicht in dieser Richtung. Ich stand damals unter dem Einfluß von Klee. Trotzdem ging ich zu Kandinsky. Er besuchte mich auch einmal im Atelier und schaute sich das an, was ich gerade malte. Das waren Bilder, die thematisch mehr bei Klee lagen. Er sagte mir: ›Ich schätze Klee sehr. Ich selbst habe eine andere Auffassung.‹ Aber in seinem Urteil war er objektiv. Und aus seinem Urteil habe ich das angenommen, was mir akzeptabel erschien. Er hat dann auch über das Machen gesprochen, nicht über den Inhalt.«

Um noch eine Stimme zu Kandinskys privatem Unterricht zu hören, möchte ich Jean Leppien zu Wort kommen lassen: »Einmal die Woche empfing Kandinsky in seinem privaten Atelier ganz wenige Schüler zu einem Malunterricht. Ich ging einige Male in diese freie Malklasse. Wir brachten unsere Arbeiten mit und diskutierten mit Kandinsky darüber. Er zeigte uns also nicht, wie gemalt wurde, sondern er sagte seine Meinung zu unseren Resultaten. Kandinsky legte nicht den geringsten Wert darauf, kleine Kandinskys zu züchten. Das ist das Positivste seines freien Malunterrichts. Alle möglichen Stile waren in den Arbeiten vertreten.« Und Jean Leppiens Urteil über das Ergebnis des Unterrichts schließt mit der Feststellung: »Während der ganzen Bauhauszeit müssen ca. 1000 Studierende die Schule absolviert haben. Mindestens drei Viertel davon sind durch das Seminar von Kandinsky gegangen. Es ist verwunderlich, wie wenige Maler aus dem Bauhaus hervorgegangen sind. Höchstens zwanzig. Auch aus der privaten Malklasse gibt es erstaunlich wenige, die sich einen Namen als Maler gemacht haben. Ich könnte da nur vier oder fünf Namen nennen.«

Vielleicht ist des Rätsels Lösung in der allzu programmatischen Ausrichtung des Bauhauses zu suchen.

Das Bauhaus war Idee und Werk des Architekten Walter Gropius. Er hatte als erster den kühnen Einfall, ein Institut zu gründen, in dem neuartige Tendenzen in der Kunst und Architektur diskutiert, erarbeitet und realisiert werden konnten. Gropius' Gedanke der grundlegenden Einheit aller gestalterischen Arbeit führte schließlich zur Gründung des Bauhauses.

Während des Ersten Weltkriegs wurde er zu einer Audienz beim Großherzog von Sachsen-Weimar-Eisenach gerufen, um mit ihm die Übernahme der Weimarer Großherzoglichen Kunstgewerbeschule zu besprechen, die von dem belgischen Architekten Henri van de Velde geleitet worden war, der Gropius zum Nachfolger vorgeschlagen hatte. Gropius sagte unter der Voraussetzung zu, daß er Vollmachten erhielte, die Schule in seinem Sinne zu reorganisieren. Im Frühjahr 1919 trat er van de Veldes Nachfolge an, übernahm die Leitung der Kunstgewerbeschule in Weimar sowie die der Großherzoglichen Hochschule für bildende Kunst und vereinigte diese beiden Institute unter dem Namen »Staatliches Bauhaus in Weimar«.

Gropius' weitgestecktes Ziel war es, dem Studierenden durch Erziehung seiner natürlichen Fähigkeiten das Leben in seiner kosmischen Totalität erfaßbar zu machen, ein Ziel, das in abgetrennten Fach- und Spezialklassen unerreichbar ist. Er bemühte sich, künstlerische Phantasie und technisches Können in Einklang zu bringen und einen neuen Typus von Mitarbeitern heranzubilden, der Technik und Form in gleichem Maße beherrscht. Gropius' Leitsatz lautete: »Das Bauhaus erstrebt die Sammlung alles künstlerischen Schaffens zur Einheit, die Wiedervereinigung aller werkkünstlerischen Disziplinen zu einer neuen Baukunst als deren unablösbare Bestandteile. Das letzte, wenn auch ferne Ziel des Bauhauses ist das Einheitskunstwerk – der große Bau –, in dem es keine Grenzen gibt zwischen monumentaler und dekorativer Kunst.« Die Bauhauslehre umfaßte nach den Vorstellungen von Walter Gropius also die Summe aller handwerklichen und wissenschaftlichen Gebiete des bildnerischen Schaffens.

Um sein Ziel erreichen zu können, mußte Gropius zuallererst geeignete Mitarbeiter an sein Institut holen. Zu seinem

Stab gehörten schon bald Johannes Itten, Lyonel Feininger, Gerhard Marcks und Georg Muche. 1920 gesellten sich Paul Klee und Oskar Schlemmer dazu, Kandinsky gehörte ab 1922 zum Lehrkörper. Wie war es möglich, daß Gropius all diese in ihrer künstlerischen Entwicklung und Individualität so verschiedenartigen Männer für seine Sache gewinnen konnte? Nun, er besaß viel Überzeugungskraft, war ein gewandter Organisator und erwies sich auch als ausgezeichneter Direktor und Verwaltungsmann. Gropius schaffte das Kunststück, lauter Individualisten zu einem homogenen Mitarbeiterstab zusammenzuschweißen. Die Anfänge des Bauhauses waren durchaus harmonisch. Als Johannes Itten sich nach wenigen Jahren vom Bauhaus trennte, schlug Kandinsky Moholy-Nagy als dessen Nachfolger vor. Er mußte hart kämpfen, um gegen den Widerstand einiger Kollegen seinen Kandidaten durchzusetzen. Kandinsky argumentierte, daß das Bauhaus einen Lehrer brauche, der ganz andere künstlerische Ideen vertrat als Johannes Itten. Der ungarische Maler Moholy-Nagy, dessen Arbeiten er gut genug kannte, schien ihm der geeignete Mann. Er konnte Gropius überzeugen, und so wurde 1923 Moholy-Nagy ans Bauhaus berufen.

Damit war Kandinskys Engagement für Moholy-Nagy aber auch schon erschöpft. Wie sich nämlich im Verlauf ihres gemeinsamen Wirkens am Bauhaus herausstellte, vertraten beide oft unterschiedliche künstlerische Auffassungen. Kandinskys Kunst war auf Breite und Vielfalt angelegt. Moholy-Nagy stand dagegen, wie ich meine, so stark unter dem Einfluß des Suprematismus, daß er sich einem bestimmten Schema unterwarf. Auch menschlich blieben sich die beiden in der Zeit ihrer Zusammenarbeit am Bauhaus ziemlich fremd, was dazu führte, daß wir uns privat höchst selten trafen. Moholy-Nagy war sehr ehrgeizig, und das gefiel dem eher bescheidenen Kandinsky gar nicht.

Mit dem Umzug nach Dessau tauchten im Lehrkörper neue Namen auf. Die ehemaligen Bauhaus-Schüler Marcel Breuer, Josef Albers, Herbert Bayer, Hinnerk Scherper, Joost Schmidt und Gunta Stölzl rückten in die Position von Jungmeistern auf und bekamen eigene Klassen.

Albers gab Vorkursunterricht für die Anfänger. Wegen seiner hervorragenden pädagogischen Fähigkeiten wurde er von seinen Schülern außerordentlich geschätzt.

Ein hymnisches Loblied auf den Unterricht von Albers singt die Bauhaus-Schülerin Suzanne Markos-Ney, die heute mit Jean Leppien verheiratet ist und in Paris lebt. Etwas nüchterner beurteilt sie dagegen die Lehrmethode Kandinskys:

»Die Vorstellung vom Paradies ist bei mir heute mit der Vorstellung verbunden, mich noch einmal zu Füßen von Albers zu setzen und seinem Unterricht zu folgen. Der Unterschied zwischen Kandinsky und Albers, die ich beide im Unterricht erleben durfte, war in etwa so: Kandinsky fragte seine Schüler: ›Können Sie mir folgen?‹, und Albers sagte zu uns: ›Bin ich verständlich?‹

Kandinsky meinte damit: ›Seid Ihr intelligent genug, seid Ihr entschlossen genug, mir, dem großen Meister, zu folgen?‹ Albers dagegen meinte: ›Bin ich ein so guter Pädagoge, daß ich euch allen klarmachen kann, was ich gesagt habe, selbst dem Dümmsten?‹ Ich habe bei Albers unendlich viel gelernt, allerdings auch bei Kandinsky, weil ich entschlossen war, von ihm etwas zu lernen. Das heißt: bei Kandinsky kriegte ich soviel mit, wie ich mitgebracht hatte.«

Suzanne Markos-Ney, mit der ich gut befreundet bin, spricht mit erfreulicher Offenheit über ihre Eindrücke am Bauhaus. Sie besitzt ein glänzendes Erinnerungsvermögen und weiß von den kleinsten Details zu berichten. Ich möchte sie deshalb noch mehr über den Bauhaus-Unterricht erzählen lassen. »Der Unterricht war zu meiner Zeit in ein strenges Korsett gezwängt. Wir mußten mitmachen und wenn wir das nicht taten, hatte das Folgen. Man mußte gehen. Ich habe diese Strenge ignoriert. Und ich habe gleichzeitig Werkstattarbeit absolviert und Vorkurse besucht. Eigentlich durfte ich Werkstattarbeit – ich arbeitete im Fotokurs bei Peterhaus mit – erst im zweiten Semester verrichten. Im zweiten Semester bat ich Kandinsky, bei ihm noch einmal das erste Semester wiederholen zu dürfen. So besuchte ich bei ihm zwei Vorlesungen. Denn mich interessierte brennend, ob er im zweiten und im ersten Semester Wort für Wort dasselbe sagte. Das passierte nicht. Natürlich war seine Theorie immer dieselbe. Auch die Übungen unterschieden sich nicht voneinander. Aber kraft seines Universalwissens zog Kandinsky zu jedem Thema immer wieder neue und andere Parallelen heran. Er verstand es, jede Sache von unendlich vielen Seiten zu betrachten, zu deuten und zu verstehen.

Die Vorlesungsmanuskripte, die ich zusammen mit meinem Mann Jean Leppien kürzlich ins Französische übersetzt habe, zeigen, daß Kandinsky nach ganz bestimmten Methoden und Regeln seinen Unterricht gestaltete. Durch die Jahre hindurch änderte sich dieser gewisse Schematismus nicht. Es stehen jeweils Daten vor den einzelnen Sätzen: ›Das erste Mal 1926 gesagt‹ und ›letzter Semesterabend 1931‹ usw., aber eigentlich ist das immer derselbe Lehrgang. Was Kandinsky in diesen Vorlesungsheften, die die Jahre 1926 bis 1931 umfassen, notierte, ist oft sehr unklar, mit vielen Abkürzungen durchsetzt und keineswegs so korrekt geführt wie etwa sein Hauskatalog. Wer nicht Kandinskys Unterricht besucht hat, nicht seine Schrift kennt und nicht sehr gut Deutsch spricht, ist nicht in der Lage, diese Unterrichts-Texte zu verstehen. Ich bin nicht sicher, ob Kandinskys Unterricht jungen Menschen heute noch dienen kann. Wir jedenfalls sind in diesen Unterricht hineingewachsen. Es ist kein Malkursus per Buch. Mit diesen Texten sieht man die Welt anders. Am Bauhaus haben wir gelernt, zuerst einmal alles zu vergessen. Das Spezifische dieses Unterrichts von Kandinsky war, daß er uns die Welt als Maler sehen lehrte. Albers hingegen war kein Maler. Er hat Möbel gebaut, Glasbilder gemacht, aber eigentlich nicht gemalt, wie Kandinsky das tat: Farbe auf Leinwand bringen. Noch ein Unterschied zwischen Kandinsky und Albers: Albers stellte einen Gegenstand hin. Kandinsky beurteilte einen Gegenstand. Kandinsky sagte: ›Wir sehen nur die Schönheit der vorvorigen Generation. Wir sehen nicht die Schönheit der Gegenstände, die unseren Eltern gehörten. Die Gegenstände, die unseren Großeltern gehörten, verstehen wir wieder.‹

Er erläuterte diese These dann mit folgendem Zitat: ›Meine Freundin machte eine Erbschaft. Sie bat mich, beim Auspacken der Gegenstände zu helfen. Ich wickelte einen Alabaster-Lampenfuß aus dem Papier aus. Und während des Auswickelns kam das ganze Profil und die ganze Linie dieses Fußes nach und nach zum Vorschein. Ich begriff Schritt für Schritt, daß das schön ist.‹

Auf solche Weise wurde Kandinskys Unterricht anschaulich und lebendig.

Kandinsky war ein Orientale, kein Russe. Er sprach in Metaphern und in Vergleichen. Er hatte eine sehr farbige Sprache. Bevor ich zu ihm kam, hatte ich eine Mikrovision von der Welt. Er hat mir beigebracht, groß zu sehen. Er war für mich der erste, der mich das gelehrt hat.

Kandinsky konnte es nicht vertragen, wenn man ihm widersprach. Dann wurde es heiß. Ich habe das oft feststellen können, weil ich ihm sehr oft widersprochen habe. Er sprach im Unterricht wie ein Universitätsprofessor. Und er hat sehr darunter gelitten, daß die Studierenden in der Mehrzahl nicht genügend kultiviert waren. Die Studierenden hatten einfach zu wenig Kultur. Sie wußten zu wenig. Wenn ein Studierender ihm widersprach und wirklich etwas vorbrachte, was von Wissen zeugte, dann akzeptierte Kandinsky den Einspruch, und dann konnte man mit ihm auch diskutieren. Am liebsten außerhalb des Kursus, sozusagen: ›Das brauchen die Kinder nicht zu hören.‹

Kandinsky versuchte öfters Zusammenhänge mit der Musik herzustellen. Seine Bilder sind eindeutig musikalisch. Wenn er uns fragte: ›Ist Beethovens Musik rot oder blau?‹, dann wurde ich als Musikerin ein bißchen widerspenstig und entgegnete: ›Ihre Frage ist falsch. Denn die Eroica ist selbstverständlich gelb und die Siebte Symphonie hat keine Farbe und die Neunte ist das Spektrum und die Fünfte ist, wenn Sie wollen, rot, aber von einem ganz dunklen Rot, das nach schwarz zu geht.‹

Ich konnte mit alldem nicht fertig werden und habe das Kandinsky auch ganz klipp und klar gesagt. Er mochte solche Einwände nicht gerne während des Unterrichts. Deshalb sagte ich ihm das meistens in den Pausen.

Im Unterricht durften wir bei ihm nicht rauchen. Das war für mich sehr bitter. Er bot mir manchmal während der Pause eine Zigarette an, und dann haben wir uns geistig ein bißchen gekeilt. Das verlief manchmal sehr friedlich, manchmal aber auch sehr unfriedlich. Vor allem in den Momenten, wenn Politisches ins Gespräch einfloß, wurde die Situation heikel.«

Über die Lehrmethode von Albers sagt Jean Leppien, der am Vorkurs zwischen 1929 und 1930 teilnahm: »Dort wurde tabula rasa mit alldem gemacht, was man bisher gelernt zu haben glaubte. Jeder fing ganz neu an.«

Interessant ist, wie Jean Leppien den Unterricht von Kandinsky in Erinnerung hat. Er studierte zwischen 1929 bis 1930 in Dessau und war bereits ein Jahr von der Schule fort, als Suzanne Markos-Ney 1931 sich einschreiben ließ.

Leppien stellt fest: »Kandinsky unterrichtete Sehenlernen, kein praktisches Malen. Der Unterricht verlief so, daß den Schülern zuerst Aufgaben gestellt wurden. Etwa: ›Für den nächsten Freitag machen Sie bitte einmal folgendes: Nehmen Sie ein schwarzes Blatt und setzen Sie Vierecke in verschiedenen Farben darauf. Dann setzen Sie diese Vierecke mit denselben Farben auf ein weißes Blatt. Dann nehmen Sie die farbigen Vierecke und setzen nacheinander ein weißes und danach ein schwarzes Viereck darauf. Das ist Ihre Aufgabe für die nächste Stunde. Auf Wiedersehen.‹

So war der Unterricht. Wir sollten Kunsttheorie begreifen lernen. Wir sollten bildnerische Ausdrucksmittel kennenlernen. Ein anderes Mal stellte Kandinsky die Aufgabe: ›Zeichnen Sie auf ein Blatt eine dicke und danach auf ein anderes Blatt eine dünne Linie. Machen Sie das einmal mit Farben und dann nur schwarz auf weiß. Studieren Sie dabei die verschiedenen Eigenschaften der Linie. Welcher Klang ergibt sich bei der farblichen und formalen Veränderung der gebogenen Linie? Das ist Ihre Aufgabe für die nächste Stunde. Auf Wiedersehen.‹

Das war nun keine sterile Angelegenheit, diese Übungen und Experimente. Der Unterricht von Kandinsky dauerte zwei Stunden. Verglichen mit der Unterrichtsdauer von Albers war das sehr wenig. In den Übungen baute Kandinsky selbst oder zusammen mit Studierenden ein Stilleben aus Brettern, Leisten, Latten, Linealen usw. Das Stilleben durfte nicht nachgezeichnet werden, sondern Kandinsky verlangte und erwartete, daß die Studierenden es in Spannungs- oder Aufbaulinien, in Aufzeichnungen von Schwer oder Leicht, von Unten oder Oben übersetzten.

Kandinsky brauchte solches Unterrichtsmaterial zur Bestätigung seiner malerischen, nicht seiner analytischen Theorien. Er nutzte das für seine eigene Arbeit als Maler. Er machte also eine Probe aufs Exempel: Er testete seine analytischen Theorien durch das, was die Schüler daraus praktisch machten.

Bei der praktischen Umsetzung der analytischen Theorien stellten wir immer wieder fest, daß diese theoretischen Kriterien unendlich subjektiv sind. Bei Kandinsky war Blau gleich kalt. Er lehrte: Blau muß als kalt empfunden werden. Kandinsky wußte viel. Er wußte so viel wie ein orientalischer Weiser. Sein universelles Wissen in Kunstgeschichte, Psychologie, Kulturgeschichte, Anthropologie usw. war universell und imponierte uns Schülern. Wir waren auch fasziniert davon, daß Kandinsky von seinen Theorien so durch und durch überzeugt war. Und selbst wenn wir seine Malerei nicht begrüßt, geliebt oder verehrt oder gar als Vorbild genommen haben, waren wir uns ganz sicher darin, daß seine Arbeit einer ehrlichen Überzeugung entsprang. Kandinsky war ein Professor, der viel vorbrachte, der alles von vielen Standpunkten aus erklärte und der auf alles hinwies und zeigte.

Er hat mich das Abc des Sehens und Malens gelehrt, er hat mir die Buchstaben beigebracht, die man braucht, um ein Wort zu schreiben. Kandinsky hatte für mich die Rolle des Lehrers übernommen, der mir sagte, daß jede Form in der Malerei eine Bedeutung hat. Welche Bedeutung sie haben kann, das habe ich nicht von Kandinsky gelernt, sondern das habe ich ausprobiert, von Kandinsky geführt.«

Während Kandinsky parallel zum Vorkurs von Albers ebenfalls die Anfänger unterrichtete – Leppien erinnert sich noch genau an den Titel der Vorlesung von 1929/30: »Analyse der bildnerischen Elemente« –, waren für die Fortgeschrittenen Klee und Moholy-Nagy zuständig. Bayer wurde das Atelier für Typographie und Graphik übertragen, Breuer übernahm die Leitung der Tischlerei. Kandinskys Lehrplan aus dem Jahre 1928 mag verdeutlichen, wie streng analytisch er den obligatorischen bildnerischen Kursus für das erste Semester in Dessau konzipiert hat:

I. *Abstrakte Formelemente*
a) Einleitung:
   Analyse im 19. Jahrhundert, Reste der Synthese, Anfang – Ende, neue Basis der Synthese.
b) Farbenlehre:
   Isolierte Farbe, Farbensystematik, Zusammenhänge, Gesetze der Spannungen, Beziehungen, Wirkungen, Zweckmäßigkeit.
c) Formenlehre:
   Isolierte Form, Formensystematik, Zusammenhänge,

Spannungen, Wirkungen, Zweckmäßigkeit.
d) Farben- und Formenlehre:
   Beziehungen der Farbe und Form, Verschiebungen derselben in Spannung und Wirkung.
e) Grundfläche: Spannungen.

Methode des Unterrichts:
   Vorträge, Übungen der Studierenden auf gegebene und selbstgestellte Themata, gemeinsame Besprechungen und Übungen in exakter Analyse.

II. *Analytisches Zeichnen*
a) Anfang:
   Exaktes Zeichnen nach von Studierenden gestellten Stilleben, begrenzte Fläche, große Form, einfache Zusammenhänge.
b) Aufbauen des konstruktiven Netzes:
   Hauptaufgabe: Exakte Beziehungen der einzelnen Formkomplexe und einzelnen Formen zur großen Form.
c) Übersetzung
   des Gegenstandes in konstruktive Spannungen, Betonung der Hauptträger, Dynamik, Brennpunkt.
d) Verwendung
   der Farbe zur systematischen Verstärkung der Aufgaben c.

In den Anfangsjahren arbeiteten die Meister einträchtig zusammen. Auch zwischen Gropius und Kandinsky bestanden kaum Meinungsverschiedenheiten. Kam es aber doch einmal zu solchen, was selten genug geschah, so konnten sie dank des phänomenalen Talents von Gropius, gegensätzliche Meinungen geschickt auszubalancieren, schnell wieder im Keim erstickt werden. Die Schüler erfuhren von Differenzer innerhalb des Lehrkörpers ohnehin nichts.

Da Gropius und Kandinsky miteinander befreundet waren, kamen wir oft privat zusammen, vor allem in der Zeit, als Gropius mit Alma Mahler-Werfel verheiratet war. Mir schien, daß Almas Einfluß dem ohnehin sehr leicht zu Beeinflussenden viel half. Sie war, das steht außer Zweifel, allen Männern, mit denen sie verheiratet war, eine starke Stütze. Man erinnere sich an den Ausspruch Franz Werfels, den Alma später in ihren Erinnerungen zitiert: »Sie hat einen großen Einfluß über mich gewonnen, weil sie als Potenz da ist, als produktiver Organismus.«

In Dessau machte Gropius dann eine seltsame Wandlung durch. Nicht nur, daß sein Interesse für das Bauhaus spürbar nachließ, auch seine Ansichten nahmen eine bedenkliche Kehrtwendung. Es wurde plötzlich Mode, Architektur in Frontstellung zur Malerei zu rücken. Architekten und Maler begannen sich zu bekämpfen. Der Architekt Taut veröffentlichte ein Buch, in dem er ein langatmiges Plädoyer gegen Bilder an den Wänden hielt. Gropius fand das offenbar richtig und schloß sich dieser Haltung an. Bei den Malern hinterließ seine unverständliche Haltung einen peinlichen Eindruck. Natürlich war das Bauhaus, wie wir alle wußten, weder eine Kunstschule noch eine Akademie, und keiner der berühmten Maler des Bauhauses, Kandinsky eingeschlossen, hat jemals Malunterricht im Rahmen des Bauhaus-Programms erteilt. »Das Bauhaus trat unter der Devise an«, sagt Jean Leppien, »ein Haus zu bauen! Es war eine Schule für Architektur und für die Umwelt, in der sich das menschliche Leben abspielt. In dieser Umwelt ›– man beachte die Ironie –‹ waren sogar Farbe, sogar ein Bild und allenfalls sogar Kunst zugelassen.«

Es erscheint heute beinahe paradox, daß Gropius aus eigenem Entschluß so bedeutende Künstler an sein Institut berufen hat. Nachdem die Front zwischen Technikern und Malern sich mehr und mehr verhärtet hatte, fragte ihn Kandinsky: »Warum haben Sie eigentlich die Maler hierhin eingeladen, wenn Sie im Grunde gegen die Malerei sind?«

Gropius wußte darauf keine Antwort. Man redete schließlich aneinander vorbei.

Max Bill sieht die Situation allerdings ganz anders. Er, der ab 1927 das Bauhaus besuchte, sagt: »Genaugenommen wirkten am Bauhaus keine Techniker, sondern fast nur Künstler. Das führte dazu, daß die Techniker, die sporadisch da waren, sich groß aufspielen konnten, weil nämlich ein Bedürfnis nach Technikern vorhanden war. Das Bauhaus war keine Kunstschule. Deshalb bestand diese Rivalität zwischen Technikern und Künstlern. Die Studierenden hatten ein Bedürfnis nach Technikern. Wir meuterten ständig gegen das Überangebot an Künstlern. Ganz natürlich. Weil wir bei der Lösung unserer

Probleme wissen wollten, wie man praktische Aufgaben be-
wältigen kann, und nicht, wie man malt.«

Ich weiß aus Unterhaltungen mit Kandinsky, daß der Dessauer Lehrkörper in zwei Lager gespalten war, was Bill ver-
neint: »Dennoch bestand das Bauhaus nicht aus geteilten oder
gar verfeindeten Lagern. Es gab auch nicht zwei Fraktionen,
die sich gegenüberstanden. Gropius war prinzipiell nicht gegen Malerei und gegen Kunst am Bauhaus.«

Aufgrund einer Erfahrung aus späterer Zeit räumt Bill dann
aber ein: »Doch Gropius war auf eine merkwürdige Weise
amusisch. Als ich vor ein paar Jahren sein Haus in Boston besuchte, war ich überrascht, praktisch keine Kunstwerke zu finden. Es gab ein paar unbedeutende Erinnerungsstücke. Wenn
ich das vergleiche mit der Wohnung von Mies van der Rohe in
Chicago: da hingen frühe und späte Kandinskys, frühe und
späte Klees, Schwitters, eine wirkliche Sammlung, die ihm ein
Bedürfnis war, mit der er sich auseinandergesetzt hatte. Es ist
merkwürdig, daß Gropius die Grundidee des Bauhauses, die
Integration der Künste, für seinen eigenen Bedarf nicht an-
wandte.«

Wie ich aus Bills Äußerungen schließe, ist der Zwist im Dessauer Lehrer-Kollegium den Schülern weitgehend verborgen
geblieben. Gunta Stölzl, die Bauhaus-Meisterin, gibt mir darin
recht: »Was hinter den Kulissen zwischen Gropius und Kandinsky an Differenzen ausgetragen wurde, war den Schülern
unbekannt. Unter Gropius wurde der Zwiespalt nicht offen
ausgetragen.«

Kandinsky zog die Konsequenzen aus dem Gesinnungs-
wandel seines Kollegen Gropius und distanzierte sich von ihm.
Ihr freundschaftliches Verhältnis kühlte sich merklich ab. Auch
Paul Klee rückte von Gropius ab. 1928 reichte Gropius dann
seinen Abschied ein, ging nach Berlin und eröffnete dort ein eigenes Architekturbüro.

Zur selben Zeit traten auch Marcel Breuer und Herbert Bayer
von der Bühne des Bauhauses ab. Wie Gropius zogen sie nach
Berlin und richteten sich private Ateliers ein. Herbert Bayer
sagt heute rückschauend: »Ich wollte unsere Ideen in die Praxis
umsetzen. Ich fühlte, daß ein Lehrer zunächst genügend Erfahrungen sammeln mußte.«

Das Bauhaus unter Hannes Meyer und
Mies van der Rohe

Nachfolger von Walter Gropius wurde Hannes Meyer, der vorher bei Gropius Assistent gewesen war. Die Maler begrüßten seine Berufung, denn er war kunstfreundlich eingestellt, und das verbesserte ihre Lage am Bauhaus erheblich. Dafür hatte Meyer andere Schwächen.

Zunächst einmal schossen Diskussionen und Sitzungen ins Kraut. Dreimal in der Woche wurden Meisterratssitzungen anberaumt, und Kandinsky kam nicht selten erst nach Mitternacht davon zurück. Er legte großen Wert darauf, an diesen Sitzungen teilzunehmen und zur Klärung von Fragen und Problemen konstruktiv beizutragen. Das war eine recht mühevolle Angelegenheit, aber er nahm diese zusätzlichen Belastungen auf sich, weil er sich für das Schicksal des Bauhauses verantwortlich fühlte. Seine Argumente fanden fast immer ein offenes Ohr bei seinen Kollegen. Gunta Stölzl, die an den Sitzungen ebenfalls teilnahm, sagt: »Kandinsky äußerte sich gerne und gehörte nicht zu den stummen Meistern, die die Rede scheuten. Im Kollegium hatte er eine dominierende Rolle. Was er sagte, wurde meistens auch von den Kollegen gutgeheißen.«

Der Bauhaus-Betrieb lief unter dem Direktorium von Meyer anfänglich reibungslos. Doch dann traf Kandinsky, fast wie aus heiterem Himmel, eine schockierende Nachricht. Eines Tages kam er nach Hause und erzählte mir: »Heute war ein Schüler bei mir, der behauptete, daß Meyer Kommunist sei und kommunistische Propaganda am Bauhaus betreibe.« Er zeigte sich ziemlich erregt und zugleich auch enttäuscht. Denn er hatte in Meyer große Hoffnungen gesetzt.

Als Vizedirektor war Kandinsky mitverantwortlich dafür, daß am Bauhaus keine Politik getrieben wurde. Aufgeschreckt durch die Schülerinformation, ermahnte er nun sowohl Schüler wie Lehrer: »Sie können hier tun und lassen, was Sie wollen, aber lassen Sie die Politik am Bauhaus aus dem Spiel, weil uns sonst die Schließung droht.«

Es war eine der Grundvereinbarungen im Vertrag zwischen Bauhaus und Dessau gewesen, jede politische Parteinahme der

Schule zu verhindern. Und jetzt passierte eben das. Mit jedem Tag gewannen politisch radikale Gruppierungen am Bauhaus mehr und mehr Oberwasser.

Schnell wurde Kandinsky das Etikett angeheftet, er sei ein Reaktionär. Max Bill bestätigt, daß es damals genügend Leute gab, die solche Behauptungen ausstreuten, böswillige Unterstellungen, wie ich meine. Die Diskriminierungen Kandinskys durch die Kommunisten nahmen zuweilen abschreckende Formen an und führten sogar zum Boykott seines Unterrichts. So erzählt Jean Leppien: »Die Vorkursschüler, etwa 20 an der Zahl, nahmen auch am Unterricht von Kandinsky teil. Drei oder vier weigerten sich prinzipiell, zu Kandinsky zu gehen. Aus politischen Gründen. Die kommunistische Studentenfraktion gab nämlich die Order aus: ›Dieser Mann ist nicht Kommunist. Also gehen Kommunisten nicht in seinen Unterricht.‹«

Im Juli 1930 verteilten kommunistische Studierende einen hektographierten Aufruf, in dem sie den künstlerischen Elementarunterricht ablehnten, weil er mit den Prinzipien des Materialismus unvereinbar sei. Die Angriffe konzentrierten sich in den letzten Dessauer Jahren vor allem auf die Person Kandinskys. In dem Aufruf heißt es:

»Der Vorkurs erschließt durch den werklichen Formunterricht und durch Materialübungen [angeblich] Kenntnis und Behandlung der Werkstoffe . . . Wir bestreiten, daß durch abstrakte, also unfunktionelle Verwendung von Wellpappe, Fliegendraht usw. diese Aufgabe erfüllt werden kann. Eine Gegenüberstellung von verschiedenartigen Materien zeigt keinesfalls deren praktischen Wert, sondern ist ein formales ›Ding an sich‹ . . .

Im Bauhaus-Prospekt steht: Die Vorlehre erschließt durch analytisches Zeichnen Kenntis und Beherrschung der abstrakten Formelemente der Gestaltung. In diesem ›Unterricht Kandinsky‹ werden wir unter dem Gesichtspunkt eines abstrakten Malers in der geschichtlichen Betrachtung der Kunst unterrichtet. Der Vorkurs hätte, als wirklicher Elementarkurs des Bauhauses, vor allen Dingen die Aufgabe, die Studierenden geschichtstheoretisch in die Entwicklung der gesellschaftlichen und materiellen Grundlagen und der daraus folgenden geistigen Konsistenz einzuführen und auf dieser Basis die ferneren

Aufgaben des Bauhauses zu entwickeln.

Was ist nun Inhalt und Zweck des analytischen Zeichnens? Stilleben, knappes Schema, Spannungen, konstruktives Netz, und als Endziel – ›freie Komposition räumlich formaler Energiespannungen‹. Dieser Unterricht muß zur individuellen abstrakten Gestaltung führen, was ja auch die verschiedenartige, rein individuelle Darstellung des gleichen Stillebens beweist.

Diese Art des Zeichnens ist für die Arbeiten in den Werkstätten völlig ungeeignet, weil sie keine objektive Betrachtung zuläßt.

Warum wird im Vorkurs das Gegenteil von dem gelehrt, was vom übrigen Bauhaus als Ziel gesetzt ist?

[Forderungen:]

1. Der Vorkurs als solcher wird aufgehoben, er verwandelt sich in ein erstes Werkstattsemester.
2. Der Unterricht Albers, Kandinsky ist fakultativ.
3. Einführung eines geschichtstheoretischen Unterrichts auf gesellschaftlicher, materialistischer Basis.
4. Sofortige Aufnahme der Ausgebildeten in die ihren Kenntnissen entsprechenden Semester.

Wir fordern nochmals alle Bauhäusler auf, uns zu unterstützen.

Ein Teil der Vorkursler.«

Kandinsky verwarf Intoleranz und doktrinäre Auffassungen. Er wußte, was Freiheit bedeutet und wie schnell sie von verbissenen Ideologen aufs Spiel gesetzt werden kann. Deshalb scheute er sich nicht, coram publico vor den Gefahren kommunistischer Umtriebe am Bauhaus zu warnen. Die Einschätzung des kommunistischen Regimes in seiner Heimat Rußland entspricht genau der Äußerung, die er Gunta Stölzl gegenüber gemacht hat. »Er glaubte nicht an die Fortdauer des kommunistischen Systems. Ich wurde von Gropius zusammen mit meinem Mann Scharon, der auch am Bauhaus war, zu einem internationalen Architektenkongreß nach Moskau geschickt. Wir kamen bei dieser Gelegenheit mit vielen russischen Künstlern und Architekten zusammen. Als wir dann wieder in Dessau waren, überraschte uns, daß Kandinsky sich nicht nach unseren Eindrücken und Erlebnissen erkundigte. Er wollte über die

Situation in Rußland nichts hören. Er sagte uns nur: ›Sie werden sehen, der russische Mensch, der gläubige russische Mensch, wird wiedererstehen!‹ Für ihn stand fest, daß der Russe das kommunistische System nicht akzeptieren könne.«

Unter diesem Aspekt ist es nur allzu verständlich, daß er jede radikale Aktivität am Bauhaus kategorisch ablehnte. Als gebranntes Kind versuchte er in Dessau das Schlimmste zu verhindern, obwohl er genau wußte, daß ein solcher Versuch allein mit Worten mißlingen mußte. Gunta Stölzl geht aber meines Erachtens zu weit, wenn sie behauptet, Kandinsky habe den kommunistisch orientierten Hannes Meyer mehr oder weniger gestürzt. Meyers Abberufung hatte andere Ursachen.

Nachdem die Öffentlichkeit außerhalb des Bauhauses von den politischen Aktionen erfahren hatte, wurden Kandinsky und Klee eines Tages von Oberbürgermeister Fritz Hesse aufgesucht. Hesse, ein kluger und energischer Mann, stellte Kandinsky und Klee vor die noch einzig mögliche Alternative: »Entweder Sie bewirken, daß die Politik am Bauhaus sofort ein Ende hat, oder die Schule wird geschlossen.«

Kandinsky erkannte, wie ernst die Lage war, sah aber wenig Möglichkeiten, sie zu ändern. Er empfahl Hesse, mit Meyer selber zu sprechen. Hesse tat das, mußte aber einsehen, daß es unmöglich war, ihn umzustimmen. Deshalb forderte er ihn auf, die Schule zu verlassen. Meyer weigerte sich. Da er die schweizerische Staatsbürgerschaft besaß, fiel es der Anhalter Regierung leicht, ihn des Amtes zu entheben.

Diese Zwangsmaßnahme erzeugte am Bauhaus Krisenstimmung. Niemand wußte, was passieren würde. Das Bauhaus machte einen besorgniserregend zerrütteten Eindruck. Kandinsky versuchte zu retten, was noch zu retten war. Er schlug Mies van der Rohe als neuen Direktor vor, der das Angebot auch annahm. Die Zukunft des Bauhauses schien für eine Weile gesichert.

»Im Sommer 1930«, erzählt Gunta Stölzl, »als wir am Bauhaus Ferien hatten, erhielt ich von Kandinsky ein Telegramm, in dem es hieß: ›Hannes Meyer ist abgesetzt. Wir nehmen an, Sie sind damit einverstanden.‹ Die Entscheidung war gefallen. In ähnlich lapidarer Kürze erfuhr ich auch davon, daß Mies van der Rohe zum neuen Direktor ernannt worden war.«

Mies van der Rohe war, wie ich meine, der bedeutendste Architekt unserer Epoche, ein Urteil, das auch Kandinsky stets vertrat. Mies van der Rohe hatte hervorragende Ideen und beherrschte sein Handwerk souverän. Ein Architekt muß wie ein Maler nicht nur über außergewöhnliche Gestaltungskraft verfügen, sondern auch über die handwerkliche Fähigkeit, dieselbe technisch perfekt umzusetzen. Was nützt ein Bild, das wegen schlechter handwerklicher Verarbeitung zusehends brüchig wird und auseinanderfällt? Der Architekt muß Künstler und Techniker in einer Person sein. Und dies war in vollendeter Weise van der Rohe.

Als wir 1922 nach Weimar kamen, sahen wir seinen Entwurf eines riesigen Glas-Stahl-Gebäudes. Kandinsky war begeistert. Für ihn stand fest, daß Mies einer der bedeutendsten Wegbereiter moderner Architektur ist. Dabei drängt sich geradezu die Frage auf: Und was hielt er von Le Corbusier?

Zu Le Corbusiers Bauten hatte Kandinsky ein sehr distanziertes Verhältnis. Als wir 1930 nach Saarbrücken fuhren, wo Kandinsky einen Vortrag halten sollte, hatten wir Gelegenheit, uns zwei seiner Gebäude anzuschauen. Bis dahin hatte Kandinsky nie etwas von Le Corbusier gesehen und war neugierig auf dessen Arbeit. Als wir zu einem dieser Häuser kamen, durchfuhr es uns wie ein Schock – die Mauern waren unansehnlich schokoladenfarbig getüncht: eine abstoßende Fassade.

»Ich habe wirklich keine Lust, das Haus von innen kennenzulernen«, sagte Kandinsky. Dennoch gingen wir hinein – um eine Enttäuschung nach der anderen zu erleben.

Der hallenartige Parterreraum öffnete sich nach oben bis zum Dach, die erste Etage war von unten vollständig einzusehen. Ein balkonartiger Umgang war über eine Treppe zu erreichen. Vom Wohnraum im Parterre konnte man nicht nur ins Schlafzimmer, sondern auch in den Baderaum ungehindert hineinsehen. Kandinsky war entsetzt: »Hier wird keine Rücksicht auf die Intimsphäre des Menschen genommen«, meinte er enttäuscht.

Besonders störte ihn das rohe, brutale Betoninnere des Hauses. Der Tisch bestand aus Beton. Schrecklich. Noch schlimmer fand Kandinsky das betonierte Bücherregal. »Die armen Bücher, wie kann man ihnen diese Schmach antun! Bücher in Betonwände zu pressen, einfach unvorstellbar«, seufzte er. Die

Wohnatmosphäre deprimierte ihn. Wir waren erleichtert, als wir das Haus wieder verlassen konnten.

Mies van der Rohe war nicht so grobschlächtig im Umgang mit den Materialien. Er liebte den nüchternen, klaren funktionierenden Bau, der immer auch schön war. Die Technik hatte bei ihm eine dienende Funktion. Er setzte sie ein, damit die Architektur konfliktlos funktionierte. Seine Formen waren einfach, seine Proportionen stimmten, seine Architektur war für den Menschen gemacht und erschöpfte sich nicht in ihrem Selbstzweck. Ich habe von Leuten, die in seinen Bauten lebten oder arbeiteten, immer nur Lobenswertes gehört. Mies van der Rohe hat eine moderne Architektur im besten Sinne des Wortes geschaffen. Ich könnte mir jederzeit vorstellen, in einem seiner Häuser zu wohnen, und ich bin sicher, daß ich mich darin auch wohl fühlen würde. In einem Haus von Le Corbusier würde mich die Verzweiflung packen.

Auch Gropius baute nicht nach den Vorstellungen von Kandinsky, aber er ließ immerhin Möglichkeiten für die Bewohner offen, nach eigenem Geschmack zu korrigieren, was ihnen nicht gefiel. Doch soll nicht verschwiegen werden, daß Gropius nur selten mit eigenmächtigen Änderungen einverstanden war. In Dessau blieb uns nichts anderes übrig, als sein architektonisches Grundkonzept unseren eigenen Wohnvorstellungen anzupassen. Felix Klee bezeichnet unsere Dessauer Wohnung als »musische Einrichtung«, womit er lapidar zum Ausdruck bringt, in welchem Maße es uns gelungen war, die ansonsten nüchterne Architektur künstlerisch umzugestalten. »Wenn wir zu Kandinsky gingen«, erinnert sich Felix Klee, »dann sagten wir immer: ›Jetzt kommen wir in ein ostasiatisches Museum.‹«

Trotz seiner hervorragenden fachlichen Qualitäten, die allen Bauhaus-Schülern bestens bekannt waren, mußte Mies van der Rohe schon kurz nach seinem Amtsantritt mit großen Schwierigkeiten kämpfen. Radikale Gruppen erschwerten ihm die Arbeit, wo immer sich eine Gelegenheit zu Querelen und Intrigen bot. Weil er sich darüber im klaren war, daß die Schule nur durch eine straffe Führung wieder zu ihren alten Grundsätzen zurückfinden könne, erließ er eine ziemlich autoritäre Schulordnung. Ich weiß, daß ihm das sehr zuwider war. Er tat es dennoch – der Sache wegen.

Jean Leppien erhielt wie jeder Studierende vor Semesterbeginn 1931 einen Brief folgenden Inhalts: »Ich verpflichte mich durch meine Unterschrift, an den Kursen regelmäßig teilzunehmen, nicht länger in der Kantine zu sitzen, als die Mahlzeit dauert, mich abends nicht in der Kantine aufzuhalten, politische Diskussionen zu vermeiden und zu meiden, in der Stadt keinen Lärm zu machen und gut angezogen auszugehen usw., usw. . . . Unterschrift.«

Leppien war erbost und reagierte entrüstet: »Ich habe den Zettel zerrissen und unfrankiert ans Bauhaus zurückgeschickt. Damit war die Bauhaus-Zeit für mich beendet.« Auch Suzanne Markos-Ney, die zu diesem Zeitpunkt ihr Studium am Bauhaus gerade erst begann, weiß nichts Erfreuliches zu berichten: »Die Neuankömmlinge wurden ins Büro des Herrn Direktor zitiert und mußten auf Ehre und Gewissen erklären, daß sie brav sein werden. Das war nicht sehr sympathisch. Das Preller-Haus, das war das Gebäude mit den Ateliers, gab es schon nicht mehr. Die Kantine war nach dem Mittagessen zu. Also, diese Art von Gemeinschaftsleben, wie sie früher bestanden hatte, war völlig erloschen. Das Bauhaus war zu einer richtigen Schule geworden. Wir mußten pünktlich erscheinen, immer an allem teilnehmen, und wenn man mal etwas versäumt hatte oder schwänzte, dann fand man ein Zettelchen beim Portier vor. Darauf wurde man gefragt, weshalb man geschwänzt habe. Anschließend mußte man sich entschuldigen.«

Mit Vergnügen stellt Suzanne Markos-Ney heute nachträglich fest: »Ich war nicht so brav, wie es die Direktion wünschte.«

Hannes Meyer hatte, nachdem er bereits seines Amtes enthoben worden war, die Unruhe am Bauhaus durch einen »Offenen Brief an Oberbürgermeister Hesse« sogar noch geschürt. Darin stand zu lesen: »So wurde ich von hinten abgekillt. Ausgerechnet während der Bauhausferien und fern von den mir nahestehenden Bauhäuslern. Die Bauhaus-Kamarilla jubelt. Die Dessauer Lokalpresse fällt in ein moralisches Delirium. Vom Eiffelturm stößt der Bauhauskondor Gropius herab und pickt in meine direktoriale Leiche, und an der Adria streckt sich W. Kandinsky beruhigt in den Sand: Es ist vollbracht.«

Es war also bis zu Meyer durchgedrungen, daß Kandinsky und ich in Dubrovnik Ferien machten. Dabei hatte Kandinsky großen Wert darauf gelegt, daß niemand am Bauhaus unser Ferienziel erfuhr. Außerdem reisten wir inkognito. Wir verließen Dessau, als noch alle Fragen offen waren, und wünschten nichts sehnlicher, als endlich einmal den ganzen Bauhaus-Ärger zu vergessen. Drei Wochen lang genossen wir Sonne und Strand, Kandinsky unterdrückte jeden Gedanken an die Mißstände im Bauhaus. Als wir Ende September aus dem Urlaub zurückkamen, hatten sich Kommunisten und Marxisten noch immer nicht beruhigt.

Sie wiegelten die Bauhäusler mit Flugblättern, radikalen Forderungen und Protesten auf. Als »bauhaus 3« erschien ein illegales Hetzblatt, das weiter Partei für Hannes Meyer ergriff und Stimmung gegen Kandinsky und Gropius machte. Und immer wieder mußte Kandinsky als Zielscheibe für die Agitation herhalten. In dem zitierten Hetzblatt etwa hieß es: »herr kandinsky, ist es wahr, daß durch sie oder ihre frau gemahlin nina die nachricht von der zeichnung hannes meyers für die rote hilfe bei den stellen kolportiert worden ist, so daß sie in der presse erschien?

herr kandinsky, ist es ferner wahr, daß sie schon vor ihrer abreise in die sommerfrische von den dingen gewußt haben, die sich ereignen würden? hatten sie schon vor ihrer abreise mit bürgermeister hesse zusammen den nachfolger bestimmt, oder wie kommt es, daß hesse bei seinem telegramm an die meister sich ausgerechnet auf sie beruft?«

Dazu kann ich nur sagen, daß wir nie etwas kolportiert haben, daß wir aber daran interessiert waren, die Schule von parteipolitischen Agitationen freizuhalten. Kandinsky trat dafür öffentlich ein. Das entscheidende Gespräch zwischen Klee, Kandinsky und Hesse fand auf dessen Anregung statt. Hesse war es, der Meyer zum Verlassen des Bauhauses aufforderte. Mies van der Rohe bemühte sich um Frieden im Bauhaus und behielt, wie übrigens auch Kandinsky, einen klaren Kopf. Seine Nerven waren stark genug, um sich durchzusetzen. Programmatisch verkündete er: »Die neue Zeit ist eine Tatsache; sie existiert ganz unabhängig davon, ob wir ›ja‹ oder ›nein‹ zu ihr sagen. Aber sie ist weder besser noch schlechter als irgendeine andere Zeit. Sie ist eine pure Gegebenheit und an sich wertindifferent. Deshalb werde ich mich nicht lange bei dem Versuch aufhalten, die neue Zeit deutlich zu machen, ihre Be-

ziehungen aufzuzeigen und die tragende Struktur bloßzule-
gen... Wir haben neue Werte zu setzen, letzte Zwecke aufzuzeigen, um Maßstäbe zu gewinnen. Denn Sinn und Recht jeder
Zeit, also auch der neuen, liegt einzig und allein darin, daß sie
dem Geist die Voraussetzung, die Existenzmöglichkeit bietet.«

Für die Linksradikalen am Bauhaus – es war die Minderheit –
bedeuteten Mies van der Rohes Worte eine Herausforderung,
noch mehr Wasser auf ihre Mühlen. Die Polemik nahm kein
Ende. Daß Mies immer wieder auf Mißverständnisse stieß, geschah mit Absicht. Er und die von den Agitatoren angefeinde-
ten »weltfremden Künstler«, womit die Maler unter den Bauhaus-Meistern gemeint waren, wurden Opfer übler Hetze und
Beschimpfungen.

Mies van der Rohe blieb hart. Er beugte sich weder den Re-
pressalien der Linksradikalen, noch begab er sich in das Fahr-
wasser der modischen Antikunstbewegung am Bauhaus.
Trotzdem stand seine Ära unter einem schlechten Stern.

Bald schon flammte auch der Rechtsradikalismus auf. Die
Nazis regten sich. Die marxistischen und kommunistischen
Aktivitäten an der Schule waren für sie ein willkommener Anlaß, gegen das Bauhaus vorzugehen. Schon für das Schuljahr
1931 wurden die Gelder drastisch gekürzt, um die Aushöhlung
des Lehrbetriebs schneller voranzutreiben.

Bis zur letzten Minute versuchte Fritz Hesse, die Schließung
des Bauhauses zu verhindern. Und mit ihm kämpften Mies van
der Rohe und Kandinsky verzweifelt um dessen Rettung.

Kandinsky wollte vor allem den Nazis nicht durch innere
Querelen noch mehr Wind in die Segel blasen. Wo immer er ein
Ereignis witterte, das Ärgernis erregen könnte, versuchte er es
zu unterbinden. Wie schlimm es bereits um das Bauhaus stand,
zeigt eine Episode, die mir Suzanne Markos-Ney erzählt hat:
»Als bei einer Ausstellung, die von Studierenden organisiert
wurde, Kandinsky von uns verlangte, einige agitatorische Bilder abzuhängen, weil sie die Bürger von Dessau und Anhalt
aufregten, weigerten sich die Schüler.

Kandinsky argumentierte: ›Sie wissen nicht, daß Sie das
Bauhaus gefährden.‹

Ich hatte bei dieser Gelegenheit wieder einmal einen großen
Mund und entgegnete ihm: ›Auf ein solches Bauhaus legen wir
keinen Wert.‹

Kandinsky: ›Sie wissen nicht, was Sie da sagen.‹

Darauf ich: ›Doch, ganz genau.‹«

Kandinskys Bemühen um Ausgleich nach innen und außen war trotzdem aussichtslos. Am 1. Oktober 1932 kündigte der Magistrat der Stadt Dessau die Dienstverträge mit den Bauhaus-Meistern. Die Bauhäusler standen im wahrsten Sinne des Wortes von heute auf morgen auf der Straße.

Was war zu tun?

Mies van der Rohe beriet sich mit einigen Kollegen und schlug ihnen vor, mit ihm nach Berlin zu gehen und dort das Bauhaus weiterzuführen. Eine Sorge war uns vorläufig genommen. Wegen der vorzeitigen Annullierung der Dienstverhältnisse erhielten die Bauhaus-Meister vorerst weiter ihre Gehälter. Kandinsky war mit Mies van der Rohes Vorschlag sofort einverstanden. Am 10. Dezember zogen Kandinsky und ich nach Berlin, wo wir im Süden der Stadt eine ganze Etage mieteten. Albers, Hilberseimer und Peterhans waren Mies van der Rohe schon vor uns gefolgt.

Klee war leider nicht mit von der Partie. Er war 1931 einem Ruf an die Düsseldorfer Akademie gefolgt. Weihnachten 1933 meldete er sich brieflich aus der Schweiz. Längst bevor wir uns dazu entschlossen, hatte er Deutschland den Rücken gekehrt.

Mies van der Rohes Pläne für das Berliner Bauhaus waren Kandinsky kurz vor der Schließung der Schule in Dessau bekannt geworden, und zwar durch Mies selbst, der Kandinsky einen detaillierten Bericht über sein Vorhaben nach Dresden schickte, wo wir uns gerade von den turbulenten Ereignissen in Dessau erholten. Leider teilte er uns darin auch etwas sehr Unerfreuliches mit. Er wolle, so schrieb er, die Malerei in Berlin nicht mehr in der gewohnten Großzügigkeit vertreten sein lassen. Ja, er überlege sogar, sie ganz aus dem Lehrprogramm herauszunehmen. Diese Nachricht beunruhigte Kandinsky, der unverzüglich brieflich antwortete. »Ich war stets stolz darauf, daß das Bauhaus eine synthetische Einheit anstrebt, daß die jungen Menschen, die die Absicht haben, Architekten zu werden, doch eine gewisse Vorstellung von der allgemeinen und heutigen Lage der Malerei bekommen. Meine Erfahrung zeigte mir, daß das Interesse für diese Fragen bei den Studierenden wirklich groß war. Ich versuchte immer, nicht von der Malerei allein oder von der Kunst allein zu reden, sondern die tiefgehenden Verbindungen zur Natur, zur Wissenschaft und natürlich zu anderen Kunstgebieten verständlich, greifbar zu machen. Die heutige Kunst, besonders die Malerei, verliert immer mehr die äußere Verbindung mit der ›Natur‹, die äußere Abhängigkeit von ihr, um dadurch die seit Jahrhunderten verlorene ›innere‹ Verbindung mit der Natur wiederherzustellen. Was ich im Unterricht ›nicht Schale, sondern Nuß‹ nenne. Ich betone das Streben zur Wurzel, aus welcher das Geistige und das Materielle im gleichen Gesetz wächst.«

Mies van der Rohe war zum Glück einsichtig genug, seinen Plan eines kurzfristigen Bauhauses wieder fallenzulassen. Er wollte selbstverständlich nicht auf die Mitwirkung Kandinskys verzichten, wie er nachdrücklich versicherte. So begann das Bauhaus in der ehemaligen Telefonfabrik Berlin-Steglitz seine Arbeit mit großem Erfolg: Kandinsky unterrichtete das erste Semester in »künstlerischer Gestaltung jeden Sonnabend von 11 bis 1 Uhr«, wie es das Tagebuch des Bauhauses festgehalten hat.

Wir ahnten alle nicht – vielleicht wollten wir es auch nicht wissen –, daß dem Bauhaus in Berlin nur eine Galgenfrist gesetzt war. Es gab genügend Lehrer und auch ausreichend Schüler, die von Dessau mit nach Berlin gegangen waren. Überraschend viele Amerikaner hatten sich an der Schule neu eingeschrieben. Zu den Lehrern zählten außer Mies van der Rohe und Kandinsky noch Albers, Hilberseimer, Reich, Rudelt, Engemann, Peterhans und Scherper.

In Vergessenheit geriet in Berlin auch nicht die Tradition der Bauhaus-Feste. Zur ersten Veranstaltung erschienen 700 Gäste. Und weil die Resonanz so groß war, wurde sieben Tage später, am 25. Februar 1933, das Faschingsfest mit 400 Gästen noch einmal wiederholt.

Die einzelnen Räume des Bauhauses wurden aus diesem Anlaß wunderbar dekoriert. Jeder Bauhaus-Meister richtete mit seinen Schülern einen oder mehrere Säle her. Kandinsky machte aus seiner Malklasse eine sogenannte Ruhezone; er hatte sich vorgestellt, hier die älteren Gäste oder auch die Tanzlustigen zu versammeln. Daraus wurde aber nichts. Wie sich im Laufe des Abends herausstellte, suchten vor allem junge Pärchen die Malklasse auf und machten es sich auf den Sitzgelegenheiten recht gemütlich. Taktvoll mieden die älteren Gäste

den Raum, und auch Kandinsky und ich waren überall anzu-
treffen, nur nicht in der Malklasse. Unten und oben spielten
Kapellen, und ich konnte bis zum frühen Morgen ausgiebig
tanzen. Den Höhepunkt des Festes bildete eine Tombola, bei
der wertvolle Werke der Bauhaus-Maler und auch befreundeter Künstler verlost wurden. Die Gewinne konnter vorher in
Mies van der Rohes Arbeitszimmer besichtigt werden. Drei
Mark kostete ein Los: ein stolzer Preis für die damalige Zeit.
Aber alle 400 Lose konnten an den Mann gebracht werden. Als
es dann an die Ziehung ging – Kandinsky hatte vier Lose gekauft –, verstummte die Musik, die Spannung im Saal wuchs.
Jeder wollte doch ein Bild oder eine Plastik mit nach Hause
nehmen. Während Mies van der Rohe ein Bild von Baumeister
gewann, was ihn ungeheuer freudig stimmte, gingen wir leer
aus. Natürlich bedauerten wir unseren hohen Einsatz nicht,
denn das Geld floß in die Kasse des Bauhauses, dessen finanzielle Basis mehr als brüchig war.

Das Damoklesschwert baumelte über dem Bauhaus. Die Nazis brachten den Begriff Kulturbolschewismus in Umlauf, dessen eine Keimzelle für sie das Bauhaus in Dessau war. Fritz
Hesse, ihr erstes Opfer, wurde verhaftet. Die Wellen schlugen
hoch und erreichten schnell Berlin, wo im Bauhaus Haus-
durchsuchungen stattfanden. Danach behaupteten die Nazis,
kommunistisches Propagandamaterial gefunden zu haben.
Man unterstellte den Berliner Bauhäuslern Konspiration mit
den Kommunisten. Ärgeres hätte kaum geschehen können.
Und natürlich entdeckten die Nazis noch ein viel schlimmeres
Übel: die jüdischen Lehrer und Schüler. Zwangsweise wurde
das Bauhaus im April 1933 geschlossen.

Im Juli erklärten sich die Nazis bereit, das Bauhaus weiterar-
beiten zu lassen, falls Mies van der Rohe auf zwei ihrer Bedingungen eingehen wolle: »Der Architekt Hilberseimer muß ent-
lassen werden, weil er Mitglied der Sozialdemokratischen Partei ist«, forderten sie. Ferner: »Kandinsky muß raus, weil er uns
als Geist gefährlich ist.«

Mies van der Rohe ging auf beide Bedingungen nicht ein.
Am 20. Juli beschloß das Lehrerkollegium von sich aus ein-
stimmig die Auflösung des Berliner Bauhauses. Nach der end-
los langen Agonie kam der Tod des Bauhauses.

Ende Juli 1933 fuhren Kandinsky und ich in die Sommerferien nach Frankreich, in die Nähe von Toulon. Anfang September hielten wir uns in Paris auf. Im Hotel *Des Saints-Pères* warteten wir die angekündigte Rede Hitlers ab. Nach seiner berühmt-berüchtigten Nürnberger Rede, in der er die moderne Kunst massiv angriff und die modernen Maler Kriminelle und Verrückte schimpfte, stand für uns fest: Wir müssen Deutschland ganz schnell verlassen.

An einem der darauffolgenden Tage aßen wir mit Marcel Duchamp zu Mittag, den wir von Dessau her kannten, wo er mit Katharine Dreier Kandinsky besucht hatte. Wir sprachen über die politischen Verhältnisse in Deutschland. Marcel Duchamp war gut informiert über alles, was sich jenseits der Grenze abspielte, und fand unseren Entschluß, aus diesem Hexenkessel so schnell wie möglich zu fliehen, sehr vernünftig. »Wissen Sie denn schon, wo Sie hinziehen werden?« fragte er uns.

»Wir haben uns für Paris entschieden«, sagte Kandinsky.

»Es ist nicht so einfach, dort eine Wohnung zu bekommen. Wo möchten Sie denn am liebsten wohnen?«

»Ich hätte gerne eine Wohnung am Bois de Boulogne, in der Nähe von Bagatelle«, sagte ich.

»Oh, das ist fast unmöglich. Dort finden Sie keine Mietwohnungen, sondern nur private Villen«, meinte er, »aber ich weiß, daß in der Avenue de Madrid große, mehrstöckige Wohnhäuser im Bau sind. Ich bin sicher, die Lage wird Ihnen gefallen. Dort kann man noch mieten.«

Marcel Duchamp kannte sich in Neuilly-sur-Seine sehr gut aus, weil er dort zeitweilig gewohnt hatte. Außerdem lebte in diesem Pariser Vorort auch seine Schwester, eine Malerin, deren Bilder damals eine beachtliche Resonanz fanden.

Tags darauf fuhren Kandinsky und ich zur Avenue de Madrid. An der Pont de Neuilly stiegen wir aus dem Autobus und gingen am Ufer der Seine entlang. Es war ein herrlicher Sonnentag im September. Wir kamen zu Häusern, die noch im Bau waren. Sie waren allerdings nicht identisch mit den von Duchamp erwähnten Neubauten. Diese Häuser lagen am Boulevard de la Seine, dem heutigen Boulevard du Général Koenig, und entsprachen genau unseren Vorstellungen. Per Zufall fanden wir also, was wir uns gewünscht hatten. Der Blick aus den Wohnungen geht auf die Seine, gleich in der Nähe liegt der wunderbare Bois de Boulogne. Wir mieteten eine hübsche

Wohnung in der sechsten Etage, die etwas kleiner als unsere Dessauer Wohnung war. Wenige Tage später trafen wir uns wieder mit Marcel Duchamp. »Besorgen Sie sich einen provisorischen französischen Ausweis, damit Sie beim Umzug keine Schwierigkeiten haben«, riet er uns.

Überraschenderweise klappte die Ausfertigung unserer provisorischen Pässe reibungslos. Duchamp war uns dabei sehr behilflich, so daß wir die Klippen der französischen Bürokratie leicht umfahren konnten.

Mit dem Mietvertrag und den Ausweisen in der Tasche fuhren wir zurück nach Berlin, wo wir unverzüglich unsere Übersiedlung nach Frankreich vorbereiteten. Da wir offiziell im Besitz deutscher Pässe waren, mußten wir für Frankreich Visa beantragen.

»Wo möchten Sie hin?« fragte der Beamte des zuständigen Amtes.

»Nach Paris«, antwortete Kandinsky.

»Ausgerechnet nach Paris?«

»Ja, nach Paris, ich bin Maler«, sagte Kandinsky.

»Na, dann sollen Sie die Visa haben«, beschied der Beamte.

Auf dem französischen Konsulat ein ähnlicher Dialog.

»Wir haben augenblicklich so viele Anträge von Deutschen auf Einreise nach Frankreich. Nicht nur das. Die Antragsteller wollen auch länger dort wohnen bleiben. Wir haben keine Wohnungen. Ich kann Ihnen keine Bewilligung erteilen, sofern Sie Ihre Möbel mitnehmen möchten«, sagte der französische Konsul.

»Wir haben bereits eine Wohnung. Hier ist der Mietvertrag«, sagte Kandinsky.

»Dann können Sie die Einreiseerlaubnis und die Visa bekommen.«

Am 2. Januar 1934 war unsere Pariser Wohnung bezugsfertig. An diesem Tag trafen mit einer Speditionsfirma aus Deutschland unsere Möbel in Paris ein.

Der Regisseur, Bühnenbildner und Bühnenkompositeur Kandinsky

Mit seiner Inszenierung von Modest Mussorgskis *Bilder einer Ausstellung* im Jahre 1928 verwirklicht Kandinsky eine Idee, die von Künstlern in den sechziger und siebziger Jahren erneut aufgegriffen wurde: das multimediale Kunstwerk. Kandinsky ließ sich auch bei seiner Bühnenarbeit von der Idee seiner »großen Synthese« leiten. Er versuchte die verschiedenen Medien wie Bild, Musik, Aktion, Licht und Bewegung in einer großen Symphonie einander anzunähern und in ihrem Zusammenwirken zu veranschaulichen.

Georg von Hartmann, der Intendant des Dessauer Friedrich-Theaters, hatte sich vorgenommen, außergewöhnliche Werke zeitgenössischer Künstler, die im Programm seines Theaters keinen Platz fanden, in Matinéen vorzustellen. Im Rahmen dieses Vorhabens bat er Kandinsky, ein geeignetes Werk auszusuchen, um es für die Matinée-Vorstellungen zu inszenieren. Von Hartmann und Kandinsky einigten sich auf Mussorgskis *Bilder einer Ausstellung*, die dann für eine Abendveranstaltung inszeniert wurden. Mussorgski war einer von Kandinskys Lieblingskomponisten.

Kandinsky entwarf mit zwei Ausnahmen streng abstrakte Bühnenbilder und führte Regie. Artur Rother, Nachfolger von Hoesslin, dirigierte. Es war nicht so einfach, alle Vorstellungen Kandinskys szenisch zu realisieren, da die Bühnentechnik noch nicht den hohen Stand erreicht hatte, den sie heute einnimmt. Kandinsky richtete sich nach Mussorgskis Partitur und übernahm die sechzehn Einzelbilder auch für seine Inszenierung, um Statik zu vermeiden und möglichst viel Bewegungsraum zu schaffen. So folgten synchron zum Rhythmus der Musik die optischen Aktionen. Er ging nicht »programmäßig« vor, sondern verwendete Formen, die ihm beim Hören der Musik vorschwebten. In dem Gesamtkunstwerk aus Malerei, Musik, Lichtkegeln und choreographischen Lichtüberlagerungen trat in zwei Bildern auch noch das Ballett in Funktion.

Felix Klee, der Kandinsky bei der Regie assistierte, findet diese Inszenierung deshalb so gelungen, weil die Dekorationsteile nicht wie üblich im Bühnenboden verankert oder von Schnüren gehalten wurden, sondern unentwegt als Träger der

Handlung im Einsatz waren. »Zum Beispiel bei der :Promena-
de‹ wanderte ein Rechteck über die Bühne. ›Die Tore der Stadt
Kiew‹, das ist das letzte Bild, hatte die meisten Verwandlungs-
einlagen. Wir mußten furchtbar arbeiten. Ich hatte ständig eine
Dekoration oder eine Lampe zu bewegen.«

Das Bild *Die Küklein in ihren Eierschalen* ist Klee besonders in
Erinnerung geblieben: »Die Szene spielte im Tuilerien-Garten.
Da war eine Schlangenlinie auf der Bühne angedeutet. Ich
mußte mit Taschenlampen bewappnet an dieser Linie entlang
gehen und eine Lichtspur zeichnen.«

Die Uraufführung der *Bilder einer Ausstellung* am 4. April 1928
war ein großes Erlebnis. Auf Wunsch von Kandinsky hat Felix
Klee später einen Regieauszug von der Inszenierung gemacht.
Klee hatte die Aufführung in allen Einzelheiten so gut im Gedächtnis, daß ihm die Rekonstruktion nicht schwerfiel. Dieser
Auszug existiert heute noch und befindet sich in meinem Besitz.

Der geniale Dirigent Leopold Stokowski, der Kandinsky just
zu dieser Zeit in Begleitung seiner Frau in Dessau besuchte,
wollte die Inszenierung für Philadelphia übernehmen, aber der
Plan mußte dann fallengelassen werden, weil Stokowski sich
bald darauf von Philadelphia trennte.

Kandinsky hat eine ähnliche Synthese wie in *Bilder einer Ausstellung* schon 1909 in seinem Bühnenwerk *Der gelbe Klang* versucht, das parallel zu seinen ersten Versuchen abstrakter Malerei in München entstand. 1912 wurde das Szenario im *Blauen
Reiter* veröffentlicht. In seinem Artikel *Über Bühnenkomposition,*
gleichfalls im Blauen Reiter-Almanach von 1912 erschienen,
setzte er sich mit dem auseinander, was er später »synthetische
Kunst« nannte und worunter er die Synthese von Literatur,
Tanz, Bühnenbild und Musik auf der Bühne verstand. Der
Gelbe Klang war der Versuch, aus der Quelle der »immensen
Notwendigkeiten« zu schöpfen. Es sind nach Kandinskys eigener Definition im wesentlichen drei Elemente, die zu äuße-
ren Mitteln »im inneren Werte« dienen:

»1. musikalischer Ton und seine Bewegung,
  2. körperlich-seelischer Klang und seine Bewegung durch
     Menschen und Gegenstände ausgedrückt,
  3. farbiger Ton und seine Bewegung (eine spezielle Bühnen-
     möglichkeit).

So besteht hier schließlich das Drama aus dem Komplex der inneren Erlebnisse (Seelenvibration) des Zuschauers.«

Kandinskys Bühnenkompositionen begeisterten Hugo Ball, den Gründer des Kabaretts Dada in Zürich, der zwischen 1913 und 1914 Regisseur und Dramaturg an den Kammerspielen war. Ball plante damals, eine davon am Deutschen Künstlertheater in München aufzuführen, aber es blieb bei dem Plan.

André Malraux trat einmal mit dem Plan an mich heran, den *Gelben Klang* in einer gemeinsamen Aufführung mit *Bilder einer Ausstellung* an der Pariser Oper zu inszenieren. Es war jedoch schwer, einen geeigneten Komponisten für den *Gelben Klang* zu finden. Ich legte großen Wert darauf, das Stück ganz im Sinne Kandinskys vertonen zu lassen. Pierre Boulez las das Manuskript und versprach, die Musik zu schreiben, aber so sehr ihn die Aufgabe auch begeisterte – aus Zeitmangel oder Arbeitsüberlastung ist er uns die Musik bis heute schuldig geblieben.

Der gelbe Klang war von Anfang an vom Pech verfolgt. Kandinsky hatte sich bereits vor 1914 in München bemüht, einen Komponisten für sein Szenario zu finden. Als sein Freund und Landsmann, der russische Komponist Thomas von Hartmann, den Kandinsky schon 1909 in München kennengelernt hatte, erneut nach Deutschland kam und den intensiven Gedankenaustausch mit Kandinsky wieder aufnahm, schien der geeignete Künstler gefunden zu sein. Aber der Krieg machte die Pläne dann zunichte. In einem New Yorker Vortrag sagte von Hartmann 1950, Kandinskys Entwurf eines abstrakten Gesamtkunstwerks sei »das größte Wagnis in der Bühnenkunst bis auf unsere Tage«. In der Tat mußte Kandinskys abstrakte Oper bis 1975 auf ihre Realisierung warten.

Im August 1975 inszenierte der avantgardistische Regisseur Jacques Polieri den *Gelben Klang* mit der Musik des in Berlin geborenen sowjetrussischen Komponisten Alfred Schnittke anläßlich der dritten Musikfesttage in La Saint Baume in der Provence, vierzig Kilometer hinter Aix.

Endlich war das Werk aus seinem Archivdasein befreit. Schnittke schrieb seine Musik in enger Anlehnung an das im *Blauen Reiter* vor über sechzig Jahren veröffentlichte Libretto und übergab die Partitur, da an eine Aufführung in der Sowjetunion ohnehin nicht zu denken war, dem französischen Festspielleiter Jean-Pierre Armengaud, dem Initiator der all-

jährlichen »Fêtes Musicales« in La Saint Baume. Der General-
probe in La Saint Baume folgte ein halbes Jahr später die
Welturaufführung.

Im März 1976 fand die Galavorstellung der einzigen Bühnenkomposition Kandinskys in Paris statt, und zwar nicht an
der Pariser Oper, die mir wenig geeignet schien, die intime
Kammerspielatmosphäre des Werkes zu wahren, sondern im
eleganten Théâtre des Champs-Élysées. Der Galaabend, zu
dem prominente Pariser Persönlichkeiten eingeladen worden
waren, stand unter der Schirmherrschaft der französischen
Gesundheitsministerin Simone Veil. Der Erlös sollte der »Fon-
dation Nationale de Cardiologie« zugute kommen. Ich begab
mich in Begleitung des deutschen Botschafters Sigismund von
Braun ins Theater. In der Loge nebenan schaute sich Madame
Pompidou, die Gattin des verstorbenen französischen Staats-
präsidenten, die Vorstellung an, die ihr sehr gut gefallen hat,
wie sie mir später versicherte. Jacques Polieri ließ die von Kandinsky in der Einleitung geforderte »Dunkelblaue Dämme-
rung« auf die Leinwand projizieren, später auch den »Grünen
Hügel« im ersten Bild und die »Fünf grellgelben Riesen«. Die
»Große gelbe Blume« des zweiten Bildes erschien gleichfalls als
Projektion, wie sich das Regiekonzept überhaupt auf eine un-
unterbrochene Folge von Projektionen von Kandinsky-Bildern
und Details aus Kandinsky-Bildern stützte. Aus den Lautspre-
chern drang gedämpfte Chormusik, aus der sich hin und wieder französische Worte lösten. Sporadisch tauchten fünf langsam über die Bühne schreitende Gestalten in wallenden Ge-
wändern und Tänzerinnen und Tänzer in hautengen Trikots
auf, um gleich wieder zu verschwinden, Balletteinlagen, die
der Pantomime Maximilien Decroux choreographiert hatte. Da
Schnittkes Musik – eine Kammermusik für neun Instrumenta-
listen und Tonband, das nach Anweisung des Komponisten in
Marseille hergestellt worden war – sich als unbrauchbar erwiesen hatte, wählte man für die Pariser Aufführung Kompositionen Anton von Weberns aus, die Kandinskys Forderung nach
greller Musik weitgehend entsprachen.

Kandinskys großer Wunsch bis zu seinem Tode war es immer gewesen, ein großes, multimediales Ballett zu realisieren.
Er hat in dieser Richtung auch konkrete Schritte unternom-
men. Im Sommer 1939 besuchte uns der Regisseur und Cho-

reograph Massine in Neuilly. Kandinsky gestand ihm seine Begeisterung für das Ballett, woraufhin Massine meinte, daß sie auf diesem Gebiet doch einmal etwas gemeinsam ausarbeiten könnten. Sie einigten sich, Beethovens *Neunte Symphonie* auf die Bühne zu bringen, aber wiederum kam der Krieg dazwischen. Noch während der letzten Monate seines Lebens dachte Kandinsky daran, ein Ballett zu entwerfen, aber seine Lieblingsidee, eine wirklich umfassende »Bühnensynthese« auf dem Theater zu verwirklichen, kam nicht mehr zur Ausführung.

DIE PARISER JAHRE: 1933–1944

Paris

Paris ist für mich die schönste Stadt der Welt. Jeder bekommt in dieser Stadt geboten, was er sich im Grunde seines Herzens wünscht. Es ist eine ungeheuer vielseitige, brodelnde, spannende, faszinierende, sinnliche, anregende, abenteuerliche, bunte, phantastische, weltoffene und charmante Stadt. Paris ist meine zweite Heimat, die ich von ganzem Herzen liebe. Das war nicht immer so. Meine Beziehung zu Paris ist erst im Laufe der Jahre eng und herzlich geworden. Zu Anfang empfing uns diese unvergleichliche Stadt kühl und spröde.

Als wir uns hier 1933 niederließen – wir hatten ursprünglich vorgehabt, erst einmal für ein Jahr in Paris zu bleiben, um dann nach Deutschland zurückzukehren –, sah alles gar nicht so freundlich für uns aus. Kandinsky und ich hatten die Pariser Kunstszene völlig falsch eingeschätzt. Wir waren mit hohen Erwartungen gekommen und wurden, wie dies in solchen Fällen meist geschieht, gründlich enttäuscht. Dabei hatten wir lange überlegt, ob wir nicht lieber in die Schweiz, nach Italien oder sogar nach Amerika gehen sollten. Wir entschlossen uns für Paris, in der Hoffnung, uns hier am besten aufgehoben zu fühlen. Noch immer galt damals Paris als Kunstmetropole der Welt. Kandinsky versprach sich, wie er Grohmann gegenüber erwähnte, von Paris die meisten Möglichkeiten, »durch Bilderabsatz zu seinem Stück Brot zu kommen«. Ein Irrtum, wie sich bald herausstellte. Obwohl bereits ein international anerkannter und weithin geschätzter Künstler, war Kandinsky in Paris nur wenigen bekannt. Ich hatte geglaubt, daß zumindest seine Künstlerkollegen ihm einen herzlichen Empfang bereiten würden, denn zweifellos wußten die führenden französischen Maler ganz genau, daß Kandinsky eine neue Epoche der Kunst eingeleitet hatte. Trotzdem blieben sie auf Distanz.

So erzählte mir der Bauhaus- und Kandinsky-Schüler Hannes Neuner, der Kandinsky in Paris in den dreißiger Jahren begegnet war, daß er sich bitter über das abweisende Verhalten der Pariser Kunstwelt beklagt habe.

»In Paris kennt mich niemand«, sagte Kandinsky resigniert.

»Das ist doch unmöglich, man kennt doch Kandinsky!« hielt Neuner ihm erstaunt entgegen.

»Oh, Sie verstehen nichts vom Nationalstolz der Franzosen. Die kennen nur ihre eigenen Maler.«

»Das ist mir unbegreiflich«, sagte Neuner kopfschüttelnd. »Sie sind doch weltberühmt.«

Kandinsky versuchte es ihm zu erklären: »Stellen Sie sich vor – in Paris gibt es etwa 5000 Maler. Das ist wie ein Eimer Milch. Oben sammelt sich die Sahne. Nur ein paar bleiben vor der Geschichte bestehen; die anderen verschwinden in der Tiefe. Jeder möchte das natürlich so gut er kann verhindern. Deshalb ist der Konkurrenzkampf hier besonders groß.«

Es war in der Tat ein hartes Ringen, nicht nur für Kandinsky allein, sondern auch für all die anderen nichtfranzösischen Künstler, die ihre Karriere außerhalb Frankreichs begonnen hatten. Hoch im Ansehen stand damals der Kubismus, der es in seinen Anfängen schwer gehabt hatte, sich durchzusetzen. Zusätzliche Schwierigkeiten durch die abstrakte Kunst versuchte man deshalb tunlichst zu vermeiden. Paris hinkte – ich weiß das heute – den Entwicklungen auf der internationalen Kunstszene um zwanzig Jahre hinterher. Wie wäre es anders möglich gewesen, im sogenannten Kunstzentrum die wichtigste Entdeckung unseres Jahrhunderts zu unterdrücken oder bewußt zu negieren? Die abstrakte Kunst wurde in Paris bestenfalls als arme Verwandte geduldet.

Die Kunsthandlungen waren vollgestopft mit kubistischen Werken. Die Galerien bangten um den Absatz ihrer Ware und suchten zu verhindern, den ohnehin gesättigten Markt noch durch die Abstrakten überschwemmen zu lassen. Das hätte nicht der Nachfrage entsprochen.

Falsche Hoffnungen hatten bei uns zwei Einzelausstellungen mit Werken Kandinskys vor unserer Übersiedlung nach Paris geweckt. 1929 zeigte Kandinsky in der Galerie Zak Aquarelle und Gouachen. Der Verkauf war recht befriedigend. Unter anderem erwarb auch André Breton zwei Blätter, was Kandinsky ganz besonders freute. 1930 veranstaltete die Galerie de France, die in unmittelbarer Nähe der Kirche von Saint-Germain-des-Près lag und mit der heutigen Galerie gleichen Namens nicht identisch ist, eine Ausstellung mit kleineren Bildern von Kandinsky. Wiederum erschien uns der Verkauf vielversprechend. Wir konnten an der Vernissage 1930 nicht teilnehmen und fuhren erst später nach Paris, um uns die Ausstellung doch noch anzuschauen. Zufällig trafen wir in der Galerie den Kunsthändler André Level, den Besitzer der Galerie Percier, und kamen mit ihm ins Gespräch. Level, der überwiegend Kubisten vertrat, fragte Kandinsky:

»Wie würden Sie diese Kunstrichtung nennen?«

»Allgemein spricht man von abstrakter Kunst.«

»Aha, abstrakte Kunst.« Der Händler hatte scheinbar den Namen vorher noch nie gehört. Und das ausgerechnet in Paris!

»Von abstrakter Kunst spreche ich nur sehr ungern, ich ziehe den Begriff konkrete Kunst vor«, fügte Kandinsky berichtigend hinzu, ohne Level überzeugen zu können.

Wir hatten uns in der Galerie bereits einige Zeit aufgehalten, als die Sekretärin zu Kandinsky kam und sagte: »Es ist ein junger Kunstschriftsteller hier, der sie gern kennenlernen möchte.« Kandinsky war einverstanden und ließ sich mit einem jungen Mann bekannt machen, der sich als San Lazzaro vorstellte. Zwischen Kandinsky und San Lazzaro entwickelt sich ein langes Gespräch. 1936 sahen sich beide wieder, und seither verband sie eine enge Freundschaft. »Für ihn und seine Kunst«, erzählte San Lazzaro mir, »startete ich 1938 meine Kunstzeitschrift *XXè siècle*.« In der ersten Nummer nahmen die Texte über Kandinsky viel Raum ein. San Lazzaro, der im September 1974 starb, war Italiener und ein sehr begabter Schriftsteller. Leider sind seine Bücher über Italien hinaus nicht bekannt geworden. Über Kandinsky sagte er: »Er wurde in Künstlerkreisen damals als Patron bezeichnet. Er war mehr als nur ein Meister. In seinem Falle hieß das: Er war ein Gentleman, ein Herr von großer Würde.«

San Lazzaro bestätigt das, was ich über die Situation der Kunst in den dreißiger Jahren in Paris bereits erwähnte: »Als Kandinsky nach Paris kam, war Paris an ausländischen Künstlern nicht besonders interessiert. Ebenso wie Kandinsky von der breiten Kunstwelt unbemerkt arbeitete, erging es Arp, Magnelli, Domela und Mondrian. Sie befanden sich alle in der gleichen Lage. Was sie taten, interessierte niemand.«

Verständlich also, daß die abstrakten Maler sich zu einer Gruppe zusammenschlossen. Es gab seit 1931 die Gruppe

»Cercle et Carré«, zu der auch Robert und Sonja Delaunay, Vantongerloo, Mondrian und Seuphor gehörten. Zu dieser Gruppe, die auch eine Zeitschrift herausgab, stieß nun Kandinsky bei unserem Pariser Besuch, aber trotz emsiger Bemühungen fand die Gruppe nur wenig Resonanz.

Ungeachtet aller Schwierigkeiten ließ sich Kandinsky in seiner eigenen Arbeit nicht entmutigen. Meiner Meinung nach markiert die Pariser Epoche seine reichste Schaffensphase. Die Kraft einer zweiten Jugend kennzeichnet die damals in Paris entstandenen Werke. Die Kunst dieser Jahre ist von großer Frische, übermütig und heiter. Kandinsky arbeitete viel und intensiv. Noch einmal überrascht er mit einer Fülle neuer Ideen, mit einem immer raffinierter, immer dichter werdenden Formenvokabular, das durch seine flexible Wandelbarkeit und seinen erstaunlichen Abwechslungsreichtum besticht. Orientalische Stimmungen beleben wieder seine Palette, und wie immer ist der Einfluß der alten russischen Ikonenkunst spürbar.

Wenn Kandinsky sich von Paris einen zufriedenstellenden Verkauf seiner Bilder versprochen hatte, so ging seine Rechnung leider nicht auf. Für uns war es nicht leicht, jetzt von der Kunst zu leben. Der Verkauf stagnierte. Allgemein ging die Nachfrage für Kunst zurück. Bei Kandinsky kam hinzu, daß seine Sammlerfreunde zumeist in Deutschland wohnten. Er war von ihnen nun nicht nur geographisch, sondern auch politisch getrennt. Die politische Situation in Deutschland errichtete eine Kluft zwischen dem Künstler und seinen Sammlern, die sich nicht mehr überbrücken ließ.

1936 bekamen wir einen Zeitungsausschnitt aus der *Essener National-Zeitung* zugeschickt, der uns aufschreckte. Darin fiel das böse Wort von »entarteter Kunst«. Eine verhängnisvolle Entwicklung bahnte sich in Deutschland an. Wir erfuhren, daß das Essener Folkwang-Museum ein Bild Kandinskys aus dessen Münchner Zeit an einen Sammler für 9000 Reichsmark verkauft hatte. Der stolze Preis war das einzige, was uns zufrieden stimmte und daran glauben ließ, daß Kandinskys Kunst nach wie vor von Kennern geschätzt wurde. Unter dem Titel »Das Essener Folkwang-Museum stößt einen Fremdkörper ab« schrieb am 18.8. der damalige Direktor des Museums, SS-Obersturmführer Klaus Graf von Baudissin, einen Aufsatz, dem ein Foto des Bildes *Improvisation* von Kandinsky beigefügt war:

»Das Museum Folkwang verfügt über einen reichlichen Bestand an Werken, die 1933 endgültig ins Magazin verwiesen worden sind, in dessen Halbdunkel sie ihr gespenstisches Dasein weiterführen und in ihren schrillen Dissonanzen die zrrüttete Welt anklagen, der sie entstammen, an der sie und die an ihnen schuldig geworden ist. Sie spiegeln die Welt wider mit ihren Masken und Grimassen, ihren knalligen Fratzen in fahlem Grün und giftigem Rot, anzusehen wie aufgepuzte Leichname. Abbild einer Welt im Verfall, einer Welt ohne Glück und Freude.

Neben diesen Dokumenten eines schlecht gelebten Lebens stehen andere, die sich des Lebens überhaupt enthalten, die sich ab- und losgelöst haben vom Leben. Diese sich selbst als ›absolut‹ bezeichnende Malerei hat den Bereich der sichtbaren Gegenständlichkeit aufgegeben, sich von der dinglichen Welt losgelöst und eine Rückbildung in die Urelemente von Punkt, Linie und Fläche vollzogen. Sie gestaltet, wenn man dieses Wort hier zulassen will, eine rudimentäre Welt, eine Welt vor dem ersten Schöpfungstag. Vor diesem aber war das Chaos.

Aus diesem Bestand hat jetzt das Folkwangmuseum das 1912 gemalte große Ölbild ›Improvisation‹ des 1866 in Moskau geborenen Russen Wassily Kandinsky für 9000 RM an die Galerie Ferdinand Möller in Berlin verkauft. Kandinsky ist der Erfinder und Manager der absoluten Malerei. Diejenigen seiner Bilder, die er selber ›reine Improvisationen‹ benennt, haben ihre ›Analogien höchstens in einem chaotischen Reich des Plasmas, Spermas, der Kokken und Spinoteren‹, wie sie einer von denen, die sich dazu bekennen, gedeutet hat.

Wir können es nicht Zufall heißen, daß ein Entwurzelter, ein seiner eigenen Nation Entfremdeter, diesen Einfall startete, der hinausläuft auf ein allen Sinnes entkleidetes Spiel des sich für absolut setzenden Intellekts, eines halbgebildeten, zuchtlosen und daher gegen das Leben gerichteten, selbstmörderischen Intellekts. Das Ergebnis ist eine Art von Morsezeichen einer neuen Kunstweltsprache. Es ist ein belustigender Irrtum, in den Farben und Linien dieser absoluten Malerei eine vernehmliche Sprache oder ›Seelenzeichen‹ erkennen zu wollen. Es ist nicht etwa jener ›Griff dahinter‹, der aller wahrhaften Kunst eignet; im Gegenteil wird dieser ›Griff dahinter‹ gerade dadurch unmöglich gemacht, daß hier aus allen uns angeborenen Kategorien der Anschauung heraus und in das Absolute einzutreten versucht wird. Nur ein russischer Verstand konnte darauf verfallen. Am besten paßt darauf die Redensart: ›aus den Latschen gekippt.‹

Das Folkwangmuseum bewahrt im allgemeinen die Erzeugnisse dieser Gattungen als Beweisstücke für den Zustand vor der Machtübernahme auf. Dies Verfahren geht mit dem durch viele Erfahrungen als richtig bestätigenden Grundsatz einig, aus Sammlungen der öffentlichen Hand nichts zu verkaufen oder zu vertauschen. Eine einmalige Ausnahme war in diesem Falle ein Gebot der Vernunft. Durch den Verkauf tritt keine Verarmung des Museums ein; der Schatz dieser Beweisstücke ist reich genug, diese Einbuße zu ertragen. Auf der anderen Seite kann der erzielte hohe Gegenwert einer Kunst zugute kommen, für die wir uns einsetzen. Daß sich für dieses Bild ein so stark interessierter Liebhaber gefunden hat, der diese stattliche Summe dafür anzulegen willens war, sollte nicht befremden. Bekanntlich zählen auch die Synagogen unter die Gotteshäuser. Sie werden mit teuerem Geld gebaut. Und es gehen die hinein, die dort hinein gehören. Wir indessen nicht.

Als Erinnerung aber an diesen Russifizierungsversuch der deutschen Kunst wird eine gute photographische Aufnahme durchaus genügen.«

Wenig später forderte der *Völkische Beobachter*, daß die Leiter sämtlicher deutscher Museen moderner Kunst sich zusammentun sollten, »gemeinsam ihre Bestände an diesen Kunstirrtümern feststellen und sich dann darüber einig werden, was wir auch in Zukunft als abschreckende Beispiele zur heilsamen Belehrung des deutschen Volkes in Kunstfragen brauchen werden, und den ganzen wahrscheinlich größeren übrigen Rest samt und sonders so gut wie möglich verkaufen, um wenigstens etwas von den damals vergeudeten Geldern für die Förderung anständiger und ernst zu nehmender deutscher Kunst zu retten.«

Außer zwei Farbenkompositionen am Essener Folkwang-Museum wurden Werke Kandinskys verkauft oder deponiert von der National-Galerie Berlin (*Zweierlei Rot, Ruhe*), der Staatlichen Kunstsammlung Dresden (*Einige Kreise, Der blaue Berg*), der Landesgalerie Hannover (*Gebirgige Landschaft*, Komposition in Öl und zwei Graphiken) und der Städtischen Kunsthalle Mannheim (*Festes* sowie drei Kompositionen). Der Verkauf von Museumsbeständen machte uns Sorgen, nicht nur weil auch Werke Kandinskys davon betroffen waren, sondern auch wegen der verächtlichen Gesinnung, die die Nationalsozialisten gegenüber ganzen Bereichen der Kunst damit zum Ausdruck brachten. »Das ist der Auftakt zur Hetzjagd auf die moderne Kunst«, vermutete Kandinsky richtig. »Hoffentlich finden die Privatsammler genügend Schlupfwinkel, um ihre Schätze vor der Beschlagnahmung zu retten.« Er sah bereits Parallelen zum Schicksal des Bauhauses.

Wie merkwürdig, daß die Nationalsozialisten und Kommunisten dasselbe Maß an Banausentum gegenüber der abstrakten Kunst an den Tag legten! Die Nationalsozialisten vertrieben diese Kunst aus deutschen Museen, indem sie alle Abstrakten verkauften, und Hitler erdreistete sich sogar, abstrakte Kunstwerke verbrennen zu lassen. Die Kommunisten gehen nicht ganz so weit. Sie verstecken die abstrakten Bilder in den Depots sowjetischer Museen. Verwundert hat mich hingegen die Einstellung Mussolinis, unter dessen faschistischem Regime die Künstler sich erstaunlicherweise frei entfalten konnten.

Daß Kandinsky ungeachtet der angespannten politischen Lage in dieser Zeit einmal mit dem Gedanken einer Rückkehr nach Deutschland gespielt hat, entsprang wohl einer momentanen Laune. Er hatte sich aus Deutschland Farben schicken lassen und versuchte die Rechnung von seinem Konto auf einer deutschen Bank begleichen zu lassen, ein Problem, dessen Lösung fast aussichtslos erschien. Resigniert schrieb er dem Schweizer Sammler und Freund Hermann Rupf: »Da platzt einem tatsächlich die Geduld. Wahrscheinlich wäre die einfachste Lösung in diesem Falle, hier die Wohnung aufzugeben, sich hier abzumelden, Möbelwagen zu bestellen und mit Gut und Habe wieder nach Deutschland zu ziehen.« Im selben Brief schrieb er aber auch, warum an eine Rückkehr nach Deutschland nicht zu denken war: »Ich habe ständig den Eindruck, daß alle Länder langsam, aber sicher die Handlungsmöglichkeiten immer mehr verschnüren . . . In Deutschland kann man sich überhaupt nicht mehr rühren.« Wir blieben selbstverständlich in Paris.

Mit unserer Wohnung hatten wir einen guten Griff getan. Nach unserem Einzug am 2. Januar stellten wir fest, daß in dem Haus noch viele andere Ausländer wohnten. Kandinsky sprach oft von einer »kosmopolitischen Wohnungsgemeinschaft«. Im Hausflur herrschte nicht selten ein internationales Stimmengewirr – Deutsch, Englisch, Italienisch, Indisch, Portugiesisch, Spanisch.

Mit unseren Mitbewohnern kamen wir nur selten in Berührung. Abgesehen von flüchtigen Gesprächen lebten wir zurückgezogen in unserer gemütlichen Vierzimmerwohnung, deren Einrichtung uns anfangs Kopfzerbrechen bereitete. Am meisten Sorgen machten uns Kandinskys Bilder, denn die Wohnung war etwas zu klein, um sie richtig unterzubringen. Es blieb nur das Atelier übrig. Kandinsky hatte sich für den größten Raum der Wohnung als Atelier entschieden, aber nachdem die Bilder, die Regale, die drei Staffeleien und die anderen Malutensilien dort untergebracht worden waren, blieb für ihn selbst nur noch wenig Platz zum Malen.

Kandinsky verbrachte die meiste Zeit des Tages in seinem Atelier. Sein Tagesablauf verlief nach einem genau festgelegten Rhythmus und Zeitplan:

Um neun Uhr frühstückte er, erst danach nahm er ein Bad. Um zehn Uhr ging er in sein Atelier und arbeitete bis zwölf Uhr dreißig. Bevor er um dreizehn Uhr dreißig zum Mittagessen kam, machte er seinen gewohnten Spaziergang entlang der Seine zum Bois de Boulogne, denn der Bois war ihm »im freiheitlichen Paris die liebste Gegend«, wie er immer wieder versicherte.

Nach dem Essen ruhte er sich regelmäßig für eine halbe Stunde aus; danach erschien er zum Tee. Ohne Tee hätte er wohl nicht leben können. Zur Tasse Tee gehörte auch immer eine Scheibe Zitrone. Als es einen Engpaß in der Lieferung italienischer Zitronen gab und nur noch französische zu kaufen waren, schmeckte er sogleich, was mich sehr überraschte, die mangelhafte Qualität der einheimischen Zitronen heraus. Bei dieser Gelegenheit erzählte er mir jene Geschichte, die er anschließend seinem Freund Rupf in einem Brief mitteilte: »Als ich als junger Mensch zum ersten Male Ende November aus dem winterlichen Moskau, in dem hoher Schnee lag, in den Frühling Rapallos kam und zum Tee einen ganzen Zweig Zitronen bekam, ernährte ich mich mehr geistig als körperlich davon. Ich fand seinen Anblick so schön, daß ich ihn mir an die Wand gehängt habe.«

Nach dem Tee ging Kandinsky wieder in sein Atelier und malte bis zum Einbruch der Dunkelheit. Alle seine Ölbilder sind bei Tageslicht entstanden. »Künstliches Licht«, meinte er, »verfälscht die Farben.« Bei Lampenlicht schuf er deshalb nur Zeichnungen. Abends schrieb er meistens. Er arbeitete weiter an seinen Texten, las sehr viel und beantwortete Briefe. Tagsüber hat er nur in ganz dringenden Fällen geschrieben.

Malen war für Kandinsky ein heiliges Ritual, fernab der lärmenden Alltäglichkeiten des Lebens. Nie begann er ein Werk, bevor es ihm nicht mit letzter Klarheit vor Augen stand. Er besaß die seltene Gabe, sich die Welt seiner Bilder mit all ihren Farben und Formen genauso vorzustellen, wie er sie dann später auf der Leinwand festhielt. Seine Bildideen kamen ihm wie Momentaufnahmen, die er in einem Zustand der Erleuchtung aufblitzen sah und suchte. Schon in diesem Anfangsstadium legte er die Hauptfarben fest. Aus diesen Skizzen entwickelte er eigenständige Zeichnungen, nach denen er dann seine Bilder malte. Natürlich gab es auch Ausnahmen, Abweichungen von dieser Methode, aber meistens hielt er sich daran.

Kandinsky, der fast nie reine Farben benutzte, mischte sich seine Palette aus verschiedenen Tönen selber zusammen. Bei Pulverfarben benutzte er einen Mörser. Weil seine Palette aus so raffinierten Farben besteht, fällt es Fälschern und Imitatoren schwer, seine Bilder nachzumachen. Bis auf den heutigen Tag ist es niemandem gelungen, herauszufinden, wie er sein Blau, Grün oder Rot komponiert hat. Immer ist es dann auch noch ein anderes Blau, ein anderes Grün oder ein anderes Rot. Die Farben sind von Bild zu Bild verschieden, ja manchmal sogar in ein und demselben Bild.

Trotzdem gibt es Fälschungen von »Kandinskys«, und neuerdings häufen sich die Fälle. So bekam ich kürzlich gleich sieben Aquarelle zu Gesicht, die auf der Rückseite einen Stempel des Leipziger Museums trugen und in Moskau im Umlauf waren – allesamt Fälschungen, die ein Kenner sofort als solche entlarven könnte. Ich habe nicht das Recht, die Blätter oder Bilder zu vernichten oder selber zu konfiszieren, aber ich möchte Sammler und Käufer warnen, sie zu erwerben. Sie haben keinen Wert und können außerdem gerichtlich beschlagnahmt werden, was schon mehrfach praktiziert wurde. Unlängst geschah es bei einem Bild, das sich in einer nordafrikanischen Sammlung befand und dann in eine Pariser Kunsthandlung geriet. Das Original besaß ich damals selbst. Es stellte sich heraus, daß der Sammler das Bild nur deshalb gekauft hatte, weil es weit unter den üblichen Preisen von Kandinsky-Bildern angeboten worden war. Um den Fälschern das Handwerk zu legen, bin ich jederzeit bereit, in Zweifelsfällen kostenlose Expertisen anzufertigen, um auf diese Weise zu verhindern, daß das Werk Kandinskys durch üble Machenschaften in Verruf gerät.

Kandinsky war in Paris ein eifriger Besucher von Ausstellungen. Mir bereitete es immer große Freude, mit ihm eine Ausstellung gemeinsam anzuschauen. Er besaß ein sehr subtiles Einfühlungsvermögen in das Werk anderer und konnte das, was er in den Bildern entdeckte, in wunderbare Worte kleiden. Leider trat der Glücksfall, eine wirklich gute Ausstellung zu sehen, recht selten ein. Deshalb klagte er in seinem Brief an Grohmann auch einmal: »Ausstellungen gibt es massenhaft, manchmal 10 bis 20 auf einmal. Aber richtig wertvolle, selten, zu selten.«

Seinen Freund Rupf informierte er über eine Pariser Ausstellungssaison einmal in ziemlich deftigen Worten, die zu ihm eigentlich gar nicht paßten. Er muß also sehr enttäuscht gewesen sein, als er sie niederschrieb: »Es gab im ganzen viele (sehr viele) Ausstellungen, die den Beschauer von verschiedensten Seiten anpackten – manches interessant, manches anregend, manches wirkte wie ein Brechmittel.« Der Zusatz, der dann folgt, erscheint mir wie ein befreiendes Aufatmen: »Jetzt kommt in den ›Cahiers‹ *gemeint ist ›Cahiers d'Art‹) eine Gruppe an die Reihe, die mich interessiert – Arp, Frau Arp, Ghika, Hélion.« Kandinsky war strikt und kompromißlos gegen verzeichnende Darstellungen. Galka Scheyer schrieb er einmal: »Offen gesagt, ist mir unverständlich, was Sie bewog, Ihren Landsleuten in Kalifornien unbedingt die ›Guernica‹ aufzuhalsen. Glauben Sie, daß ein solches Gemälde diese Leute zur klaren Einsicht und zu sicherem Gefühl für die neue Kunst bringen könnte? Jawohl, ich bin vielleicht ›parteiisch‹, muß aber bekennen, daß ich das ›Deconstruktive‹ hasse.« Dieser Angriff galt, wie leicht zu erkennen ist, Pablo Picasso.

Wenn Kandinsky intensiv mit seiner eigenen Malerei beschäftigt war, wenn er Ablenkungen und Unterbrechungen soweit wie möglich zu meiden suchte, dann ließ er sich selbst durch die interessanteste Ausstellung nicht aus seinem Atelier locken. Um dennoch unterrichtet zu sein, bat er mich, diese oder jene Veranstaltung zu besuchen und ihm anschließend darüber zu berichten. Er schätzte mein Urteil und hörte sich das, was ich ihm berichtete, mit größter Aufmerksamkeit an.

In den ersten Jahren in Paris besuchten wir mehrere Malerkollegen, »Anstandsbesuche«, wie Kandinsky das nannte. Den Anfang machten wir bei Fernand Léger. Ich erinnere mich noch vage an die Atmosphäre in seinem Atelier. Der Raum war vollgestellt mit ziemlich großen Bildern, auf dem Boden lag eine Reihe von Zeichnungen und farbigen Blättern, und man spürte noch überall die Energie und Freude, mit der Léger seine Arbeiten geschaffen hatte. Ich muß gestehen, daß ich zu Légers Kunst nie den rechten Zugang gefunden habe. Wenn ich seine Malerei etwas zu flach finde, so sagt das jedoch nichts über ihre Qualität aus. Léger war ein unkomplizierter Mann, der es liebte, offen mit anderen Menschen zu sprechen und der im Umgang mit seinen Kollegen sehr herzlich und ohne Falschheit war. Kandinsky, der keine posierenden Künstler mochte, sagte über Léger: »Er ist sehr natürlich, und allgemein wird behauptet, es wäre nicht nötig, sich vor ihm in acht zu nehmen. Solche Fälle sind leider selten.« Kandinsky hat oft genug Intriganten kennengelernt, deren Umgang er dann strikt mied.

Als Kandinsky seinem Freund Grohmann die Eindrücke von unserem Besuch bei Léger schilderte, faßte er seine ganze Sympathie für diesen Künstler in dem Satz zusammen: »Ich habe einen starken Eindruck bekommen – er ist bestimmt ein ›Kerl‹ mit eigener gesunder Wurzel, aus der organisch und kräftig seine Kunst wächst . . .« Es war ein ehrliches Kompliment.

Den Ausdruck »Kerl« verwendete Kandinsky immer dann, wenn er einem anderen Maler seine volle Hochachtung bekundete. Auch der Zöllner Henri Rousseau war für ihn ein solcher »Kerl«, dem er eine große Verehrung entgegenbrachte. Als Paul Rosenberg 1937 in Paris eine nicht gerade umfassende Rousseau-Ausstellung veranstaltete, gingen wir selbstverständlich hin – ein lohnender Besuch, wie wir erwartet hatten. Kaum waren wir zu Hause angekommen, setzte sich Kandinsky an den Schreibtisch und machte seiner Begeisterung in einem Brief an Rupf Luft:»Eigentlich nur einige kleine Bildchen noch neu für uns. Die Freude aber, die man von ihnen hat, ist groß. Und die großen, bereits sehr bekannten (Hochzeit, der Karren usw.) erfreuen jedes Mal wieder und vielleicht immer intensiver . . . Das nennt man ›einen Kerl‹.«

Gern meldeten wir uns auch bei Sonja und Robert Delaunay an, denn wir waren sehr gespannt, wie sie wohnten und an was sie gerade arbeiteten. Ich möchte mir ersparen, meine eigenen Eindrücke an dieser Stelle niederzuschreiben, weil Kandinsky unseren Besuch mit wunderbaren Worten in einem Brief an Grohmann geschildert hat: »Erst bei ihr (in der Wohnung), wo wir sehr schöne Sachen von ihr zu sehen bekamen – Entwürfe für allerhand Stoffe, ausgeführte Stoffe, fertige Kleider, Vorhänge usw. Sie ist wirklich sehr begabt und erfinderisch. Leider kommt sie oft zu früh mit ihren Ideen – sie geht vor der Mode, die sie allerdings sehr oft beeinflußt. Vor ein paar Jahren hat sie viel verdient und ihre Sachen kamen bis nach Australien hinaus. Jetzt natürlich Krise! D.s haben einen erwachsenen Sohn, der auch schon selbst verdient – Reklameentwürfe. Danach waren wir im Atelier von D. Vater. Dort sahen wir ein Riesengemälde von 1912 (ungefähr), das wirklich sehr gut ist. Gleich erzählte er, es wären ihm 300000 frs. aus Amerika für dieses Bild geboten, die er aber nicht annahm. Wir sahen die ganze Entwicklung bis zum heutigen Tag. Es sind lauter hochsteigende Spiralen, um die Halbkreise verteilt sind. Die Farben über alle Grenzen stark.«

In dem letzten Satz kommt Kandinskys tiefster Eindruck zur Sprache: Die Farben waren es vor allem, die seine Zuneigung zum Werk Delaunays beflügelten. Heute scheinen mir die 300000 Francs etwas hochgegriffen, aber Delaunay neigte ja allgemein zu Übertreibungen.

Ein eher zwiespältiges Verhältnis hatte Kandinsky zu den Arbeiten des in Paris lebenden Amerikaners Man Ray. Er mochte seine Fotos und ließ sich sogar einmal, als wir ihn in seinem Studio aufsuchten, von Man Ray porträtieren. Ich finde dieses Porträt allerdings mißlungen. Wenig ansprechend fand er Man Rays Objekte, die ganz und gar dem Surrealismus verpflichtet sind. Diesen Arbeiten gilt sein kritisches, sicherlich nicht schmeichelhaftes Urteil: »Der Damensattel ist ein fein-feinsinniges Symbol. Den echten alten Dadaismus hatte ich viel, viel lieber, es war ein frecher Witz darin, der stark pulsier-te. Der heutige kommt mir greisenhaft vor. Nein, tatsächlich, es sind wirklich Greise, die solch ein ›Kitzeln‹ brauchen.«

Kandinsky hat sich nie gescheut, seine Meinung offen aus-zusprechen. Er bekannte sich unmißverständlich zu seinem Geschmack und seinem Urteil, wenn ihn jemand bat, doch Stellung zu diesem oder jenem Künstler zu nehmen. Selbst un-ter den Surrealisten machte er feine Unterschiede. Und auch im Werk jedes einzelnen Surrealisten versuchte er die Spreu vom Weizen zu trennen. Ich erinnere mich, wie sehr er Max Ernst als Persönlichkeit schätzte und seine künstlerischen Qualitäten würdigte, aber ich weiß auch, daß er die Schwächen in seinem Werk nicht übersah. Die Klebebilder fand er »äußerst interessant und mit einer unglaublichen Geschicklichkeit ge-macht«, und als uns Max Ernst in seinem Atelier Werke aus seinen verschiedenen Schaffensphasen vorführte, kam Kan-dinsky zu dem Schluß: »Zeichnerisch wunderbar, malerisch weniger. Bedeutend ist er unbedingt.«

Bleibende Bedeutung maß er jedoch nur sehr wenigen Sur-realisten bei, den meisten warf er das sogenannte »Kitzeln« vor, auf dessen Boden die Surrealisten üppig wuchsen. Mit Kandinskys eigenen Worten: »Und da es heute genügend Greisenseelen gibt, haben sie, die Surrealisten, ein bestimmtes und an der Zahl nicht kleines Publikum, das diese Kunst für eine Offenbarung hält.«

Eine Ausnahme machte Salvador Dali. Mit großer Spannung erwarteten wir die Eröffnung seiner Ausstellung in einer Gale-rie auf dem Faubourg St. Honoré 1934, zu der wir ein paar Tage nach der Vernissage gemeinsam gingen. Kandinsky sah sich die Bilder interessiert und lange an und sagte, offenbar sehr be-eindruckt von der persönlichen Handschrift dieses Künstlers: »Das ist wirklich ein Maler!« Genauso urteilte er auch über Yves Tanguy. Auch Giorgio de Chiricos Bilder fand Kandinsky sehr beachtlich. Gesehen haben sich die beiden Künstler per-sönlich indes nicht. Ich bekam in einer Pariser Ausstellung 1975 seine Skulpturen aus einer früheren Schaffenszeit zu Gesicht, von deren Existenz ich bis dahin nichts gewußt hatte. Sein surrealistisches Frühwerk, so meine ich, sichert Chirico einen sicheren Platz in der Kunstgeschichte unseres Jahrhunderts.

Erst nach dem Tode von Kandinsky traf ich Dali persönlich, den ich vorher nur auf Abbildungen gesehen hatte: ein phantastischer Exote der Kunst, wie mir schien, ein Surrealist reinsten Wassers, der seine Kunst liebte. Dali zeigte eine Ausstellung bei Knoedler, der mich zur Vernissage eingeladen hatte. Wenige Tage vorher hatte Dali mir durch seinen Verleger, Monsieur Argillé, ein Album mit Graphiken zukommen lassen, dem er eine eigens zu diesem Anlaß angefertigte Zeichnung beilegte. Die Ausstellung kam mir wie gerufen, um mich bei Dali für das schöne Geschenk zu bedanken. Aber schon die Vernissage litt unter Pannen, denn an diesem Tag streikten die Arbeiter des Elektrizitätswerkes, so daß die Besucher Dalis Bilder bei Kerzenlicht betrachten mußten. Plötzlich flammte das elektrische Licht wieder auf, Minuten später versank die Galerie erneut in Dunkelheit. Sehr surrealistisch. Just als fügten sich die Arbeiter im E-Werk der Regie des großen Surrealisten, leuchteten die elektrischen Lampen in dem Augenblick auf, als Dali höchstpersönlich die Galerie betrat. Wenige Minuten vorher war eine schlanke, hochgewachsene, stark geschminkte junge Dame in der Galerie erschienen, die zu den ständigen Begleitern Dalis gehörte. Ich dachte zuerst, es sei eine Dame, bis ich ihre tiefe Stimme hörte: Die Dame war ein Transvestit.

Dali kam schnurstracks auf mich zu und begrüßte mich:

»Guten Abend, Madame Kandinsky.«

»Woher wissen Sie, daß ich Madame Kandinsky bin?« fragte ich erstaunt.

»Das sagt mir eine innere Stimme.«

Dali hielt in der Hand einen Stock mit einem schön geschwungenen Knauf, an dessen Ende ein kostbares Juwel eingefaßt war. »Ursprünglich wollte ich einen anderen Stock mitbringen, Ihnen zu Ehren mit einem türkisfarbenen Stein«, sagte er, »ich weiß, daß Türkis die Kandinsky-Farbe ist. Leider konnte ich den Stock nirgends auftreiben.«

Zu später Stunde fand im »Maxim« ein Cocktailempfang statt, danach ein großes Diner. An Dalis Seite saß während des Essens der Transvestit, überlebensgroß. Dali legt auf solche Gesellschaft, wie man mir sagte, sehr großen Wert.

Vor dem Essen plauderten Dali, seine Frau Gala und ich an

einem kleinen Tisch in der Ecke. Da ich wußte, daß Gala russischer Abstammung ist, richtete ich an sie ein paar Worte in russischer Sprache. Sie schaute mich erstaunt an, antwortete aber
nicht. Zu meinem Erstaunen antwortete mir Dali.

»Was, können Sie Russisch?« fragte ich ihn.

»Selbstverständlich spreche ich Russisch.«

»Woher?«

»Das hat mir Gala beigebracht.«

Der Einfachheit halber unterhielten wir uns dann doch in
Französisch weiter.

Gala war bekanntlich vor ihrer Ehe mit Dali die Frau des
französischen Poeten Paul Eluard, dem wir 1933 auf einem
Empfang bei Tristan Tzara begegnet waren. Sie selbst nahm an
diesem Empfang nicht teil. Eluard zeigte damals für den Kommunismus gewisse Sympathien. Wir kamen mit ihm ins Gespräch, und er sagte irgend etwas sehr Kritisches über Rußland.

»So etwas könnten Sie in Rußland nicht frei sagen«, wagte
ich ihm zu erwidern, was ihm offenbar gar nicht gefiel. Er spürte, daß wir für den Kommunismus nicht viel übrig hatten, und
war deshalb von uns enttäuscht. Abrupt brach er das Gespräch
ab.

Ich kann mir nicht helfen, aber ich glaube, daß alle diese
Sympathisanten der Kommunisten damals in Paris Salon-
Kommunisten waren, für die nichts auf dem Spiel stand. Ich
mag solche Leute nicht, denn sie kokettieren mit einer politischen Ideologie, die im Grunde nicht ihrer wahren Überzeugung entspricht.

Die Pariser Kunstwelt mochte Kandinsky nicht: »Hier in Paris«, sagte er einmal, »haben sie einen ganz bestimmten Vereh-
rerkreis, der hauptsächlich aus snobistischen Aristokraten zusammengesetzt ist – eine ›feine‹ Gesellschaft. ›Le sexe‹ ist ein
internationales Thema, und nicht umsonst gibt es mexikani-
sche und japanische Surrealisten. Die englischen müssen sich
zu Freud und zur Politik bekennen, sonst werden sie nicht
amis.«

Enttäuschung bereiteten Kandinsky einige junge Künstler,
mit denen er hart ins Gericht ging, als wir uns 1937 eine Ausstellung in der Galerie des Beaux-Arts mit »jungen französischen Künstlern« angeschaut hatten: »Trauriges Bild. Das sind

sozusagen Junge aus der goldenen Mitte, die für heute sehr wenig typisch sind. Die Typischen sind entweder Abstrakte oder Surrealisten. Aber auch diese beiden Sorten erfreuen nur höchst selten. Schwer hat es die heutige Jugend, die ja selber darüber klagt, daß alles Neue bereits entdeckt wurde.

›Oder‹, wie mir mal ein junger Amerikaner sagte, ›sind wir zu schwach.‹ Oder ist es so, wie ich es meinen Schülern sagte: Es gibt ein ewiges Pendelgesetz – mal stark nach oben, dann stark nach unten – Ausgleich. Gerade Linien gibt es nur in der abstrakten Kunst – sonst nirgends.«

Es ist bekanntlich eine weitverbreitete Untugend unter Künstlern, sich über Kollegen negativ zu äußern, auf weniger zustimmende Kritik zu den eigenen Arbeiten jedoch empfindlich zu reagieren. Sie hören Kritik nicht gerne. Das war bei Kandinsky ganz anders. Er nahm negative Äußerungen zu seinen Werken gelassen hin und freute sich über positive Urteile, aber beides warf ihn nicht aus dem Gleis. Kandinsky hielt das, was er machte, für richtig. Er war selbstbewußt, weil er um seine Bedeutung wußte. Und er war ja wirklich ein bedeutender Mann. Felix Klee sagte, Kandinsky habe seine Bedeutung irgendwie auch ausgestrahlt.

Seine eigene künstlerische Position schien Kandinsky absolut gesichert, schon zu Bauhaus-Zeiten; »Er breitete eine Art Kunstgeschichte im Zusammenhang mit der Gegenwart aus«, erinnert sich Max Bill. »Er erklärte die Gegenwartskunst und schaffte den Schülern einen brauchbaren Zugang. Zum Beispiel wählte er Monets *Heuhaufen* und leitete von ihm Entwicklungen zur Gegenwartskunst ab. Die Gegenwartskunst reichte bei Kandinsky bis zu sich selbst.«

Hannes Neuner sagt ausdrücklich: »Kandinsky vertrug Kritik. Er reagierte auf sie wie ein reifer Mann. Er antwortete immer geduldig und unempfindlich. Auch dumme Fragen beantwortete er so lange, bis der Fragesteller zufrieden war. Es ging allerdings nicht so weit, daß ein Schüler ihn berichtigen konnte. Kandinsky wollte mit den Schülern sprechen. Klee dagegen zog sich gerne zurück, um sich zu sammeln. Kandinsky legte seine Arbeiten den Schülern vor und diskutierte mit ihnen darüber. Er erklärte, weshalb er an bestimmten Stellen ein Rot und nicht ein Grün verwendet hatte.« Kandinsky kannte den feinen Unterschied zwischen Kritik und Verbohrtheit sehr wohl. Ein aus Dummheit gefälltes Urteil war ihm zuwider. Mir legte er seine neuen Bilder immer dann vor, wenn er sie gerade beendet hatte. Im Atelier hielt ich mich nur auf, wenn er zeichnete, denn beim Malen wollte er allein sein. Jedesmal war ich aufs neue erstaunt, mit welch intuitiver Sicherheit seine Zeichnungen entstanden.

Kandinsky erwartete von mir, daß ich mir die Bilder sehr genau anschaute. Und dann hörte er sich in aller Ruhe an, was ich zu den Bildern sagte. Er tat dies stets mit einer gewissen Neugier, weil er meinem Urteil vertraute: Außer Kandinsky selbst war mit seinem Werk wohl kein Mensch so eng verbunden wie ich. Er hat mir des öfteren bestätigt, daß ich ein selten anzutreffendes Verständnis, ein gutes Auge, ein sicheres Gespür und Gefühl für seine Malerei und für die Kunst überhaupt besitze.

Obgleich zu jener Zeit, als wir nach Neuilly zogen, die Verkehrsverbindungen nicht so zahlreich und auch nicht so gut wie heute waren, kamen Künstlerkollegen und Freunde gerne zu uns hinausgefahren. Wir legten nicht so schrecklich viel Wert darauf, ständig von Besuchern bedrängt zu werden, denn Kandinsky wollte arbeiten. Dies vor allem: arbeiten. Arbeiten in Muße, ohne zeitraubende, unerwünschte Störungen und Ablenkungen.

Unter denen, die ihn besuchen wollten, traf er eine sorgfältige Auswahl. Immer jedoch war er für junge Künstler zu sprechen, und vielen von ihnen hat er seine Ateliertür bereitwillig geöffnet. Hier zeigte sich seine pädagogische Verantwortung. Mit sicherem Instinkt unterschied er zwischen ehrlich interessierten und oberflächlich neugierigen Besuchern. »Ich besitze wirklich die glückliche Fähigkeit«, bekannte er einmal, »dem Teufel vor der Nase meine Ateliertür fest schließen zu können. Jedenfalls bricht sich der Teufel an solchen Taten jedesmal einen Zahn.«

In unserem Pariser Freundeskreis befanden sich Künstler fast aller Stilrichtungen. Es zählten dazu, um nur ein paar der wichtigsten Namen zu erwähnen: Jean Arp, Sophie Taeuber-Arp, Alberto Magnelli, Antoine Pevsner, Piet Mondrian, Marcel Duchamp, Joan Miró und André Breton. Was Kandinsky an diesen Kollegen schätzte, war die ehrliche Einstellung zu ihrem eigenen künstlerischen Schaffen. »Der Künstler muß in seinem Werk vor allem ehrlich sein«, forderte er. Deshalb war der Um-

gang mit ihnen auch so angenehm. Daß sie verschiedenen Stilrichtungen angehörten, störte ihn nicht weiter. »Jede Epoche
hat ihren spezifischen Ausdruck.« Es war für ihn aber unumgänglich notwendig, daß dieser Ausdruck den Geist der Zeit
trifft und zugleich auch über ihn hinausweist.

Bis ins Detail hinein vermag ich mich heute an alle unsere
zahlreichen Zusammenkünfte mit bedeutenden Künstlerpersönlichkeiten nicht mehr zu erinnern. Unvergessen ist mir indes Piet Mondrians Besuch in unserer Wohnung geblieben. Es
war an einem strahlenen Frühjahrstag. Die Kastanienbäume
vor unserem Haus standen in voller Blüte, und Kandinsky
hatte den Kaffeetisch so hingestellt, daß Mondrian von seinem
Platz aus diese herrliche Blütenpracht sehen konnte.

Während wir uns beim Nachmittagstee unterhielten, unterbrach Mondrian plötzlich das Gespräch und sagte:

»Ach, wie entsetzlich!«

»Was ist entsetzlich?« fragte Kandinsky.

»Diese Bäume.«

»Diese Bäume?«

»Ja.«

»Ich wollte Ihnen eine Freude machen. Aber wir können
gern unsere Plätze wechseln.«

Kandinsky ließ sich auf Mondrians Stuhl nieder und Mondrian setzte sich mit dem Rücken zum Fenster hin. Das war
charakteristisch. Mondrian hatte ein unausgeglichenes und
ziemlich kühles Gemüt. Dann erzählte er uns, daß er kürzlich
in der Oper gewesen sei, die Vorstellung aber schon nach dem
ersten Akt habe verlassen müssen.

»Was war der Grund?« wollte Kandinsky wissen.

»Ach, wissen Sie, da kam ein Sänger mit einem Bart auf die
Bühne . . .«

»Ein Sänger mit einem Bart? Was für eine Oper war das
denn?«

»Es war Boris Godunow.«

»Na, da geht es nun einmal nicht ohne Bart«, meinte Kandinsky.

»Das ist möglich. Ich konnte dennoch den Anblick nicht ertragen und mußte hinausgehen.«

Solche und ähnliche Bemerkungen waren sehr typisch für
Mondrian.

Als wir ihn einmal in seinem Atelier an der Gare Montparnasse besuchten, waren wir von der Inneneinrichtung überrascht. Möbel und Wände hatten genau jene Farben, die Mondrian auch in seinen Bildern verwendete.

Nachdem wir wieder auf die Straße hinausgetreten waren,
sagte Kandinsky verwundert: »Es ist mir unverständlich, wie
er in diesem farbigen Einerlei malen kann.«

Auch die Ausgestaltung seines Ateliers war bezeichnend für
Mondrians Persönlichkeit. Er wies alle Ideen von sich, die nicht
mit seiner Kunst übereinstimmten, und gab sich als ein ähnlich
stark ichbezogener Charakter wie Malewitsch zu erkennen.
Seine Einseitigkeit und seine Egozentrik störten Kandinsky.

Einseitigkeit und Egozentrik waren unter den Pariser Künstlern allgemein weit verbreitet. Wenn sich Kandinsky gegenüber Grohmann etwas spöttisch über diese Untugenden aus-
ließ, so geschah dies nicht ganz unbegründet: »Wir sahen die
neuesten Bilder von Braque. Eindruck wie immer: der erste
Blick mit dem ersten Eindruck ›Feine Malerei! Schöne Malerei!‹
Nach einigen Minuten ›Aber etwas langweilig . . . Doch immer
dasselbe . . .‹ Unter uns gesagt: es ist ein Pariser Charakterzug,
immer dasselbe zu malen. Ich glaube, in keiner anderen Stadt
sind die Maler so ›konsequent‹ wie hier – jahrelang malt ein
Maler immer dasselbe mit kleinen Variationen, die manchmal
so mikroskopisch klein sind, daß sie nur der Künstler selbst
sieht. Und die jungen und ganz jungen Maler tun dasselbe. Es
ist einer der Gründe, warum Picasso so aufregt – jede Saison
eine ›Umwälzung‹, die mit begeistertem ›A-a-ah!‹ empfangen
wird.«

Über Braques Schaffen war Kandinsky gut informiert, wo-
hingegen Braque offenbar nichts von Kandinskys Arbeiten
wußte. Wir haben ihn in seinem Atelier aufgesucht, kurz nach
unserer Übersiedlung nach Paris. Es entspann sich ein längeres
Gespräch zwischen den beiden Künstlern, das schließlich in
wohlmeinendem Leerlauf endete. Braque sprach sich zwar lobend über Kandinskys Kunst aus, aber seine Worte zeugten
nicht gerade von tieferem Verständnis. Wir schlossen daraus,
daß Braque nur ganz wenige Kandinsky-Bilder kannte. Nach
Kandinskys Tod, als die Galerie Maeght umfangreiche Kandinsky-Ausstellungen zeigte, konnte Braque, der niemals zu
uns nach Neuilly herausgefunden hatte, sich einen Überblick

über das Werk verschaffen. Er hat diese Ausstellungen auch besucht, aber ich habe leider nie erfahren können, was er danach von Kandinskys Kunst hielt.

Kandinsky bevorzugte Braques Bilder aus der kubistischen Periode und seine Stillebenserie. Ähnlich übrigens war auch seine Einschätzung Picassos, dessen kubistische Malerei er in seinem Buch *Über das Geistige in der Kunst* ausdrücklich würdigt. Auch einige Werke aus seiner Rosa-Periode und seiner Blauen Periode fand er bedeutend.

Braque ist gegenüber Picasso weitaus raffinierter. In den Collagen hingegen ist Picasso der stärkere Künstler. Die Bedeutung von Braque und Picasso zweifelte Kandinsky nicht an. Darum geht es im Grunde auch nicht. Nur sollte man meiner Meinung nach den qualitativen Unterschied zwischen den Werken vor und nach 1920 erkennen. Darum geht es.

Wir hatten mehrmals Gelegenheit, Picasso persönlich kennenzulernen, Kandinsky aber machte keinen Gebrauch davon. Er sah einfach keine Notwendigkeit, ihn zu treffen, sei es bei uns, sei es bei ihm im Atelier. Sein Interesse für Picassos Entwicklung hatte in den Pariser Jahren erheblich nachgelassen, wohl deshalb, weil er von Picassos nach-kubistischer Phase enttäuscht war. Er bemängelte seine Unaufrichtigkeit.

Mich führte in den fünfziger Jahren der Zufall einmal während einer Braque-Ausstellung in der Galerie Maeght mit Picasso zusammen. Braque konnte an der Vernissage nicht teilnehmen, weil er krank war. Picasso aber kam, was alle erstaunte, denn er pflegte ansonsten nie zur Eröffnung einer seiner Ausstellungen zu erscheinen.

Ich stand mit Pierre Rocher zusammen, mit dem ich gut befreundet war. Rocher war ein großartiger Kunstkenner und besaß eine schöne Sammlung. Er war auch mit Picasso befreundet. Unser Gespräch wurde von Louis Clayeux, damals Direktor bei Maeght, unterbrochen.

»Nina«, flüsterte er mir ins Ohr, »Picasso ist hier. Wollen Sie mit ihm bekannt gemacht werden?«

Ich war einverstanden. Clayeux stellte uns vor, und wir gaben uns die Hand.

»Guten Abend«, sagte Picasso.

»Guten Abend.«

In der Galerie wurde es mäuschenstill, alle Besucher schauten zu uns herüber. Picasso wirkte etwas verlegen. Es fiel kein weiteres Wort mehr zwischen uns.

Pierre Rocher unterbrach das Schweigen.

»Pablo, ich komme gleich zu dir. Ich möchte mit Nina nur noch etwas besprechen.«

»Auf Wiedersehen«, sagte Picasso.

»Auf Wiedersehen.«

Das war alles.

Picasso wollte immer Alleinherrscher sein. Ich glaube, er hat Kandinskys Ankunft in Paris nicht gern gesehen. Und in der Tat, seit Kandinsky in Paris lebte, hatte sich in der Kunstszene dort einiges geändert.

Leider gelang es Kandinsky nicht, einen der wichtigsten Künstler unseres Jahrhunderts persönlich kennenzulernen: Henri Matisse. Er wohnte in der Zeit, als wir nach Paris kamen, bereits im Süden Frankreichs. Ansätze gegenseitiger Kennenlernens gab es mehrere, aber immer, wenn die Sache perfekt zu werden versprach, kam etwas dazwischen. Ich bedaure es sehr, daß sich zwei der größten Gestalten der modernen Kunst nicht persönlich begegnet sind.

Rege Kontakte unterhielt Kandinsky indes zu Arp, zu Miró, zu Breton und zu Magnelli. Zwischen Breton und Kandinsky bestand eine tiefe Geistesverwandtschaft. André Breton, ein scharfsinniger Kopf und der größte surrealistische Poet, war sich in jeder Hinsicht der epochalen Leistung Kandinskys bewußt. Gelegentlich eines Besuchs bei uns in Neuilly gab er ihm zu verstehen: »Ihr Einfluß auf die Surrealisten ist nicht zu leugnen.« Damit spielte er wohl auf Kandinskys zwischen 1909 und 1913 entstandene Bühnenwerke an, in denen viele surrealistische Elemente vorweggenommen sind.

Ob allen Surrealisten Kandinskys Bühnenstücke bekannt waren, kann ich nicht nachweisen. Vermutlich wußten Tristan Tzara und Jean Arp in der Schweiz davon. Mit Sicherheit kannte Jean Arp *Gelber Klang*, denn als er Kandinsky 1912 in München besuchte, haben sie, wie mir Kandinsky sagte, über eine Realisierung auf der Bühne gesprochen.

Einfluß hatte Kandinsky auf das Frühwerk von Joan Miró. »Ich bin von Kandinsky anfänglich inspiriert worden«, gestand mir Miró vor Jahren. Und wer richtig hinschaut, wird diesen Einfluß in den frühen Arbeiten unschwer erkennen.

Im Zentrum aller Freundschaften, die Kandinsky in Paris angeknüpft hat, stand San Lazzaro, bei uns ein stets gerngesehener Gast. Er war gewiß einer der ersten in Paris, der um Kandinskys künstlerische Revolution wußte und dies auch überall kundtat. »Er war ein Revolutionär nicht von der Art wie etwa die Kubisten«, erklärte er einmal. »Er wollte der Kunst lediglich eine sichere Basis schaffen. Und dieses Ziel hat er auch erreicht. Er malte Bilder mit nüchternen Mitteln, aber sie waren voller Phantasie und Inspiration. Sie sind Musik auf mathematischer Grundlage. Er hat die ganze Kunst verändert.«

Erst recht spät teilten San Lazzaros Meinung auch noch andere einflußreiche Vertreter der Pariser Kunstwelt. Lazzaros unermüdlicher Arbeit, seinem intensiven Bemühen um Ausstellungen und seinem unverdrossenen Werben bei den Verantwortlichen um Sympathie für die abstrakte Kunst ist es zu danken, daß sich am Ende der Durchbruch abzeichnete.

In den elf Pariser Jahren schuf Kandinsky 144 Bilder und 208 Aquarelle und Gouachen. Außerdem entstand eine größere Anzahl von Zeichnungen. 1934 und 1935 zeigte Kandinsky in den Räumen der *Cahiers d'Art* dem Pariser Publikum alte und neue Bilder – mit Erfolg. Die Resonanz war erfreulich stark.

Dennoch lief alles sehr schleppend ab. Im Jahre 1937 schien die Hürde endgültig überwunden zu sein. Damals nämlich machte sich Christian Zervos, der Herausgeber der *Cahiers d'Art*, für die Abstrakten stark. Provoziert durch eine internationale Ausstellung im Pariser Petit Palais, in der weder die Kubisten noch die Abstrakten erwähnt wurden, plante Zervos kurzerhand eine Parallel- oder Gegen-Ausstellung. In ihr sollten ausschließlich Kubisten und Abstrakte vertreten sein.

Kaum hatte Zervos seine Pläne Kandinsky unterbreitet, da erklärte sich dieser bereit, an den Vorbereitungen mitzuarbeiten. Er glaubte seine Sache bei Zervos in guten Händen, zudem bereits im Jahre 1930 in den *Cahiers d'Art* eine Monographie über Kandinsky aus der Feder Will Grohmanns erschienen war. Und 1931 hatte Kandinsky in einem der Hefte von *Cahiers d'Art* seinen Aufsatz *Reflektionen über abstrakte Kunst* publiziert.

Die Mobilisierung der Abstrakten war in vollem Gange, als das großangelegte Unternehmen doch noch zu scheitern drohte. Zervos verkündete: »Ich bin an der Ausstellung nicht mehr interessiert.«

Was war geschehen?

Kandinsky erfuhr die wahren Gründe für Zervos' Rückzug durch Magnelli und Gonzales, die zu ihm nach Neuilly kamen und erzählten, daß die Kubisten es nach langem Hin und Her geschafft hätten, doch noch in die internationale Ausstellung hineinzukommen. Zervos, dessen Engagement offensichtlich primär den Kubisten gegolten hatte, war mit den Veranstaltern wieder ausgesöhnt und verzichtete auf seine Alternativausstellung.

Nachdem Zervos sie im Stich gelassen hatte, beschlossen Magnelli, Gonzales und Kandinsky, jetzt in eigener Regie um ihre Interessen zu kämpfen. Sie waren fest entschlossen, ihre Ausstellung um jeden Preis durchzusetzen. Um der Sache mehr Gewicht zu verleihen und um die abstrakte Kunst auf einem offiziellen Forum zu präsentieren, sollte die Ausstellung möglichst in einem Museum stattfinden.

Kandinsky hatte in seiner Ausstellung bei Jeanne Bucher 1936 den Direktor des Museums Jeu de Paume, André Dezarrois, kennengelernt, den er in diesem Augenblick für den geeigneten Gesprächspartner hielt. Er ging zu Dezarrois und trug ihm das gemeinsame Anliegen vor, wobei er ihn darauf hinwies, daß Paris als sogenanntes Weltkunstzentrum es sich nicht leisten könne, eine Kunstströmung auszusperren, die international bereits ein erhebliches Renommee besitze.

Dezarrois erkannte Kandinskys Argumente durchaus an, war aber trotzdem nicht bereit, die gewünschte Ausstellung durchzuführen. Nun muß ich allerdings erwähnen, daß er mit seinem Museum den ganzen Bereich moderner außereuropäischer Kunst abdeckte und insofern die damalige engstirnige Pariser Kunstpolitik mitverantwortete. Er war natürlich auch über die abstrakte Kunst informiert, tat aber wenig, sie öffentlich zu unterstützen. Die Chance, den Abstrakten jetzt zum Durchbruch zu verhelfen, erkannte er zwar an, schreckte vor jenem endgültigen Schritt jedoch zunächst einmal zurück. »Mein Museum ist langfristig ausgebucht«, wandte er ein. Kandinsky wollte daraufhin wissen, was denn auf Dezarrois' Ausstellungsprogramm stehe.

»Zu dem Zeitpunkt«, antwortete Dezarrois, »zu dem Sie Ihre

Ausstellung in meinem Museum machen möchten, habe ich die Bestände des New Yorker Guggenheim-Museums zu Gast.«

Kandinsky konterte: »Diese Ausstellung kann man verschieben, denn die Sammlung des Guggenheim-Museums steckt doch noch in den Kinderschuhen, und je später sie in Paris gebracht wird, desto vollständiger wird ihr Eindruck sein. Bis jetzt ist diese Sammlung ein Fragment.«

»Das ist jede Sammlung, wenn Sie so wollen«, warf Dezarrois ein.

»Natürlich, aber die Guggenheim-Sammlung verspricht, in Kürze eine annähernd abgeschlossene Einheit zu werden. Und dann sollten Sie sie in Paris zeigen.«

In dieser Form wurde das Gespräch, wie Kandinsky mir anschließend berichtete, weitergeführt. Kurz und gut: Kandinsky blieb am Ende der Sieger. Unter einer Bedingung: Dezarrois erbat sich Kandinskys Mitarbeit bei den Vorbereitungen und bei der Durchführung der Abstrakten-Ausstellung. Aber da Kandinsky zu diesem Zeitpunkt noch nicht die französische Staatsbürgerschaft besaß, die Ausstellung indes durch den Ort der Handlung einen offiziellen Charakter bekam, lehnte er es ab, als Ausländer für das Projekt die volle Verantwortung zu übernehmen. Ein solcher Schritt hätte ohnehin nur unnötig die Gemüter der anderen Künstler erhitzt.

Kandinsky verwies Dezarrois an Jeanne Bucher. Dezarrois wandte sich an Marcoussis. Kandinsky, der Marcoussis wegen seiner Toleranz und seines ausgewogenen Urteils schätzte, war auch mit dieser Wahl einverstanden, denn Marcoussis war ein Kenner der Pariser Kunstszene, und es stand zu erwarten, daß er objektiv mitarbeiten werde.

Marcoussis sagte zu und machte seine Sache gut. Anfang August 1937 öffnete dann tatsächlich die Ausstellung »Origines et Développement de l'Art Internationale Indépendant« im Museum Jeu de Paume ihre Pforten. Eine Revolution für Paris: Zum ersten Male wurde die Entwicklung der Moderne vom Impressionismus bis zu den Abstrakten unter der Obhut eines staatlichen Museums ausgebreitet.

Kandinsky feierte André Dezarrois als einen mutigen Mann, was aus heutiger Sicht vielleicht etwas lächerlich wirkt, aber es gehörte im Jahre 1937 in Frankreich tatsächlich sehr viel Courage dazu, eine solche Ausstellung gegen den Widerstand der »Akademiker« durchzusetzen. Außer diesen feindeten auch einige Künstler, die weder im Jeu de Paume noch im Petit Palais vertreten waren, die Ausstellung an. Sie versuchten sogar, mit Hilfe einer Petition an den Ministerpräsidenten die Ausstellung schließen zu lassen.

Kandinsky bedauerte diese unangenehmen Begleiterscheinungen, freute sich aber über die ungeheure Resonanz der Ausstellung in der Öffentlichkeit. Ganz Paris sprach davon. Unverhohlen gab er seiner Zufriedenheit Ausdruck: »Ich persönlich habe zum ersten Mal einen sehr guten Platz in einer offiziellen Pariser Ausstellung bekommen. Die Ausstellung weist einige Fehler auf, ist aber im ganzen gelungen und macht einen sehr frischen, munteren und überzeugenden Eindruck.« Die Schattenseiten der Ausstellung und die wenig noble Behandlung der nicht beteiligten Künstler lastete Kandinsky Christian Zervos an, der durch Launenhaftigkeit und durch eine merkwürdig berechnende Strategie zu Beginn des ganzen Unternehmens große Verwirrung gestiftet hatte. Kandinsky war von Zervos zutiefst enttäuscht. An seinen Freund Rupf schrieb er: »Schade und nochmals schade, daß man auch auf dem Kunstgebiet auf Schritt und Tritt unsauberen Intrigen begegnet. Hier in Paris hat man in dieser Beziehung Weltrekorde geschlagen.«

Damit spielte er zugleich auch auf die Parallel-Ausstellung im Petit Palais an. »Im Ausstellungskomitee«, fuhr er fort, »saßen fast lauter ›Große‹ Kunsthändler, die natürlich viel mehr an ihr Portemonnaie als an die Kunst dachten – so entstand eine ›Versteigerung‹, wie sie sagen. Ich werde mich doch entschließen, einmal hinzugehen. Die ›Chefs-d'Œuvres‹ sind trotz aller Mängel großartig.«

Das Petit Palais fand Kandinsky für Kunstausstellungen total ungeeignet. Als er die Ausstellung gesehen hatte, war er sehr zufrieden, im Museum Jeu de Paume und nicht im Petit Palais beteiligt gewesen zu sein. Immer wieder wetterte er gegen die Architektur des Petit Palais, das er gelegentlich als ein »exemplarisches Anti-Museum« bezeichnete. Was er daran so bemängelte, hat er Rupf ausführlich mitgeteilt: »Was für ein tolles Gebäude! Seine Bestimmung ist ja ein Museum, das ständig bleiben soll – und was für Licht ist da!? In manchen Räumen wird man so geblendet, daß nichts von den Werken zu sehen ist, in manchen gibt es eine Menge ganz dunkle Stellen usw. Wenn man bedenkt, daß so ein lichtmangelndes Gebäude in Paris im Jahre 1937 entstand, vergeht einem der Verstand.« Die Jeu de Paume-Ausstellung stimmte Kandinsky optimistisch: »Vielleicht wird es zu einer Wendung in der Pariser ›Kunstpolitik‹ führen, die bis jetzt konsequent versuchte, alles Selbständige und tatsächlich Neue in den Hintergrund zu drücken. Und mit gutem Erfolg nämlich!«

Eine Person nahm Kandinsky von diesem Vorwurf ganz bestimmt aus: Jeanne Bucher. Von ihrer Galerie sagte er: »Die einzige Kunstgalerie, die an dieser unsauberen Politik nicht teilnahm.«

Jeanne Bucher setzte sich nachdrücklich für die Kandinsky-Rezeption in Frankreich ein, zuerst mit der Einzelausstellung von 1936, dann mit zwei weiteren 1939 und 1942. Die letzte mußte wegen der Nazis geheim durchgeführt werden. Es kam uns wie ein Wunder vor, als das Museum Jeu de Paume aus der Ausstellung von 1939 die *Komposition IX* (datiert von 1936) und eine Gouache aus der Pariser Epoche für seine Sammlung ankaufte. Zweifellos war dies auch ein Verdienst Jeanne Buchers, die Dezarrois für den Erwerb des Werkes gewinnen konnte. Es waren die ersten abstrakten Werke in einem französischen Museum.

Jeanne Bucher war eine Kunsthändlerin aus Leidenschaft, eine unverbesserliche Idealistin, der ihr Erfolg am Ende recht gab. Kandinsky sagte von ihr: »Sie ist der weiße unter lauter schwarzen Raben. Sie ist im besten Sinne ein freier Geist, dem der Mut nicht fehlt.« Gleichzeitig würdigte er auch ihre Entdeckerseele: »Immer zeigt sie auch die jungen Künstler, bei denen sie eine Qualität sieht – sei es eine ›legale‹, d. h. hier vom ›Großen‹ Kunsthandel anerkannte Kunst, oder nicht.«

Wenn einer sich mit Eifer dafür eingesetzt hat, die abstrakte Kunst in Paris durchzusetzen, dann war es Jeanne Bucher. Sie hat sehr viel zu jener Aufklärung beigetragen, die – wie Kandinsky einmal sagte – »in Paris tatsächlich nottat«.

Sie war es auch, die 1939, also im Jahr des Kriegsausbruchs, in ihrer Galerie für den deutschen Maler Willi Baumeister anläßlich seines fünfzigsten Geburtstags eine Ausstellung veranstaltete. Diese mutige Tat ist um so höher zu werten, als die Presse darüber nicht schreiben konnte, um den Künstler in

Deutschland nicht zu gefährden, wo er als »Entarteter« seine Arbeiten nicht zeigen durfte. Kandinsky schätzte Baumeister. Schon 1931 schrieb er ihm: ».. . Vor rund einem Jahr war ich kurze Zeit in Paris und bemerkte auch dort, daß Sie die Franzosen sehr interessieren. Und es gibt nur wenige deutsche Künstler, die dort ernstgenommen werden, was ja (unter uns gesagt) kein besonderes Wunder ist. Und deshalb: was für einen Franzosen leicht ist, das ist für einen deutschen Künstler schwer – über die Grenze zu kommen. Von vornherein wird er skeptisch aufgenommen . . .«

Einen Brief Kandinskys vom April 1933 an Baumeister zitiere ich, weil in ihm mit seinen eigenen Worten ausgesprochen ist, was ich mehrmals erwähnte: ».. . Viele heutige Maßnahmen sind auf die Weise zu erklären, daß man sich in den Kreisen gar nicht klar darüber ist, was die neuen Kunstbewegungen bedeuten und was ihr Sinn ist. Die größte Schuld an dieser Sachlage geht auf die Presse zurück . . . Noch schlimmer ist es aber, daß man die Kunst mit Gewalt in die Politik hineinzog, daß man sie politisch färbte und daß die Parteien sich gewisse Kunstrichtungen aneigneten und sich berufen fühlten, diese künstlich gefärbte Kunst dem Publikum zu empfehlen. Und so kamen solche unwillkürlichen Witze, daß man dieselbe Kunst von links aus als eine rein bürgerliche und von rechts aus als eine kommunistische färbte. Dichter könnte der Nebel ja gar nicht mehr werden . . .«

In welcher Weise sich Kandinsky für befreundete Künstler, die in Deutschland geblieben waren, einsetzte, geht aus der Hommage hervor, die er für eine Ausstellung Baumeisters in Mailand 1935 verfaßte. Er stellte darin die Kunst Baumeisters den ungesunden, abstoßenden Erscheinungen der Zeit gegenüber, die das Positive damals unterdrückten, und äußerte die Überzeugung, daß dieses dennoch Sieger bleiben würde.

Kandinsky engagierte sich auch für junge Künstler. Simon Lissim erinnert sich: »1931 hatte ich eine Einzelausstellung mit meinen Theater-Entwürfen in der Galerie de France, Rue de l'Abbaye, in der Nähe von St.-Germain-des-Prês. Dort hatte ich das große Vergnügen, Kandinsky zu begegnen, der sich längere Zeit mit mir unterhielt. Er besuchte die Ausstellung sogar noch ein zweites Mal. Meine Erinnerungen an ihn sind die, daß er höflich und verständnisvoll war, daß man Unterstützung von ihm erwarten konnte. Dies bei einem international bekannten Maler zu erleben, war für mich, den jungen Künstler, so erhebend, daß ich es nicht in Worten ausdrücken kann. Im Vergleich zu vielen anderen Künstlern, denen ich begegnet bin – einige von ihnen waren sehr arrogant und von ihrer Wichtigkeit überzeugt –, war meine Bekanntschaft mit Kandinsky eine erfrischende Erfahrung, die man nicht so leicht vergißt. Er kann und sollte ein Beispiel für die vielen jungen Künstler von heute sein, die gewiß weniger begabt und bekannt sind, die sich aber benehmen, als hätten sie besondere Rechte, durch die sie anderen überlegen sind.«

Anerkennende Worte über die Ausstellungen seiner Werke erhielt Kandinsky aus Amerika, aus England und aus Holland. Weniger erfreulich war das, was wir aus Deutschland hörten. Gelassen nahm Kandinsky die Quasi-Vollzugsmeldung von der Ausräumung der »entarteten« und damit auch seiner eigenen Kunst aus allen deutschen Museen auf. Es beruhigte ihn, wenn er von diesem oder jenem Bild erfuhr, das in diesem oder jenem außerdeutschen Museum untergekommen war. So wanderte zum Beispiel das Gemälde *Einige Kreise* aus der Dresdner Staatsgalerie in das New Yorker Guggenheim-Museum. Kandinsky liebte dieses Bild über alles und hatte sich um sein Schicksal sehr gesorgt.

Trotzdem die politischen Ereignisse besorgniserregende Formen annahmen und die Menschen das auf sie zukommende Verhängnis schon ahnten, in jenen Jahren, in denen die Unsicherheit sich überall ausbreitete, gab Kandinsky seinen unerschütterlichen Glauben an die Kunst nicht auf, ließ er seine Gedanken um künstlerische Probleme kreisen und widmete sich intensiver denn je seiner Arbeit.

Wie in Rußland und in Deutschland schirmte ich ihn auch in Paris von unangenehmen Dingen ab. Ich freute mich, wenn er in seinem Atelier saß und malte und von dem ganzen politischen Wahnsinn wenig merkte.

Natürlich war Kandinsky weder blind noch taub für das, was in Deutschland geschah. In einem Brief an Rupf schrieb er sich seinen ganzen Zorn von der Seele: »Viel Geduld wurde seitens der demokratischen Länder gezeigt, jetzt aber weiß *jeder*, dem Nationalsozialismus muß definitiv und für alle Zeiten ein Garaus gemacht werden. Ich glaube nicht, daß man damit zu lange zu warten hat. Wie wird die ganze Welt aufatmen!«

Eine solche Reaktion war für Kandinsky ungewöhnlich. Erschrocken über seinen verbalen Ausbruch, fügt er sogleich besänftigend hinzu: »Die Maler, die ja nur ›langsam eilen‹ dürfen, sind gewissermaßen ›ausgebildet‹ für ständiges Warten. Wie soll es aber den Menschen gehen, die an Eile gewohnt sind? Aber wie der Muskel durch Übung kräftiger und dicker wird, so auch die Geduld. Nun gibt es aber Grenzen auch für die Muskeln, geschweige der Geduld.«

Geduld. Besonnenheit. Klarer Kopf. Im August 1938 liefen unsere deutschen Pässe ab – just zu einem Zeitpunkt also, da die Lage von Deutschen im Ausland äußerst heikel und gefährlich wurde. Beunruhigt wurden wir noch zusätzlich durch warnende Worte von Freunden, die nicht begreifen konnten, daß wir uns nicht längst vor der drohenden Gefahr nach Amerika abgesetzt hatten.

Wir erkundigten uns bei der deutschen Botschaft in Paris wegen einer Paßverlängerung. Die Auskunft, die wir bekamen, war bestürzend, denn der zuständige Beamte verlangte von uns den Nachweis arischer Vorfahren. Er drohte, daß er uns ein Paß-Provisorium von dreimonatiger Dauer ausstellen müsse, wenn wir den Arier-Nachweis nicht erbringen würden. Kandinsky wies seinen Taufschein vor, in dem seine Eltern als Christen aufgeführt waren. Das reichte nicht aus. Der Beamte wollte auch etwas über Kandinskys Großeltern erfahren. Kandinsky klagte: »Nun kamen ja zwei von ihnen in Ostsibirien auf die Welt – in welchen Städten, in welchen Jahren weiß ich nur ganz annähernd. Und wie könnte ich von dort kirchliche Zeugnisse erhalten?«

Es war müßig, sich bei den Deutschen weiterhin um die Ausweispapiere zu bemühen.

Kandinsky entschied: »Es bleibt uns nur eins – keine Deutschen mehr zu sein. Deshalb gehen wir morgen zum Konsulat und bitten um Befreiung.«

Diese »Befreiung« verzögerte sich dann noch um ein ganzes Jahr. »In dem Konsulat waren die Beamten so menschlich«, so Kandinsky, »daß wir wirklich entzückt waren. In kürzester Zeit bekamen wir einen neuen Paß für fünf Jahre. An diesem Tag kamen die vier Staatsmänner in München zusammen, und wir beschlossen, auf das Resultat zu warten.«

Das Resultat war für Europa und die ganze Welt höchst folgenschwer. Im Juli 1939 ließen wir uns in Frankreich naturalisieren. Damit ging ein großer Wunsch in Erfüllung: Wir waren Franzosen. Schon seit 1934 wünschten wir uns die französische Staatsangehörigkeit. Aus heutiger Sicht muß ich sagen, daß das Schicksal es damals gut mit uns gemeint hat.

Kandinsky schlug die Türen nach Deutschland hinter sich zu – Deutschland, von dem er einst gesagt hatte, daß er mit seinem Boden stark verwurzelt sei. »Von den verschiedenen Großstädten, die ich kenne, fühle ich mich organisch verwachsen nur mit Moskau und Paris.« Es fehlt München. Das zeigt Kandinskys tiefe Enttäuschung über die politischen Vorgänge in Deutschland.

Um möglichen Gefahren oder Unannehmlichkeiten zu entgehen, fuhren wir vor dem Einmarsch der deutschen Truppen in Paris nach Cauterets in den Hautes Pyrénées. Die Bilder lagerten wir bei Bekannten in Mittelfrankreich aus. Die meisten Aquarelle und Zeichnungen deponierten wir im Safe einer französischen Bank. Nach der Rückkehr aus Cauterets brachten wir die restlichen Bilder in die Wohnung unseres Hausarztes, Dr. Serge Werbof, dessen Haus in der Rue de la Faisanderi uns bei Bombenangriffen weit sicherer schien als unseres in Neuilly.

Drei Monate, genauer: von Ende Mai bis Ende August 1940, verbrachten wir in Cauterets. Unser geruhsames und friedliches Dasein beendete ein Telegramm aus Paris, in dem uns unsere Concièrge dringend empfahl, unverzüglich nach Paris zurückzukommen, weil andernfalls die Wohnung in Neuilly von den Deutschen beschlagnahmt würde. Um die drohende Beschlagnahmung zu verhindern, packten wir überstürzt unsere Koffer und fuhren nach Paris zurück.

Auf der Rückreise kamen wir durch Vichy, wo wir den Zug wechseln mußten. Dort blieben wir ein paar Tage und trafen rein zufällig Fernand Léger. Er war überrascht, daß wir freiwillig in den Hexenkessel Paris zurückkehrten. Léger hatte sich nämlich schon anders entschieden und war im Begriff, Frankreich in Richtung Amerika zu verlassen. In Paris angekommen, wo wir unsere Wohnung so vorfanden, wie wir sie verlassen hatten, wurden wir mit der Möglichkeit konfrontiert, uns – wie einige Künstlerkollegen dies bereits getan hatten – nach Amerika abzusetzen. Zwei Herren des amerikanischen Konsulats besuchten uns und wollten Kandinsky dafür gewinnen, mit seinen Bildern und mit seinem ganzen Besitz nach Amerika »auszuwandern«. Das Angebot war in jeder Hinsicht verlokkend, und wir überlegten tagelang, ob wir nicht Europa den Rücken kehren sollten. Kandinsky empfand diese Trennung jedoch als zu schmerzlich. Sein Herz hing an Paris, und er wollte nicht auf die »Pariser Luft« verzichten. Sie war die Umgebung, die er für seine Arbeit brauchte, die er einatmen mußte, um kreativ sein zu können.

Wir schlugen das Angebot der Amerikaner aus. Kandinsky vertröstete die Herren auf einen späteren Zeitpunkt: »Nach Beendigung des Krieges möchte ich besuchsweise gern einmal nach Amerika fahren. Hoffen wir darauf, daß es bald sein wird.«

In Erinnerung geblieben war uns noch jenes Nazi-Wort aus Berlin: »Kandinsky ist uns als Geist gefährlich.« War er den Nazis nun auch in Paris als Geist gefährlich?

Wir waren auf Schikanen gefaßt. Denn inzwischen galt Kandinsky auch noch als »entarteter Künstler«. Wie würden die Nazis sich verhalten, erst einmal auf uns aufmerksam geworden? Nun, es passierte nichts. Wir blieben ungeschoren. Kandinsky mied die Öffentlichkeit und zog sich in das Heiligtum seines Ateliers zurück, um zu malen. Er malte Bilder von bewundernswerter Schönheit.

Eines Tages schrillte früh morgens das Telefon. Ich ging an den Apparat und hörte am anderen Ende die aufgeregte Stimme unseres Hausarztes.

»Kommen Sie sofort herüber und holen Sie den Koffer mit den Aquarellen aus der Wohnung. Meine Frau ist soeben von den Deutschen verhaftet und abgeführt worden. Ich befürchte, daß sie auch mich holen und die Wohnung durchsuchen werden.«

Ich zögerte keinen Augenblick und versicherte dem Arzt: »Ich komme sofort.«

Kandinsky wollte mich nicht gehen lassen und den Koffer selber abholen. Das wiederum wollte ich nicht zulassen. Es dauerte einige Zeit, bis ich ihn überzeugen konnte, daß er weit mehr gefährdet sei als ich und daß ich schon Mittel und Wege finden würde, die Nazis, falls sie den Arzt überwachten, zu überlisten. Daß die Frau des Arztes in die Mühlen des Naziterrors geriet, war uns zunächst unverständlich. Sie gehörten beide der russisch-orthodoxen Kirche an und trugen einen unverdächtigen, typisch russischen Namen. Überflüssigerweise aber hatte das Arztehepaar die jüdische Abstammung beider Elternteile den Deutschen angegeben.

Ich schaffte den Koffer mit den Aquarellen nach Neuilly. Dann warteten wir drei Tage und hofften, daß man die Frau wieder freilassen würde. Wir warteten vergebens. Jetzt mußte dem Arzt geholfen werden, entschied Kandinsky.

Es gab in unserem Haus eine leerstehende Wohnung. Da ihr Eigentümer vor den Deutschen geflohen war, sprach ich mit der Concièrge und bat sie, uns ein Zimmer dieser Wohnung für Dr. Werbof, den sie gut kannte, zu überlassen. Sie war sofort einverstanden.

Der Arzt weigerte sich, in den Untergrund zu flüchten, weil er damit das Leben seiner Frau zu gefährden glaubte, was ich ihm auszureden versuchte. Schließlich konnte ich Dr. Werbof überzeugen. Der Arzt kam in unser Haus. Tagsüber lebte er in der Wohnung unter uns auf der fünften Etage. Zu Abend aß er bei uns. Es war alles in allem ein unerträgliches Versteckspiel und ein unmenschliches Gefangenendasein. Daraus einen Ausweg zu finden, war schwer und riskant zugleich.

Wir hatten einen sehr guten Bekannten auf der Präfektur, der sich auch um die Auslagerung unserer Bilder nach Mittelfrankreich verdient gemacht hatte. Ihn suchte ich nun auf und bat ihn um Rat. Ein besonders großes Gefahrenmoment sah ich darin, daß der Arzt nicht akzentfrei französisch sprach und beim Feind leicht Verdacht erregen könnte. Die beste Lösung erschien uns, für Dr. Werbof einen Paß unter falschem Namen zu besorgen. Es fiel uns ein ganz simpler Trick ein: Rede und Antwort sollte er dem Beamten auf dem Paßamt nur mit leiser und künstlich heiserer Stimme stehen.

Die Sache ging tatsächlich gut aus, so unwahrscheinlich sie auch klingen mag. Der Arzt wohnte bis Kriegsende dann unter uns. Seine Frau sah er niemals wieder. Die Nazis haben sie auf dem Gewissen.

Hier ist nun der Punkt, wo ich eine üble Nachrede zerstreuen möchte. Aufgebracht hat das Gerücht Alma Mahler-Werfel, die verbreitete, Kandinsky und ich seien Antisemiten. In ihren

Erinnerungen hatte sie die Stirn, folgendes zu behaupten:

»Kandinsky und seine Frau, sonst besonnene Menschen, beschimpften mich auf die gröblichste Weise wegen meiner ›Judenliebe‹. Sie nannten mich einen Judenknecht und ähnliches. Ihre Beweisführungen über die Gefährlichkeit des Judentums waren ebenso eng wie platt. Walter Gropius ist aber viel zu gescheit, als daß er ein Antisemit geworden wäre. Er kränkte sich nur über Werfel und hat auch alles Recht dazu! Kandinskys haben furchtbare Jahre in Rußland mitgemacht, sind über die Grenze geflohen, unter Zurücklassung allen Besitzes. Und wenn Frau Kandinsky eine rote Fahne sah, wurde sie buchstäblich ohnmächtig vor Angst.«

Zunächst einmal: Wir waren keine Flüchtlinge, wir haben Rußland offiziell verlassen und konnten jederzeit wieder zurückkehren. Alma Mahler-Werfels Unwahrheiten und Geschmacklosigkeiten beruhen auf ihren Wunschvorstellungen. Sie hat ja nicht nur uns, sondern auch noch andere Leute ins Visier genommen und ihnen Dinge unterstellt, die barer Unsinn sind. Auch Gropius, der sie sehr geliebt hat, blieb von ihr nicht verschont.

Warum Alma Mahler-Werfel das schrieb, kann ich mir nur vage erklären. Sie tat es sicherlich nicht aus Neid und auch nicht deshalb, weil sie sich interessant machen wollte. Sie war interessant; das kann auch ich bestätigen. Kokoschka, Gropius und Werfel hatten ihre beste Schaffenszeit, als Alma in ihrer Nähe lebte. Sie war ihnen allen eine bereichernde Muse. Und sie war eine schöne Frau.

Auf der anderen Seite war sie sehr herrisch. Das spürte ich schon, als ich sie zum ersten Mal in Berlin kennenlernte, wo sie uns zusammen mit Gropius besuchte. Sie wirkte liebenswürdig, aber hinter ihrem Charme verbarg sie scharfe Krallen. Und sie wußte es: »Mit eisernen Krallen erkralle ich mir mein Nest . . . Jedes Genie ist mir gerade der rechte Strohhalm . . . als Beute für mein Nest.« Eine bemerkenswerte Selbstcharakterisierung.

Als wir dann von Berlin nach Weimar fuhren, um das Bauhaus zu besichtigen, gab es am Abend bei Gropius einen Empfang zu Ehren von Kandinsky. Wiederum fiel mir auf, wie sie mit ihrem Charme Menschen zu gewinnen versuchte. Sie gab sich alle Mühe, das wurde bald deutlich, auch Kandinsky zu beeindrucken, der sich ihr gegenüber sehr höflich benahm, aber das war auch schon alles. Kandinsky liebte mich zu sehr, als daß er Interesse für andere Frauen, eingeschlossen Alma, gehabt hätte. Ich fragte sie, weil sie nicht oft in Weimar war und trotz ihrer Ehe mit Gropius in Wien wohnte, völlig ohne Hintergedanken: »Wann kommen Sie denn wieder nach Weimar?«

»Das hängt von Ihnen ab«, antwortete sie.

Ich begriff zunächst nicht, was sie damit sagen wollte. Doch dann ging mir ein Licht auf: Sie interessierte sich für Kandinsky! Freundlicherweise lud sie uns dann beide zu sich nach Wien ein, aber wir machten von der Einladung keinen Gebrauch.

Da Kandinsky Alma Mahler nicht den Hof machte, sann sie auf Rache. Offenbar war sie so enttäuscht, daß sie zwischen Schönberg und Kandinsky eine verhängnisvolle Intrige spann. Sie wußte, daß Kandinsky und Schönberg gut miteinander befreundet waren. Eines Tages ging sie zu Schönberg und sagte ihm: »Kandinsky ist Antisemit.«

Alma Mahler fand bei ihm leider offene Ohren, denn Schönberg hatte immer das Gefühl, als Jude zum Mißerfolg verurteilt zu sein. Er war der Ansicht, sein Judentum versperre ihm jede Karriere als erfolgreicher Komponist. Es muß ihn tief getroffen haben, jetzt einen seiner engsten Freunde im Lager der Antisemiten zu wissen.

Kandinsky wußte natürlich von all dem Ränkespiel nichts, das Alma hinter seinem Rücken trieb. Er erfuhr es durch Zufall. Völlig nichtsahnend lud er Schönberg ein, nach Weimar zu kommen, um dort das frei werdende Direktorenamt am Konservatorium zu übernehmen. Gropius hatte Kandinsky gebeten, Schönberg für dieses Amt zu gewinnen. Kandinsky griff den Vorschlag mit Freude auf, denn er fand es wunderbar, mit seinem Freund eng an der Einrichtung eines geistig-künstlerischen Zentrums in Weimar zusammenzuarbeiten. Die Antwort von Schönberg traf Kandinsky ins Herz. Ein Brief aus Mödling, datiert vom 20. April 1923, enthielt Schönbergs Absage. Schönberg schrieb auch nicht mehr, wie es zuvor üblich gewesen war, an den »Lieben Freund Kandinsky«, sondern redete den einstigen Freund mit »Lieber Herr Kandinsky« an: »Ich habe gesehen, daß einer, mit dem ich gleiches Niveau zu haben glaubte, die Gemeinschaft des Topfes aufgesucht hat;

ich habe gehört, daß auch ein Kandinsky in den Handlungen der Juden nur Schlechtes und in ihren schlechten Handlungen nur das Jüdische sieht, und da gebe ich die Hoffnung auf Verständigung auf. Es war ein Traum. Wir sind zweierlei Menschen. Definitiv! . . . In meine herzlichen und hochachtungsvollen Grüße mögen sich der Kandinsky der Vergangenheit und der jetzige mit Gerechtigkeitsgefühl teilen.«

Kandinsky war erschüttert. Er wußte überhaupt nicht, auf was Schönberg diese Unterstellung zurückführte, und befürchtete, Schönberg leide unter Verfolgungswahn.

Kandinsky ging zu Gropius und zeigte ihm den Brief. Gropius wurde blaß und sagte spontan: »Das ist Alma.« Er begriff sofort, daß seine Frau die Geschichte inszeniert hatte. Und er lag richtig mit seiner Annahme, denn Schönberg schrieb im Mai 1923 an seine Informantin Alma: »Dazu kommt, daß ich vielleicht auch ohne Dich hätte erfahren können, was in Weimar gedacht wird.«

Zuerst versuchte Kandinsky, die Angelegenheit zu ignorieren, denn er war nie Rassist gewesen, hatte nie etwas gegen Juden gehabt. Für ihn zählte die Persönlichkeit und nicht die Hautfarbe, die Rasse oder die Weltanschauung eines Menschen. Alma Mahler-Werfel hatte instinktiv Schönbergs wunde Stelle getroffen und in ihrer Rache gegen Kandinsky Erfolg gehabt: Sie zerstörte eine Freundschaft.

Kandinsky reagierte dann nach längerem Hin- und Herüberlegen doch und antwortete Schönberg in einem Brief, drückte ihm seine Bestürzung aus und versuchte ihm klarzumachen, wie sehr er, Schönberg, einem Gerücht aufgesessen war. Am 4. Mai 1923 erreichte Kandinsky ein mehrseitiger Brief von Schönberg, in dem er ihn mit »Herr Kandinsky« bewußt formell anredete.

Schönberg ging ausführlich mit dem Antisemitismus ins Gericht und drückte seine tiefe Enttäuschung für den ins antisemitische Lager hinübergewechselten Kandinsky aus, was nicht stimmte. Es ist ein leidenschaftlicher Brief, der auch deutlich ausdrückt, wie sehr Schönberg unter der zerbrochenen Freundschaft gelitten hat. Doch eine Versöhnung blieb nicht völlig ausgeschlossen. Der Brief schließt mit den Sätzen: »Ich habe Ihnen antworten wollen, weil ich Ihnen zeigen wollte, daß auch in dem neuen Kleid für mich Kandinsky vorhanden ist; und daß ich nicht diese Achtung verloren, die ich einmal gehabt habe. Und wenn Sie für meinen ehemaligen Freund Kandinsky Grüße zu bestellen übernehmen wollten, würde ich Ihnen sehr gerne einige meiner wärmsten anvertrauen wollen, könnte aber nicht unterlassen, die Botschaft hinzuzufügen: Wir haben uns lange nicht gesehen; wer weiß, ob wir uns je wiedersehen; wäre es der Fall jedoch, daß wir uns wieder begegneten, so wäre es traurig, wenn wir füreinander sollten blind sein müssen.«

Kandinsky erkannte den Wink und war sich ganz sicher, die Freundschaft wieder kitten zu können.

Bis das geschehen konnte, richtete Alma Mahler-Werfel noch weiteres Unheil an. Als wir 1924 nach Wien fuhren, wo Kandinsky einen Vortrag halten sollte, hatte uns ein Bankdirektor eingeladen, bei ihm zu wohnen. Am Bahnhof erwartete uns unsere sehr liebe Freundin Fannina W. Halle, eine bekannte Kunsthistorikerin. Sie überraschte uns mit der Mitteilung: »Sie wohnen bei mir und nicht bei dem Bankdirektor.«

Kandinsky war froh, daß der ursprüngliche Plan umgeworfen worden war. »Aber warum?« fragte er. »Ach, wissen Sie, Frau Mahler hat hier verbreitet, Kandinsky sei ein Feind der Juden. Ein Jude könne deshalb nicht Gastgeber dieser Antisemiten sein.«

Fannina Halle mußte lachen, als sie das böse Wort aus dem Munde des Bankdirektors gehört hatte. »Ich habe ihm erklärt«, sagte sie uns, »daß das glatter Unsinn sei. Ich bin selbst Jüdin, und wir sind eng miteinander befreundet. Hier wird über Kandinsky eine Lüge verbreitet.«

Die Frau des Bankdirektors bestand ihrem Mann gegenüber aber darauf, uns zu Ehren wenigstens ein großes Abendessen zu veranstalten, wenn wir schon nicht in ihrem Hause wohnen sollten. Vor dem Essen klingelte bei Fannina Halle das Telefon. Die Frau des Bankdirektors war am anderen Ende. Fannina führte mit ihr ein längeres Gespräch und kam dann zu uns, um zu berichten.«

»Stellen Sie sich vor«, sagte sie, »Alma möchte während des Essens unbedingt neben Kandinsky sitzen.«

»Das ist ausgeschlossen«, erwiderte Kandinsky, »sie ist eine Intrigantin und hat Böses angerichtet. Ich will sie nicht neben mir sitzen haben.«

Als wir dann zum Essen gingen, begegneten wir im Salon des Bankdirektors Alma und Franz Werfel. Sie kam auf mich zu und sagte: »Ich bin erkältet, ich bin aber trotzdem gekommen, um Kandinsky und Sie zu sehen. Nun habe ich gehört, Kandinsky will nicht einmal neben mir sitzen.«

»Das ist nicht meine Sache«, erwiderte ich daraufhin. »Das ist Kandinskys ganz persönliche Entscheidung.«

Alma saß dann am Tisch neben Franz Werfel, Kandinsky saß zwischen der Gastgeberin und Fannina Halle. Mein Tischherr war Arthur Schnitzler, dessen Werke ich schon als junges Mädchen in russischer Übersetzung gelesen hatte. Ich freute mich, diesen Schriftsteller, den ich sehr verehrte, persönlich kennenzulernen. Werfel wirkte mit seiner massigen Größe auf mich wie ein abweisender, eitler und selbstgefälliger Kater.

Im Sommer 1927 verbrachten wir unsere Ferien in Pörtschach. An einem Nachmittag gingen wir am Seeufer spazieren und hörten plötzlich eine Stimme: »Kandinsky! Kandinsky!«

Es war Schönberg. Er hielt sich dort mit seiner jungvermählten Frau Gertrud während seiner Sommerferien auf. Seine Frau spielte leidenschaftlich gern Tennis, und Schönberg verbrachte den Tag meist am Rand des Spielfelds, um seiner Frau beim Spielen zuzuschauen.

Zwei Freunde, die in München Freundschaft geschlossen hatten, sahen sich wieder. Kein Wort fiel über die peinliche Intrige, und beide vergaßen, was durch Alma Mahler-Werfel in die Welt gesetzt worden war. Inzwischen mußte wohl auch Schönberg erfahren haben, daß Alma als Gerüchtemacherin einen etwas zweifelhaften Ruf genoß.

Der Freund Paul Klee

Soweit ich mich erinnern kann, gab es in Kandinskys Freundeskreis nur einen einzigen Menschen, mit dem Kandinsky sich duzte: den russischen Komponisten Thomas von Hartmann. Selbst bei seinem engsten Malerfreund, Paul Klee, behielt Kandinsky, der übertriebene Vertraulichkeit ablehnte, das förmliche »Sie« bei – auch noch nach Jahrzehnten tiefer Freundschaft.

Kennengelernt hatten sich Klee und Kandinsky durch die Vermittlung Louis Moilliets schon im Herbst 1911 in München. Aus Klees Tagebuch geht hervor, daß sich die beiden zunächst etwas skeptisch einander näherten. Als Klee die ersten Bilder Kandinskys zu Gesicht bekam, die ihm Louis Moilliet zeigte, fand er diese sehr merkwürdig, ohne ihnen eine gewisse Kühnheit abzusprechen. Es waren gegenstandslose Arbeiten. Der Zufall führte sie dann persönlich zusammen.

»Zuerst trafen wir uns in einem öffentlichen Lokal der Stadt, wo auch Amiet mit seiner Frau zugegen war (auf der Durchreise)«, berichtet Klee in seinem Tagebuch. »Dann verabredeten wir, auf der Trambahn nach Hause fahrend, weitere Pflege von Beziehungen. Im Laufe des Winters schloß ich mich dann seinem Blauen Reiter an.«

Mit Klees Anschluß an den »Blauen Reiter« kamen sich die beiden Künstler auch menschlich näher: »Ich habe bei persönlicher Bekanntschaft ein gewisses tieferes Vertrauen zu ihm gefaßt«, heißt es in einer Tagebucheintragung aus dem Jahre 1911. »Er ist wer und hat einen ausnehmend schönen, klaren Kopf.« Aber erst in Weimar und Dessau vertiefte sich die künstlerische Beziehung zu einer echten Freundschaft. Trotz konträrer künstlerischer Auffassungen gab es zwischen ihnen keine Rivalitäten: »Die beiden waren wirklich große Künstler«, sagte Felix Klee, »verschieden in ihrer Art und manchmal regten sie sich auch gegenseitig an. Es gibt Aquarelle von Kandinsky, die Kleesches zeigen, und es gibt auch einige Bilder von Klee, die die Nachbarschaft von Kandinsky ahnen lassen. Diese Einflüsse sind allerdings nicht gewollt.«

Im Unterschied zu Klee konzentrierte sich Kandinsky immer nur auf ein einziges Werk und fing niemals ein neues Bild an, bevor das angefangene fertig war. Klee indessen arbeitete gern an mehreren Bildern gleichzeitig. Ré Soupault erzählt von einem Besuch in seinem Atelier. »Eine Zeitlang waren am Sonntag die Ateliers der Meister für die Schüler geöffnet, so daß die Schüler sich anschauen konnten, was die Meister malten. So kam einmal eine Mitschülerin zu mir und sagte: ›Komm doch heute mal mit zu Klee. Der macht so eine Art Fabrikation von Bildern. Der malt zehn oder zwanzig Bilder zugleich.‹ Mich schockierte das. Für mich war ein Bild eine Welt. Und ich meinte, man könnte nicht in verschiedenen Welten zugleich sein. Später habe ich Klee besser verstanden. Um von einer Welt Abstand zu bekommen, brauchte er eine immer andere. Er brauchte viele Leinwände, auf denen er seine Welten gleichzeitig malte.«

Ich habe Klee und Kandinsky nie über Kunst diskutieren hören. Die Kunst war ein Thema, das sie allenfalls unter sich oder im Bauhaus erörterten. Wenn wir mit der Familie Klee zusammen waren, kamen ganz alltägliche, familiäre Dinge zur Sprache. Im selben Maße, wie Klee und Kandinsky für die Kunst lebten, fühlten sie sich auch ihren Familien verbunden.

Als Kandinsky von Klees Krankheit erfuhr, einer unheilbaren Sklerodermie, setzte er alles daran, ihm zu helfen. Hermann Rupf schrieb uns nach Paris, daß Klee zusehends abmagere und wohl nicht mehr lange zu leben habe. Kandinsky versuchte seinen Freund zu bewegen, nach Paris zu kommen, um sich von einem berühmten Akupunkturpraktiker behandeln zu lassen. Rupf sollte als Mittelsmann dienen und zunächst Frau Klee von dem außerordentlichen Können dieses Arztes überzeugen.

In der ersten Pariser Zeit hatte sich Kandinsky gesundheitlich nicht ganz wohl gefühlt. Er war durch die vielen Aufregungen im Zusammenhang mit unserer Übersiedlung nach Frankreich etwas entnervt, schlief schlecht und wußte kein Mittel, das ihm helfen konnte. Thomas von Hartmann hatte ihm damals den Rat gegeben, einen erfahrenen Akupunkteur zu konsultieren: »Ich kenne hier in Neuilly einen Mann, der fünfundzwanzig Jahre in China gelebt und dort die Akupunktur-Methode gründlich studiert hat. Ich bin mit ihm befreundet und werde dich mit ihm bekannt machen, damit du dich von ihm behandeln lassen kannst.«

Soulié-de-Morant, so hieß der Mann, durfte in Paris nicht offiziell praktizieren, weil er kein ärztliches Diplom besaß. Er behandelte seine Patienten in der Praxis einer befreundeten Ärztin.

Ich hatte seit früher Kindheit an einer wahrscheinlich vererbten Migräne gelitten. Die Ärzte wußten keinen Rat. In Paris hatten die Schmerzen wieder zugenommen, und so ging ich gemeinsam mit Kandinsky in Morants Sprechstunde. Soulié-de-Morant verwendete goldene und silberne Nadeln. Die silbernen setzte er, soweit ich mich erinnere, gegen Rheumatismus und ähnliche Beschwerden ein. Kandinsky wurde mit goldenen Nadeln behandelt. Der Erfolg ließ nicht auf sich warten: Gleich nach der ersten Konsultation konnte er wieder gut schlafen.

Bei mir stellte Morant eine mangelhafte Funktion der Leber fest. Ich spürte nicht den geringsten Schmerz, als er zu beiden Seiten der Kniescheibe und am Handgelenk Nadeln einstieß. »Diese Woche können Sie alles essen, was Sie nicht vertragen«, sagte er. Ich dachte sogleich an Käse, Schokolade, auch an Rotwein. »Nach acht Tagen rufen Sie mich an und berichten mir, wie es Ihnen geht.«

Auch meine Behandlung war erfolgreich.

Als ich irgendwann später wieder leichte Migränebeschwerden verspürte, ging ich unverzüglich zu Soulié-de-Morant. Er akupunktierte mich an denselben Körperpartien wie beim ersten Mal. »Jetzt sind Sie für immer von Ihrer Migräne geheilt«, prophezeite er mir, und er behielt recht. Seither bringe ich der Akupunktur großes Vertrauen entgegen.

Soulié-de-Morant, der auch Arp und Cocteau half, ist inzwischen verstorben. Zum Glück gibt es für ihn Ersatz. Ein in Paris lebender Chinese, der mich gelegentlich aufsucht, praktiziert jetzt diese so erfolgreiche Heilmethode.

Nachdem wir Rupf um Vermittlung gebeten hatten, teilte er uns kurz darauf mit, Klee sei für eine Reise nach Paris bereits zu geschwächt, und sein Zustand verschlimmere sich immer mehr. Da Soulié-de-Morants Ruf auch in der Schweiz bekannt war, drängte Kandinsky Rupf: »So könnten Sie vielleicht, dachte ich mir, mit dem Arzt von Klee sprechen und ihn um seine Meinung fragen. Dieser Arzt könnte seinerseits an Soulié-de-Morant schreiben und ihm den Fall schildern. Wenn er denkt, daß ein Versuch notwendig wäre, könnte man ihn vielleicht nach Bern bitten.«

Alle Bemühungen waren umsonst. Im Dezember erhielten wir sehr, sehr ernste Nachrichten aus Bern. Kandinsky war erschüttert. »Wir denken an beide unsre Freunde, und wissen nicht, für wen von ihnen das unvermeidliche Ende schrecklicher ist – für ihn oder für seine Frau«, schrieb er Rupf.

Kandinsky unternahm einen letzten Versuch. Er rief bei Soulié-de-Morant an und versuchte ihn noch einmal zu bewegen,

Klee zu helfen, aber er mußte schließlich einsehen, daß es zu spät war. »Diese Hoffnung hat er mir genommen. Er sagte kurz ›aucune chance‹. Ich fragte ihn, ob er eventuell nach Bern fahren würde, um doch noch einen Versuch zu machen. Darauf sagte er mir, er wäre in diesem Falle vollkommen machtlos, und alle Mittel würden ohne Erfolg bleiben.« Eine Linderung der Atemnot, die Klee quälte, versprach sich Kandinsky durch die sogenannte »Kuhnsche Maske«. Er selbst hatte im Jahre 1933 nach einer schweren Grippe an Atembeschwerden gelitten und sich von einem Berliner Arzt diese Atemmaske verschreiben lassen. Er empfahl also auch Klee, sich diese Maske zu beschaffen. Ob dieser Kandinskys Rat folgte, weiß ich nicht.

1937 richtete die Berliner Kunsthalle Kandinsky eine große Ausstellung ein, zu deren Eröffnung wir nach Bern fuhren. Klees gesundheitlicher Zustand trieb mir die Tränen in die Augen. Er hatte die Ausstellung noch nicht gesehen und drängte trotz seines bedenklichen Gesundheitszustandes darauf, in die Kunsthalle zu gehen. Der Direktor des Hauses richtete es so ein, daß Klee die Ausstellung an einem publikumsfreien Tag anschauen konnte. Er war bereits so geschwächt, daß er sich, auf den Arm seiner Frau gestützt, langsam durch die Räume schleppte und die Bilder nur noch sitzend zu betrachten vermochte. Doch der Anblick von Kandinskys Werken gab ihm so viel Kraft, daß er sich auf eigenen Wunsch die ganze Ausstellung ansah.

Als wir uns von Klee ein paar Tage später verabschiedeten, sagte ich zu ihm, mühsam die Tränen unterdrückend:

»Ich hoffe, Sie bald in Paris zu sehen.«

»Dazu wird es wohl nicht mehr kommen«, erwiderte Klee. Er fühlte, daß sein Ende bevorstand.

Trotzdem wir darauf vorbereitet waren, daß Klee nicht mehr lange zu leben hatte – seine Krankheit schleppte sich immerhin noch drei qualvolle Jahre hin –, traf uns die Nachricht von seinem Tod dennoch unvorbereitet. Das entsetzliche Telegramm erreichte uns in Cauterets am 29. Juni 1940. Paul Klee war infolge einer Herzlähmung morgens um halb acht Uhr in Muralto gestorben, wo er seit dem 8. Juni im Krankenhaus Sant'Agnese nahe Locarno gelegen hatte.

Klee war eine faszinierende Persönlichkeit. Er wirkte schüchtern, weil er stets unaufdringlich blieb, in Wirklichkeit aber war er keineswegs schüchtern. Wir schätzten ihn als aufmerksamen und geduldigen Zuhörer, als einen ungewöhnlich großzügigen und hilfsbereiten Menschen.

Wo immer sich ein Anlaß bot, ob zu Weihnachten oder zum Geburtstag, schenkte Klee seinem Freund Kandinsky Aquarelle, Bilder oder Graphiken. Ich besitze heute noch ein Aquarell von seiner Tunisreise, das ich mir persönlich auf seinen ausdrücklichen Wunsch hin aussuchen durfte. Ich liebe alle Blätter aus dieser Schaffensperiode Paul Klees. Natürlich revanchierte sich Kandinsky und schenkte ihm seinerseits eigene Arbeiten. Bilder sind, so meine ich, die kostbarsten und persönlichsten Geschenke von Künstler zu Künstler.

Der Tod Paul Klees hinterließ im Leben Kandinskys eine schmerzliche, unausfüllbare Lücke.

Reisen

Kandinskys sehnlichster Wunsch, einmal nach China zu reisen, ging nie in Erfüllung. China hatte seine Phantasie stets beflügelt, aber er mußte sich damit begnügen, das Land seiner Sehnsucht mit Hilfe ausgedehnter Lektüre innerhalb seiner eigenen vier Wände zu bereisen. Ähnlich verhielt es sich mit New York, einer nie gesehenen Stadt, die ihn bis in seine Träume hinein verfolgte. »New York hat in meinen Träumen eine beinahe komisch zu nennende Dimension«, erzählte er mir. »Nichts Gigantisches, nichts von den unbegrenzten Möglichkeiten. New York erscheint mir als kleines hübsches Gartenstädtchen, ein seltsamer Traum.« So oft wir es auch versuchten – es war unmöglich, diesen seltsamen Traum zu entschlüsseln.

Lange bevor Mitglieder des amerikanischen Konsulats Kandinsky in Paris aufsuchten, um ihn vor den auf Paris anrückenden deutschen Armeen in Sicherheit zu bringen, hatte uns Josef Albers 1934 aus den Staaten geschrieben, wir sollten herüberkommen und noch einmal neu beginnen. Albers wollte in den USA mit Kandinsky an einer Schule zusammenarbeiten. Kandinsky aber lehnte beide Male ab. Der Gedanke, wieder an einer Schule zu lehren, behagte ihm nicht mehr. Da er die Freiheit, sich ausschließlich seiner Malerei widmen zu können, über alles stellte, vertröstete er Albers auf einen späteren Zeitpunkt.

Wesentlich früher winkten die Japaner mit einem verlockenden Angebot. Im Juli 1922 kamen drei Herren aus Japan nach Weimar und besuchten uns in unserer Wohnung. Sie trugen Kandinsky die Leitung einer gerade eröffneten Kunstakademie in Tokio an, und dieser war fasziniert von der Idee, in Japan lehren zu können. Nun waren wir aber erst kurze Zeit in Deutschland und hatten uns für einen längeren Aufenthalt hier eingerichtet.

»Ich werde kommen«, sagte Kandinsky.

Die Japaner glaubten, bereits am Ziel zu sein.

»Nach zwei Jahren«, fuhr Kandinsky fort.

»Wir möchten Sie gerne sofort haben. Was hindert Sie daran?« fragte einer der Herren.

»Ich habe mich verpflichtet, am Bauhaus zu unterrichten, und ich möchte mein Wort halten.«

Die Japaner gingen merklich enttäuscht fort.

Bevor ich Kandinsky in Moskau kennenlernte, war er schon viel in der Welt herumgekommen, und seine Reiseleidenschaft dauerte auch in der Zeit unserer Ehe weiter an, aber jetzt spielten ganz andere Gründe eine Rolle, wenn er sich zu einer Reise entschloß. Früher ließ ihn seine innere Rastlosigkeit nicht zur Ruhe kommen, während er jetzt Entspannung und Erholung von den schweren beruflichen Anstrengungen suchte.

In den Bauhaus-Jahren verband er meist das Nützliche mit dem Angenehmen. Er kam zahlreichen Einladungen nach, in Deutschland und im Ausland Vorträge zu halten. Dabei traf er sich mit Freunden, lernte bedeutende Persönlichkeiten kennen und sah sich in aller Ruhe die Städte an. Kandinsky legte großen Wert darauf, daß ich ihn begleitete, und nahm mich auf allen seinen Vortragsreisen mit, ob nach Wiesbaden, Braunschweig, Hannover, Saarbrücken, Stuttgart, Erfurt, Nürnberg, Wien oder wohin er gerade eingeladen war. Er liebte das Meer gleichermaßen wie das Gebirge, da er aber wußte, daß ich das Meer dem Gebirge vorzog, sorgte er immer für einen gerechten Ausgleich. Wenn wir unsere Sommerferien am Meer verbracht hatten, fuhren wir im Winter in die Berge. So reisten wir 1927 nach Österreich und in die Schweiz. Nachdem wir in Dessau unsere deutschen Pässe bekommen hatten, konnten wir endlich auch ins Ausland reisen. 1928 fuhren wir an die Côte d'Azur. Zum ersten Mal sah ich Frankreich mit meinen eigenen Augen. Welch ein Erlebnis!

Auf der Rückreise von der Côte d'Azur machten wir in Paris Station, das mich zutiefst beeindruckte und sofort in seinen Bann schlug. Ich war berauscht vom Charme und Zauber dieser herrlichen Stadt. In Paris ging endlich auch ein lang gehegter Wunsch in Erfüllung: Ich durfte den Parc Monceau besuchen. Als Kind hatte ich von meinem Cousin das Buch *Von der kleinen Suzanne* geschenkt bekommen. Suzanne, die Heldin der Erzählung, wohnte in diesem Park, der wie ein kleines, unberührtes Zauberreich geschildert wird, und zwar so eindrucksvoll, daß ich seit meiner Kindheit sehnsüchtig wünschte, einmal wie die kleine Suzanne durch diesen Park zu laufen. Und jetzt ging ich selbst in dem einmalig schönen Parc Monceau spazieren, der für mich auch heute noch, fast ein halbes Jahrhundert später, einer der anziehendsten Flecken in ganz Paris ist. Wenn es meine Zeit erlaubt, tragen mich meine Schritte immer wieder in den Parc Monceau.

1929 stellte Kandinsky zum ersten Mal in Paris Aquarelle und Gouachen aus. Nach der Ausstellung, die von der Galerie Zak veranstaltet wurde, reisten wir weiter nach Belgien, wo er James Ensor traf. Georg Muche hat in seinen Erinnerungen (*Blickpunkt*, Wasmuth Verlag, Tübingen 1961) festgehalten, was Kandinsky ihm über unseren Besuch bei Ensor zu berichten wußte:

»Auf einer Ausstellungseröffnung in Antwerpen hatte er Permeke kennengelernt, den belgischen Expressionisten, und ihn gefragt, ob er ihm sagen könne, wo er am besten James Ensor treffen würde, wenn er nach Ostende käme. Permeke hatte geantwortet: ›Das ist sehr einfach. Wenn Sie am Strand oder auf der Promenade einem alten Weißbart begegnen, und er hat ein junges Mädchen neben sich, dann haben Sie Ensor gefunden.‹

In Ostende angekommen, fragte Kandinsky den Hotelportier nach der Wohnung Ensors. Der Mann kannte den Namen nicht, auch nicht, als Kandinsky ihn nacheinander französisch-englisch-deutschklingend aussprach. Doch dann rief der Portier ihm auf die Straße nach: ›Sie meinen wahrscheinlich den Schwager des Chinesen!‹ ›Nein‹, sagte Kandinsky, ›ich

meine Ihren weltberühmten Maler und nicht einen chinesischen Schwager.‹ Nun aber ließ sich der Portier nicht beruhigen. Er kam angelaufen und beschrieb ein Haus mit einem
Schaufenster, und da lägen Souvenirs, Muscheln und auch
chinesische Sachen, denn die Frau im Laden sei mit einem
Chinesen verheiratet, und da würde der Herr Ensor wohl
wohnen.

Kandinsky und Frau Nina kamen an dem Schaufenster vorbei. Sie gingen durch die Tür und fragten die alte Dame nach
James Ensor. Sie war sehr zurückhaltend und gab keine Auskunft. Kandinsky sagte: ›Ich bin Kandinsky. Wegen James Ensor bin ich von weit her nach Ostende gekommen. Auch ich bin
ein Maler. Ich verehre James Ensor und wäre sehr betrübt,
wenn ich abreisen müßte, ohne ihm begegnet zu sein. Sagen
Sie bitte Monsieur Ensor meinen Namen. Er weiß, wer ich bin,
und er würde mich empfangen, wenn er wüßte, daß ich hier
stehe.‹ Die alte Dame blieb unentschlossen und sagte schließlich: ›Er wohnt hier, aber er ist nicht zu sprechen, er ist nicht
einmal zu Hause, er empfängt überhaupt keine Besucher. Mein
Bruder wird um diese Zeit und bei diesem schönen Wetter am
Strand zu finden sein.‹

Kandinsky ging auf die Suche und beobachtete die ihm be-
gegnenden Paare, aber Ensor fand er nicht. Er vermutete, daß
Ensor wahrscheinlich während des Gesprächs im Laden bereits im Atelier gewesen sei, und wirklich sagte die alte Dame
bei seiner Rückkehr, ohne eine Frage abzuwarten: ›Mein Bruder erwartet Sie.‹

Nach der Begrüßung erzählte Kandinsky, daß der Hotelportier nicht gewußt hätte, wo James Ensor, der Weltberühmte,
wohne und wer er sei. Ensor antwortete, daß die Ostender
auch nichts von dem großen Maler Kandinsky wüßten, aber
ihn, Ensor, beglücke dieser Besuch. Kandinsky gab dieses Lob
der Anerkennung mit ähnlichen Worten zurück, und dann
verriet ihm Ensor sein Geheimnis und sagte: ›Die Ostender
wissen es noch nicht, aber sie werden es bald erfahren. Sie
werden sich wundern, und sie werden begreifen, wie töricht
sie gewesen sind. Der Schwager des Chinesen! Das wird auf-
hören. Beschämt werden sie sein, wenn sie erfahren werden,
was außer mir noch keiner in Ostende weiß. Und die Maler! Sie
werden nun nicht mehr sagen: ›Ensor kann nicht zeichnen!‹

Das werden sie nicht mehr wagen. Sie, Herr Kandinsky, werden mir bestätigen, daß ich zeichnen kann. Ich werde Sie darum bitten. Doch erlauben Sie mir zunächst, daß ich Ihnen meine Komposition auf dem Harmonium vorspiele. Ich bin zu sehr erregt, wenn ich an alle diese Kränkungen denke. Das wird nun ein Ende haben! Sehen Sie dort das Bild ›Der Einzug Christi in Brüssel‹. Es bestehe aus lauter Verzeichnungen, hat einer der Kunsthistoriker geschrieben. ›Ensor kann nicht zeichnen‹, sagen diese Leute.‹

Nun spielte Ensor auf dem Harmonium, als ob er musizieren könne. Kandinsky lobte sein Spiel und die Komposition. Ensor stand auf, reckte sich, ging aufgerichtet im Atelier hin und her, steckte den rechten Zeigefinger zwischen zwei Westenknöpfe und sagte: ›Sie, Herr Kandinsky, sollen es als erster erfahren. Gerade im rechten Augenblick sind Sie hier, so als ob Sie geahnt hätten, was sich ereignet hat.‹

Ensor nahm vom Tisch einen Brief, las ihn und gab ihn Kandinsky. Der König der Belgier hat dem Maler James Ensor den Titel eines Barons verliehen. ›Baron James Ensor!‹ Das sagte er mehrmals vor sich hin.

Von nun an widmete sich Ensor Frau Kandinsky, bewunderte ihren Charme, ihre Schönheit und zeigte ihr im Nebenzimmer viele kleine Bilder, die mit dem Gesicht zur Wand gestellt waren und gewagt liebenswürdige Szenen darstellten. Auch Nippsachen zeigte er, die nicht von ihm gemacht waren und nichts mit ihm zu tun hatten, sondern nur wegen ihres Motivs dem charmierenden Baron gefielen und Frau Kandinsky ein spottverwundertes klingendes Lachen entlockten.

Als Kandinsky die ersten Abschiedsworte sprechen wollte, unterbrach ihn Ensor, setzte sich an einen Zeichentisch, nahm einen Bogen Papier, einen Bleistift und eine Muschel und zeichnete die Muschel. Kandinsky schaute zu und sagte: ›Das ist meisterlich gezeichnet – meisterhaft!‹ Ensor stand auf, begleitete seinen Besuch zur Treppe, und während Kandinsky die Stufen hinunterging, hörte er Ensor sagen: ›. . . meisterhaft . . . hat er gesagt, und er muß es wissen . . . meisterhaft . . . meisterhaft.‹«

Dann ging es weiter an die baskische Küste. Wir verbrachten unsere Ferien in Hendaye Plage am Atlantischen Ozean in der Nähe von San Sebastian. Die Familie Klee hielt sich zur selben

Zeit im nur wenige Kilometer entfernten Bidart auf. In San Sebastian wurden gerade Stierkämpfe veranstaltet, aber Kandinsky war anfangs nicht zu überreden, einen solchen Kampf zu besuchen. Ich drängte ihn, weil mich dieses Spiel mit dem Tode brennend interessierte. Schließlich willigte Kandinsky widerstrebend ein, und so fuhren wir eines Tages nach San Sebastian und sahen uns die Corrida an. Kandinsky war schockiert und zugleich angewidert. Er fand die Kämpfe bestialisch. »Abschlachtungen!« rief er empört aus und ohne Verständnis dafür, daß auf mich das blutige Schauspiel wie ein wunderschönes Ballett wirkte, bei dem es weder um Tod noch um Leben geht. Die Bewegungen von Mensch und Tier in der Arena waren in meinen Augen ein einziges, nicht endenwollendes tänzerisches Furioso voller Dramatik und Grazie, ein wunderbares Schauspiel, das mein Herz schneller schlagen ließ. Kandinsky hingegen war froh, dem gräßlichen Anblick entronnen zu sein.

Die Osterferien 1930 nutzten wir für eine weitere Paris-Reise, bei der wir die Ausstellung von Kandinskys kleinformatigen Bildern in der Galerie de France besuchten und zum ersten Mal San Lazzaro begegneten. Zur gleichen Zeit nahm Kandinsky an der Ausstellung »Cercle et Carré« in Paris teil. Im Sommer ging es dann nach Genua und weiter über Bologna nach Cattolica. Eines Tages machten wir einen Ausflug nach Ravenna, wo Kandinsky sich zum zweiten Mal die einzigartig schönen Mosaiken anschauen wollte.

Es war ein unvergeßlicher Tag. Kandinsky wirkte etwas erregt, sprach beim Anblick der Mosaiken kein Wort und ging ruhigen Schrittes durch die Kirche. Als wir wieder draußen waren, sagte er wie in einem Selbstgespräch: »Wenn es eine Kunst gibt, die sich mit der alten russischen Ikonenmalerei messen kann, dann sind es diese Mosaiken!«

Erholungsurlaub, Vergnügungs- und Studienreise gleichzeitig war die 27tägige Kreuzfahrt, die wir 1931 von Marseille aus mit einem französischen Passagierschiff durch das Mittelmeer unternahmen, eine Fahrt in die phantastische Welt exotischer Märchen. Wir sahen Alexandria, Kairo und Suez. Auf dem Programm stand auch der Besuch des Archäologischen Museums in Kairo mit dem berühmten Grabmal des Tutenchamun und eine abendliche Fahrt zu den Pyramiden, die wir auf dem Rücken von Kamelen im Licht des aufgehenden Mondes zum ersten Mal sahen. Kandinsky geriet angesichts der in silbernes Mondlicht getauchten Pyramidenkegel ins Schwärmen. »Sie inspirieren mich«, rief er entzückt aus. »Großartig! Großartig! Welch ein Mysterium aus Steinen!« Selten habe ich bei Kandinsky einen solch ungebändigten Ausbruch von Begeisterung und Impulsivität erlebt, denn gewöhnlich gab er seine Gefühle nach außen hin nicht zu erkennen. Die Schönheit der Pyramiden aber schien auch ihn zu überwältigen. Er nahm mich bei der Hand und zog mich ungestüm zu den Pyramiden hin. Als die Kegel schon zum Greifen nahe waren, blieb er abrupt stehen und starrte gebannt auf die kolossalen Bauwerke. Eine ganze Weile verharrte er sprachlos davor und betrachtete staunend dieses Faszinosum menschlicher Phantasie und Schöpferkraft. Ob er Vergleiche zu seiner eigenen Kunst zog? Die Pyramide, eine geometrisch abstrakte Architektur? Wer weiß.

Ein ähnliches Erlebnis vermittelten uns im weiteren Verlauf der Reise die Tempelruinen in Baalbek. Von Suez kommend, steuerte unser Schiff Jaffa an, wo wir wieder festen Boden betraten. Mit dem Pkw fuhren wir dann über Tel Aviv, das damals noch im Aufbau war, und Jerusalem, von wo aus wir einen Abstecher in das nahe gelegene Nazareth und in das altehrwürdige Bethlehem unternahmen, nach Damaskus und weiter über Baalbek nach Beirut. Jerusalem zog uns ganz in den Bann seiner biblischen Geschichte. Baalbek gehört zu meinen schönsten und tiefsten Eindrücken. Ich kann nicht beschreiben, was ich in Baalbek empfand – ich weiß nur, daß ich hier die Schönheit in ihrer reinsten Form erlebte.

Mit dem Auto ging es von Baalbek nach Beirut, wo uns bereits das Schiff erwartete. Über Smyrna erreichten wir Konstantinopel, eine fremdartige Welt, in der ich mich nur schwer zurechtfand. Als wir die Blaue Moschee betraten, glaubte ich die Malerei Kandinskys vor mir zu sehen. Ein gewaltiges Gebäude in Blau, in jenem Blau, das Kandinsky so sehr liebte. Die Blaue Moschee war eine der vielen kostbaren Perlen, die wir von Station zu Station aneinanderreihten. Kostbare Perlen auch die Haghia Sophia oder der Topkapi Serail, die mir heute noch so gegenwärtig sind, als hätte ich all das erst gestern gesehen.

Heute und Gestern: Worte und Begriffe, die mir kaum etwas sagen, denn ich besitze kein Zeitgefühl. Nie habe ich über das Alter nachgedacht – nur ein einziges Mal, als ich zwanzig Jahre alt war. Damals wünschte ich mir, immer zwanzig Jahre alt zu bleiben. Seither habe ich niemals mehr meinen Geburtstag gefeiert.

In Weimar war 1923 eines Tages Felix Klee bei uns zu Besuch. Ich spielte mit ihm gerade ein Brettspiel, als er plötzlich verdutzt aufschaute und sagte: »Ich kenne das Atelier von allen Bauhaus-Meistern. Ich weiß aber nicht, wie alt Sie sind. Wie alt sind Sie eigentlich?«

»Felix, ist das nötig?«

»Ja, ich möchte es wissen.«

»Gut, ich bin achtzig.«

»Achtzig?« fragte er erschrocken.

Felix schied mit einem ungläubigen Staunen im Gesicht. Kaum zu Hause angekommen, erzählte er die kleine Episode seinem Vater. Am nächsten Tag trafen wir Paul Klee.

»Frau Kandinsky, Sie haben Felix erzählt, Sie seien achtzig. Er will das partout nicht glauben. Ich habe ihm klarzumachen versucht, daß man in Rußland anders als bei uns in Deutschland zählt.«

»Das hat er Ihnen geglaubt?« fragte ich.

»Natürlich nicht. In meiner Verzweiflung habe ich ihm unmißverständlich gesagt: Wenn Frau Kandinsky das sagt, dann ist sie achtzig. Felix hat nicht gewagt, weiter zu fragen.«

Ich versuchte mich zu erinnern, ohne über die Zeit nachzudenken. Als wir unser Schiff in Konstantinopel wieder betraten, kam der Steward zu Kandinsky und flüsterte ihm zu: »Monsieur Kandinsky, auf dem Schiff ist ein Minister aus Rußland.«

»Wie heißt er? Wissen Sie seinen Namen?« fragte Kandinsky.

»Ich habe seinen Namen vergessen, aber er ist in Begleitung einer hübschen jungen Frau.«

»Ah«, brummte Kandinsky, »Lunatscharski!«

»Richtig, Lunatscharski.«

An diesem Abend trafen wir ihn nicht mehr, aber als Kandinsky am nächsten Tag nach dem Frühstück auf das Oberdeck ging, um sich ein bißchen die Füße zu vertreten, traf er Lunatscharski.

»Oh, Kandinsky, wie kommen Sie denn hier her?«

»Auf dieselbe weise wie Sie. Ich mache mit meiner Frau eine Kreuzfahrt.«

Diese erste Begegnung nach unserer Abreise aus der Sowjetunion verlief sehr kühl:

»Ich habe Lunatscharski getroffen. Die Sache schien ihm gar nicht recht zu sein«, erzählte er mir, nachdem er sich wieder in unsere Kabine zurückgezogen hatte.

Dann gingen wir gemeinsam auf Deck. Lunatscharski begrüßte mich in aller Förmlichkeit. Seine Frau, eine Schauspielerin, bat ihn, sie uns vorzustellen, was Lunatscharski offensichtlich große Überwindung kostete, aber er konnte nicht umhin, uns miteinander bekannt zu machen.

Als das Schiff ablegte, sprach Anatol Lunatscharski eindringlich auf seine hübsche Frau ein, sich doch ins Unterdeck zu begeben, um der Demonstration mit den Rettungsringen beizuwohnen. Seine Frau aber lehnte sein Ansinnen ab, um nicht auf unsere Gesellschaft verzichten zu müssen.

Lunatscharski wurde verlegen. Es war ihm irgendwie unangenehm, mit uns zusammenzutreffen. Vielleicht fürchtete er auch, wegen unserer deutschen Staatsbürgerschaft in Rußland Schwierigkeiten zu bekommen. Den Abend verbrachten wir gemeinsam mit Frau Lunatscharski im Salon bei einem Glas Wein. Lunatscharski selbst war nicht zu sehen. Als die Lunatscharskis in Piräus das Schiff verließen, versprach mir Frau Lunatscharski beim Abschied, meiner Mutter in Moskau einen Gruß auszurichten. Sie hat ihr Wort gehalten.

Von Piräus aus fuhren wir mit dem Auto nach Athen. Den obligatorischen Aufstieg zur Akropolis fand Kandinsky zu mühsam, und so begnügten wir uns damit, die monumentale Tempelstätte von einem guten Speiselokal in der Altstadt aus der Ferne zu betrachten. Merkwürdigerweise war Kandinsky von Athen weit weniger angetan als von Kairo oder Baalbek. Ich hatte sogar den Eindruck, daß für ihn die klassischen Monumente der griechischen Antike zeitlich viel weiter zurücklagen als die um einiges älteren Pyramiden Ägyptens oder die Tempel in Baalbek.

Wir fuhren jetzt mit Vorliebe in Badeorte an der französischen Küste, wie La Napoule bei Cannes, Aix-Les-Bains, St. Jean-Cap Ferrat oder auch Les Samblettes oder Calvados, wo wir in dem kleinen Ort St. Marie logierten. Die Gegend um Calvados ist für einen Maler wie geschaffen. Wir erlebten sie im August bei Sonne, bei Gewitter und bei Sturm. Kandinsky berauschte sich immer wieder an dem changierenden Farbspiel. »Es gab phantastische unbeschreiblich schöne Farben im Himmel und besonders im Wasser«, schwärmte er, »fast keine Minute blieb ruhig, und oft sah man in demselben Augenblick reines Weiß, Smaragdgrün, Tiefviolett auf dem Ozean. Dazu der trockene Sand in Zartgelb und der feuchte in verschiedenen Abstimmungen in Braun, Rosa, Grün . . . den Himmel dazu, auf dem verschiedenfarbige Wolken auf Zartblau durch den Wind gejagt wurden. Und im nächsten Augenblick änderte sich das ganze Bild vollkommen. Ich bekam keine Lust, Marinen zu malen, sog aber die Eindrücke gierig ein. Und dann das Land! Die Normandie ist ja ›le jardin de la France‹.«

Wir erholten uns in Calvados jedesmal ausgezeichnet. Der Strand gehörte uns fast ganz allein, und das Essen mundete uns großartig, bürgerliche Küche, aber mit feiner Zunge abgeschmeckt. Kandinsky schätzte vor allem, daß er in dieser ruhigen Gegend nicht von Jazz und anderer modischer Geräuschmusik geplagt wurde. Als wir im September 1937 im bretonischen Carnac Urlaub machten, ließ Kandinsky unseren Freund Rupf in der Schweiz wissen: »Wir taten nichts wie baden, essen, spazieren und schlafen. Und das alles haben wir gewissenhaft und mit großem Erfolg gemacht.« Tatsächlich suchten wir ungestörte Ruhe und landschaftliche Schönheit, eine Gegend also, wo wir uns richtig entspannen konnten.

Alle unsere Reisen machten wir entweder mit dem Zug oder mit dem Schiff. In Dessau hatte sich einmal die Möglichkeit ergeben, für wenig Geld einen Rundflug über die Stadt zu unternehmen. Eines Tages trafen wir uns mit Freunden am Flugfeld, um – wie ich den Worten Kandinskys entnommen hatte – das Geschehen in der Luft zu beobachten. Im stillen aber hatte er ein kleines Attentat geplant. Kaum waren wir am Flugfeld angekommen, stellte er mich vor vollendete Tatsachen.

»So, dann will ich Karten lösen.«

»Unmöglich.« Ich schnappte nach Luft. Aber unsere Freunde machten mir gehörig Mut, ich überwand meine Angst und bestieg mit Kandinsky zum ersten Mal ein Flugzeug. Kandinsky wirkte ruhig, was auch mich etwas beruhigte. Der Rundflug dauerte etwa eine halbe Stunde. Unser Pilot zeigte uns nicht nur die Welt von oben, sondern fühlte sich auch noch verantwortlich, unseren Mut mittels einiger Kunststücke zu prüfen. Dennoch, der Flug war für uns beide ein großartiges Erlebnis. Unsere Freunde begrüßten uns mit lautem Gelächter, als wir wieder festen Boden unter den Füßen hatten, und gratulierten uns zu unserem Abenteuer, das uns von der Erde aus gar nicht mehr so abenteuerlich vorkam.

Zeitlebens konnte ich verhindern, daß Kandinsky den Führerschein machte. Eigentlich ging es uns erst in Paris finanziell so gut, daß wir ein Auto hätten halten können, aber ich fürchtete den mörderischen Verkehr auf den Pariser Straßen und ließ nichts unversucht, Kandinsky aus diesem gefährlichen Getümmel fernzuhalten. Ich selbst habe meinen Führerschein vor zwanzig Jahren erworben, es aber nie gewagt, einen eigenen Wagen zu steuern. Einmal stand ich kurz davor, ein elegantes Auto zu kaufen, und besuchte mit Dr. Pierre Tschechof, einem befreundeten Arzt, den Pariser Autosalon, um mich über die neuesten Modelle zu informieren. Dr. Tschechof riet mir dann zu einem Modell, das mir außerordentlich gut gefiel. Tags darauf rief er mich an:

»Ich flehe Sie an, kaufen Sie den Wagen nicht.«

»Weshalb denn nicht?«

»Ich habe heute nacht geträumt . . . ein schrecklicher Traum . . . ich möchte Ihnen nichts davon erzählen. Sie dürfen den Wagen nicht kaufen.«

»Nun, warten wir erst einmal ab.«

Wenige Tage später rief Dr. Tschechof mich wieder an: »Ich hoffe, Sie haben Ihren Plan endgültig fallengelassen . . . in meinem Traum heute nacht . . .«

»Beruhigen Sie sich, ich habe mich noch nicht entschieden . . .«

Pierre Tschechof hat mir meinen Wunsch nach einem eigenen Auto regelrecht verdorben. Bis heute bin ich auf öffentliche Verkehrsmittel angewiesen.

Von unseren Reisen brachten wir grundsätzlich keine Souvenirs mit. Kandinsky amüsierte sich oft über den Geschmack jener Leute, die den Touristen Andenken »nach Maß« schneidern. Kitsch ärgerte ihn aber nicht, und er fand, daß auch der Touristenkitsch seine Berechtigung habe, weil er unterschwellige Bedürfnisse der Menschen zu befriedigen scheine. Wir kauften immer einen Stoß Ansichtskarten von den Orten, die wir besuchten, gleichsam als Erinnerungsstütze. Außerdem fotografierten wir beide leidenschaftlich gern.

Im Gegensatz zu den Souvenirläden übten auf uns die Feinschmecker- und Spezialitätenrestaurants eine große Anziehungskraft aus. »Die Eßkultur eines Volkes ist aufschlußreich für die gesamte Kultur dieses Volkes«, behauptete Kandinsky. Ich wage nicht zu beurteilen, ob das stimmt, doch uneingeschränkt darf man dem zustimmen, was er über das Verhältnis von Kunst und Küche sagte: »Ein guter Künstler muß gutes Essen zu schätzen wissen.«

Er war nicht besonders zaghaft, wenn es darum ging, unbekannte Gerichte zu probieren. Je rätselhafter eine Speise aussah, desto entschlossener wählte er sie. Er versäumte auch nicht, mich an seinen kulinarischen Abenteuern teilnehmen zu lassen, ich muß indes gestehen, daß wir in den diversen Restaurants aus purer Neugier oft und verführt durch die Augen so manches Gericht verzehrt haben, das uns nachher den Magen umdrehte. Ich muß aber auch erwähnen, daß der Feinschmecker Kandinsky, der bei gutem Essen mit seinem Geld nicht sparte, auf diese Weise so manch erfreuliche Entdeckung auf den Speisekarten der Welt gemacht hat.

Für den Fall, daß ihn die Lust am Malen überwältigen sollte, waren in Kandinskys Reisegepäck Malutensilien verstaut, Zeichenblock, Bleistifte und Farbstifte, die fast immer so weit unten im Gepäck steckten, daß es einige Mühe kostete, sie am Ferienort herauszuholen – eine Vorbeugungsmaßnahme, gewiß, um der Versuchung, auch in den Ferien zu arbeiten, besser widerstehen zu können. Dennoch entstanden während mancher Reisen Skizzen für spätere Bilder und auch kleine Zeichnungen.

Spätwerk und letzte Lebensjahre

Schwierigkeiten, Unverständnis, Proteste hagelten auf Kandinsky nieder, sobald er eine alte Schaffensphase abgeschlossen und eine neue begonnen hatte. Es gehörte fast schon zum

Programm, daß Kandinsky mit seinen neuesten Arbeiten meist auf ungeheuren Widerstand in der Öffentlichkeit stieß. Nur wenige waren bereit, eine neue Art des Sehens zu akzeptieren, seine unermüdlichen Anstrengungen zu respektieren, Monotonien und Wiederholungen zu vermeiden: »Wenn der Künstler sich fortwährend wiederholt, dann wird seine Kunst zwangsläufig dekorativ oder sogar eine totgeborene Sache.« Kandinsky hat seine eigenen Worte stets beherzigt.

Drei Dinge hob er bei der gegenstandslosen Malerei besonders hervor: »Abstrakte Malerei ist die schwierigste Kunst überhaupt. Dazu gehört, daß man gut zeichnen kann, daß man ein feines Gefühl für Komposition und für Farben hat und daß man, das ist das Wichtigste, auch ein wirklicher Poet ist.«

Seinen Schülern am Bauhaus und jungen Malern, die ihn in Paris besuchten, riet er: »Wenn Sie keine Phantasie haben, die stark genug ist, um eigene Vorstellungen zu entwickeln, die als Idee ein Bild tragen können, dann kehren Sie zu Naturstudien zurück. Die Natur ist stark genug, Ihnen Anregungen zu geben und Möglichkeiten für Ihre Kunst zu erschließen.«

Ich habe durch meine Bekanntschaft mit unzähligen Werken bedeutender Künstler feststellen müssen, daß Bildhauer, Maler oder Graphiker bis zu ihrem sechzigsten Lebensjahr fast immer eine Fülle neuer und guter Ideen hervorbringen. Danach, so meine ich, versiegt dann plötzlich und ziemlich abrupt der kreative Strom. Entweder liefert der Künstler dann nur noch Erinnerungsbilder aus den strahlenden Jahren seines Erfolges, mit einer gewissen Routine verfertigt und makellos im Ansehen – oder aber er tritt auf der Stelle und variiert spärliche, dürftige Einfälle mit herzerweichender Penetranz. Selten gelingt diesen Kindern im hohen Alter ein Werk von ungewöhnlicher Qualität. Natürlich – es wäre borniert, das nicht zu sehen – gibt es auch rühmliche Ausnahmen.

Eine solche Ausnahme war Kandinsky, ein Grund mehr, weshalb ich ihn so bewundere. Er war ein viel zu bedeutender Neuschöpfer, um es sich leisten zu können, im Alterswerk seine vorangegangenen Schaffensphasen zu kopieren. Jeder, der Kandinskys Werk kennt, wird mir ohne Zögern zustimmen, daß er bis zuletzt eine ungewöhnliche Schöpferkraft entfaltete. Zwischen 1934 und 1944 ist sogar noch eine Steigerung im Raffinement der Farben, in der Vielfalt der Ideen und in der

Verdichtung der kompositionellen Qualität festzustellen. Darin überbot er die meisten Maler unseres Jahrhunderts. Gewiß, seine größte revolutionäre Tat fällt in das Jahr 1910, dennoch finde ich, daß die Arbeiten aus der Pariser Epoche in jeder Hinsicht das von ihm bis dahin Geleistete überragen. In seinem Spätwerk erreichte Kandinsky seinen künstlerischen Zenit.

Bis Ende Juli 1944 malte Kandinsky noch jeden Tag, obwohl die Symptome seiner Krankheit bereits im März 1944 erkennbar waren. Er hatte Schmerzen beim Gehen und auch Schwierigkeiten beim Atmen. Das kam für mich völlig unerwartet. Ich spürte, daß etwas nicht stimmte, und war beunruhigt, ohne ihm meine Besorgnis zu zeigen. Der Arzt diagnostizierte eine Arteriosklerose und verschrieb ihm einige Medikamente.

Kandinsky war sich über die Schwere seiner Krankheit, die Gott sei Dank schmerzlos verlief, nicht im klaren. Zwar nahm seine Schwäche ständig zu, doch sein Denken war bis zuletzt von großer Klarheit und Frische.

Am 4. Dezember 1944, seinem achtundsiebzigsten Geburtstag, sangen wir noch in fröhlicher und ausgelassener Stimmung ein russisches Lied, beide in der festen Hoffnung, daß Weihnachten die Krankheit durchgestanden sei. Unser Optimismus war nicht gerechtfertigt.

Am 13. Dezember verschlimmerte sich Kandinskys Befinden. Abends um sieben Uhr dreißig war sein Leben erloschen. Ich hatte kurz vorher noch den Arzt, der ständig in der Nähe war, gerufen. Er konnte nicht mehr helfen.

Kandinsky war zeit seines Lebens abergläubisch gewesen. Er hatte zu der Zahl dreizehn, seiner Glückszahl, eine geradezu magische Beziehung. Und die Dreizehn brachte ihm auch noch in seinem Tod Glück: Er starb, ohne leiden zu müssen.

Die Geschenke Kandinskys

Ich brauche wohl kaum zu betonen, daß mir Kandinskys gesamtes Œuvre sehr ans Herz gewachsen ist. Unter den vielen Werken gibt es einige, die Kandinsky speziell für mich gemalt hat. So hängt im Schlafzimmer meines Gstaader Châlets »Esmeralda« ein Aquarell von 1923, das den Titel *Nina zu Weihnachten* trägt. Wir wohnten in diesem Jahr in unserer kleinen möblierten Wohnung in Weimar und mußten uns finanziell sehr einschränken.

Auch das Ölbild *Traum in Rot* von 1925 ist ein Geschenk. Leider kann ich nicht sagen, weshalb er dieses Bild so nannte und was ihn dazu bewog, es mir zu schenken. Es gab keinen besonderen Anlaß, als es er mir überreichte.

Kandinsky mochte ein Bild ganz besonders: *Kleine Freuden*. Es befand sich in der Kollektion Gerome Eddy in Chicago und hängt heute, wenn ich richtig unterrichtet bin, im Museum von Chicago. In Weimar erzählte er mir eines Tages von dem Bild: »Ich liebe die *Kleinen Freuden* außerordentlich. Schade, daß ich es nicht mehr besitze. Ich bedaure besonders, daß du das Bild nicht kennst.« Tags darauf zeichnete er, dann malte er nach der Zeichnung in seinem Bauhaus-Atelier eine Paraphrase der *Kleinen Freuden*, die ich *Die jüngere Schwester von Kleine Freuden* taufte. Kandinsky nannte das Bild aus dem Jahre 1924 *Rückblick.*.

In Dessau entstand *Osterei für Nina*, ein Ovalbild, das er mir Ostern 1926 schenkte. Der Titel steht auf der Rückseite des Bildes. Ein großformatiges rechteckiges *Osterei für Nina* überreichte er mir Ostern 1938 in Paris. Das Bild heißt in Wirklichkeit *Buntes Ensemble*. Es ist ein wunderbares Farbenmeer, das sich in hundert verschiedenen Tönen über die Leinwand ergießt. Kein Maler verfügt über solch schöne Farben. Ich entdecke in diesem Gemälde immer wieder neue und andere Farben.

Im Jahre 1938 schenkte Kandinsky mir auch noch das Ölbild *Kleine Bewegung*, das er wegen der zahlreichen schwingenden Linien so nannte. Dieses Werk wurde mir unlängst aus meiner Pariser Wohnung gestohlen. Ich habe 1974 eine Graphik auflegen lassen, um auf diese Weise wenigstens einen Ersatz für das Original zu bekommen. Zum Glück entspricht die Graphik, die ich auf der Rückseite mit meinem vollen Namenszug signiert habe, in allen Details dem verschwundenen Original.

Das Juwel unter den Geschenken ist das berühmte Aquarell *Einer unbekannten Stimme gewidmet* von 1916. Ich habe es an einer Wand im Speisezimmer aufgehängt, wo es in mir die schönsten Erinnerungen an Kandinsky wachruft.

Nicht nur die geschenkten Bilder wecken eine Menge privater Erinnerungen an Kandinsky, auch die übrigen Bilder an den

Wänden, die Möbel und die vielen Dinge auf den Möbeln und in den Schränken verbinden mich auch heute noch ganz eng mit ihm.

Ich habe seit Kandinskys Tod so gut wie gar nichts an der Pariser Wohnung geändert. Noch immer steht das bunte Chinoiserien-Völkchen genauso auf den Bücherschränken im Salon, wie es Kandinsky aufgestellt hat. Auch die alten Ikonen hängen noch dort im Atelier, wo sie Kandinsky aufgehängt hat. Außer diesen wünschte er an seinen Atelierwänden nichts zu zeigen, schon gar nicht eigene Bilder; nichts sollte ihn von der Arbeit ablenken, und freie Wände konnten seine Konzentration nicht beeinträchtigen. Ich habe mir erlaubt, nach dem Tode von Kandinsky die Palette in einem Rahmen und einige Kandinsky-Porträts aufzuhängen und mein Porträt neben seinem Arbeitstisch abzuhängen. Ansonsten ist das Atelier heute noch im gleichen Zustand, wie es Kandinsky hinterlassen hat.

Natürlich wechsle ich die Bilder im Salon und im Eßzimmer von Zeit zu Zeit aus, denn ich lebe mit den Bildern und habe genug Auswahl. Allerdings bin ich ein Gegner überladener Wände. Zu viele Bilder schmälern die Wirkung des einzelnen Werkes.

Seit Jahren kann ich mich nicht von der Hinterglasmalerei *Sintflut* von 1911 im Salon trennen. Sie strahlt viel Heiterkeit aus und stimmt mich immer sehr optimistisch. Von einem Aquarell aus dem Jahre 1923 ließ ich im Atelier von Aubisson Ende der fünfziger Jahre einen großformatigen Wandteppich wirken, um zu erfahren, ob die kleine Komposition auch in größeren Dimensionen noch tragen würde. Sie tut es. Der Wandteppich hängt jetzt über dem Sofa, in unmittelbarer Nähe einer ganz frühen dörflichen Ansicht des Zöllners Rousseau, die Kandinsky persönlich bei dem von ihm bewunderten Künstler gekauft hat.

Zwei weitere Bilder im Salon markieren wichtige Stationen im Leben Kandinskys. *Weiche Härte* von 1933 entstand kurz vor unserem Abschied von Deutschland in Berlin. *Der kleine rote Kreis* von 1944 ist eines der letzten Bilder, die Kandinsky gemalt hat. Das 1931 gemalte *Langsam heraus*, das ich im Salon zeige, liebe ich wegen seiner symphonisch klingenden, frischen grünen Palette. Das Werk ist gleich nach unserer Kreuzfahrt im Mittelmeer entstanden, eine Reminiszenz an das berauschende Erlebnis saftig grüner Farben im Jordantal. Wir hatten damals lange Zeit nur trostlose Wüsteneien gesehen und waren auf einmal in ein Paradies kraftstrotzender Natur eingetreten. Ich vermute, daß Kandinsky durch dieses Erlebnis später zu seinem Bild inspiriert wurde.

Die *Intime Mitteilung* von 1925 ist im Speisezimmer für mich allein aufgehängt. In diesem Bild, das er für mich gemalt hat, spricht Kandinsky mit mir und ich mit ihm. Es ist ein Gespräch, das nur uns beide etwas angeht und das wir bis in alle Zukunft hinein miteinander führen werden.

Als Kontrast zu seinen gegenstandslosen Werken wählte ich vor einiger Zeit für das Speisezimmer sein Tunesienbild von 1904 aus, in dem mir Kandinskys Strukturierung der Häuserfassaden und der Straßenpflasterung wichtig erscheint. Er verwendet hier rechteckige Elemente, erste Vorboten der Abstraktion. Im Schlafzimmer umgebe ich mich sowohl mit gegenständlichen als auch mit abstrakten Bildern. Hier ist das ganze Spektrum von Kandinskys Schaffen gegenwärtig und kommt zum Ausdruck in exemplarischen Werken wie *Alte Stadt* von 1902 und *St. Cloud mit Reiter* von 1906 oder *Bunter Mitklang* von 1928. Es ist wunderbar, inmitten solcher Werke den Tag zu beginnen.

VI.
ERINNERUNG UND GEGENWART

Anja Tschimiakin und Gabriele Münter

Ich möchte noch einmal auf die beiden Frauen zu sprechen kommen, die außer mir in Kandinskys Leben eine mehr oder weniger wichtige Rolle gespielt haben.

Während Kandinsky mit seiner ersten Frau, Anja Tschimiakin, auch nach seiner Scheidung noch – und bis zu seinem Tod – freundschaftlich und auf sehr vertrautem Fuße verkehrte, versuchte er Gabriele Münter, mit der er so lange zusammengelebt hatte, aus seinem Gedächtnis zu streichen. Mir ist das verständlich. Ich meine, daß Anja von seiten Kandinskys eine würdevolle Behandlung verdient hatte.

Anja lernte ich 1917 im Hause der Abrikosows – Frau Abrikosow war eine Schwester Anjas – als eine liebenswerte, aufrichtige und gefühlvolle Frau kennen. Mir war es später, als wir in Paris wohnten, eine liebe Pflicht, Anja während der schweren Zeiten in Moskau materiell zu unterstützen. Wir schickten ihr Lebensmittel, die sie in Rußland nicht bekommen konnte.

Anjas Schwester, Frau Manja Abrikosow, lebte bereits seit 1932 in Paris. Auch mit Manja waren wir befreundet. Sie hat wiederholt und ganz gewiß nicht aus Schmeichelei gesagt: »Kandinsky konnte keine bessere Frau bekommen als Nina.«

Daß an eine enge Freundschaft mit Gabriele Münter nicht mehr zu denken war, lag in ihrem schwierigen Charakter begründet, den ich erstmals kennenlernte, als Kandinsky sich um die Freigabe seiner Bilder aus dem Münchner Depot bemühte. Kandinsky wollte schon 1916 darüber mit ihr ins reine kommen. Er hatte ihr in Stockholm vorgeschlagen, sich verschiedene Bilder auszusuchen und die ausgewählten auf einer Liste zu erfassen, aber damit war sie nicht einverstanden. Von Weimar aus versuchte er, sie dann zur Herausgabe des Mobiliars und der Bilder zu bewegen – wiederum vergebens. Kandinsky hatte keinerlei Mittel in der Hand, rigoros gegen sie vorzugehen. Die Münter wehrte sich hartnäckig gegen jede vernünftige Lösung und schrieb Kandinsky Briefe in aggressivem Ton. Erst als Freunde von Kandinsky sich einschalteten, gab sie nach. Im Herbst 1926 traf das Mobiliar aus München ein. Gabriele Münter fügte den Möbeln und dem übrigen Hausrat auch vierzehn Bilder und einige Etüden bei. Beim Auspacken eines Wäschekoffers stießen wir auf eine Mappe mit Aquarellen, die ganz unten auf dem Boden des Koffers lag. Kandinsky öffnete die Mappe und fand – welch ein Glücksfall! – sein erstes abstraktes Aquarell mit der Jahreszahl 1910. Er strahlte vor Freude. Es ist ein Blatt von unschätzbarem Wert, das erste Dokument abstrakter Kunst überhaupt. Ich bin überzeugt, daß die Münter nur aus Versehen diesen Koffer mit den Aquarellen mitgeschickt hatte.

Viele hundert Werke – Bilder, Aquarelle und Graphiken – blieben indessen in ihrer Hand. Kandinsky bemühte sich, wenigstens einen Teil davon zurückzubekommen, aber die Münter gab nicht nach und erstellte auch nicht die von Kandinsky erbetene Liste über die bei ihr verbliebenen Werke. Nicht anders erging es der gesamten Korrespondenz zwischen Kandinsky und seinen Freunden, Bekannten und berühmten Zeitgenossen.

Ich glaube, daß jeder verstehen kann, weshalb Kandinskys Erinnerungen an Gabriele Münter von großer Bitterkeit getrübt waren. Ich persönlich habe mich in die Auseinandersetzungen zwischen der Münter und Kandinsky niemals eingemischt. Als alleinige Erbin Kandinskys hätte ich rechtlich die Möglichkeit gehabt, Anspruch auf die zurückgehaltenen Werke zu erheben, aber ich habe es nicht getan und später auch akzeptiert, daß sie im Rahmen der »Gabriele-Münter-Stiftung« in die Sammlung der Münchner Lenbach-Galerie eingebracht wurden. Die Bilder hängen dort an einem würdigen Ort.

Während der Dessauer Zeit war ich mit Kandinsky zweimal in München. Wir fühlten uns beide etwas bedrückt. Kandinsky wollte auf keinen Fall die Münter treffen, hätte mir aber gern Murnau gezeigt. Aber auch da stand die Münter im Wege. Erst Ende des Jahres 1973, anläßlich der großen Kandinsky-Ausstellung, konnte ich Murnau besuchen. Nachdem ich die schöne Gegend mit eigenen Augen gesehen habe, begreife ich, weshalb Kandinsky diesen Flecken Erde so sehr liebte.

Ich traf erst 1949 mit Gabriele Münter zusammen. Damals veranstaltete Ludwig Grote im Münchner Haus der Kunst eine Ausstellung über den »Blauen Reiter«. Als ich zur Eröffnung nach München kam, wurde mir auch die Münter vorgestellt.

Grote fragte mich vorher ausdrücklich: »Sind Sie damit einverstanden, wenn ich die Münter einlade?«

Ich bejahte: »Nichts wäre mir lieber. Wir sollten an die Kunst denken und persönliche Dinge aus dem Spiel lassen.«

Es mag Zufall oder Absicht der Veranstalter gewesen sein – jedenfalls saßen die Münter und ich bei der Eröffnungsfeier nebeneinander. Um ihr zu beweisen, daß ich unter die Vergangenheit einen Schlußstrich gezogen hatte, sagte ich ihr bei einem kurzen Gespräch: »Wenn Sie nach Paris kommen, würde ich mich freuen, Sie bei mir begrüßen zu können. Es wäre für Sie doch sicherlich interessant, Kandinskys Bilder aus der Pariser Epoche zu sehen.«

Da ich wußte, daß sie mit Dr. Johannes Eichner zusammenlebte, lud ich auch ihn ein. Die Münter aber wollte ihren Starrsinn nicht aufgeben. »Ich reise nie«, gab sie mir brüsk zur Antwort. Dr. Eichner bedankte sich höflich für die Einladung: »Das würde mich sehr interessieren. Gelegentlich werde ich gerne bei Ihnen hereinschauen.«

Die Münter blieb abweisend. Das merkte ich, als ich auf dem anschließenden Empfang mit ihr ins Gespräch zu kommen suchte. Ich spürte, daß sie mir auswich. War die Münter etwa eifersüchtig auf mich? Ich weiß es nicht.

Als ich in der Galerie Maeght 1962 eine Ausstellung unter dem Titel »Der Blaue Reiter« zusammenstellte, zeigte ich dort unter anderem auch – nicht zuletzt der Vollständigkeit halber – jenes Bild, das Gabriele Münter in der ersten Ausstellung des »Blauen Reiters« ausgestellt hatte: das *Stilleben* von 1911, das heute der Städtischen Galerie im Lenbachhaus gehört.

Rudolf Bauer

Ein in seinem Sinn völlig entstelltes Zitat in einem Interview mit einer deutschen Tageszeitung hätte mir Ende der sechziger Jahre beinahe einen Prozeß mit der in Amerika lebenden Witwe Rudolf Bauers, Luise Bauer, eingetragen. Die Angelegenheit wurde rechtzeitig bereinigt und der Prozeß abgebogen. Denn niemals hätte ich es gewagt, schon aus Taktgefühl nicht, öffentlich die Behauptung zu verbreiten: »Bauer? Das ist doch nur ein schlechter Maler, der Kandinsky kopiert hat.« Angeblich sollte ich das in dem Interview gesagt haben.

Ich finde es jedoch angebracht, die Tatsachen ins rechte Licht zu rücken. Kandinsky hat in seinem Leben Bauer dreimal gesehen. Jedesmal war ich dabei.

Die erste Begegnung kam durch Vermittlung Georg Muches zustande. Kandinsky arbeitete damals noch am Dessauer Bauhaus. Muche rief ihn irgendwann im Jahre 1928 an: »Ich habe mit Rudolf Bauer unlängst gesprochen. Er hat mich gebeten, Ihnen auszurichten, daß er Sie gerne persönlich kennenlernen möchte. Sollten Sie nach Berlin kommen, so sind Sie herzlichst bei ihm eingeladen.«

1928 waren wir in Berlin zu Besuch. Kandinsky rief Bauer an und sie verabredeten einen Termin in dessen Wohnung. Wir standen zu dem verabredeten Zeitpunkt vor einem palastähnlichen Gebäude, das inmitten eines sehr schönen Parks lag. Auf einer Tafel lasen wir »Geistreich«. Wir fanden das etwas seltsam. Kandinsky fühlte sich sofort an den Titel seines Buches *Das Geistige in der Kunst* erinnert.

Wir betraten das Haus, wo wir von einem Butler und einem Zimmermädchen empfangen wurden. Der Butler war so elegant gekleidet, daß er den Eindruck machte, er sei der Seite eines Modejournals entsprungen. Nachdem wir unsere Garderobe abgelegt hatten, erschien Bauer höchstpersönlich. An seinem Finger funkelte ein mächtiger Diamantring, in seiner Krawatte steckte eine Diamantnadel. Er war übertrieben elegant angezogen.

Bauer war die Liebenswürdigkeit in Person. Er führte uns in seinen Salon, dessen Wände mit Samt drapiert waren. Vor diesem Hintergrund hingen großformatige Bilder. Kandinsky schaute mich an, und ich verstand, was er meinte. Vor diesen Bildern spürte man, in welchem Maße Bauer sich von dem Werk Kandinskys hatte inspirieren lassen.

Bauer zeigte uns dann sein Schlafzimmer, in dem zwei Betten standen. Ich war überrascht und sagte ganz unbefangen: »Was? Ich wußte gar nicht, daß Sie verheiratet sind.«

»Nein, nein. Ich werde niemals heiraten«, erwiderte Bauer, »doch ich finde das sehr angenehm, im Schlafzimmer zwei Betten zu haben. Das sieht auch schöner aus.«

Ich fragte nicht weiter.

Im Schlafzimmer hingen Bilder aus seiner früheren Epoche, gegenständlich gemalte Bilder, die mir etwas sadistisch vorkamen. Dann gelangten wir in Bauers Bibliothek. Die Wände waren von Regalen verdeckt, von oben bis unten voller Bücher.

Ich staunte nur noch. »Mein Gott«, entfuhr es mir, »wie lange braucht man denn, um das alles zu lesen?«

Bauer prompt: »Ich brauche nicht zu lesen. Ich weiß alles.«

Mein Blick fiel auf eine Uhr. Bauer bemerkte das und sagte: »Lassen Sie sich nicht irritieren. Die Uhr zeigt Madrider Zeit.« Ich wußte mir darauf keinen Reim zu machen, verzichtete auf eine Frage aber geflissentlich.

Wieder im Salon angekommen, in dem chinesische Möbel standen, nahmen wir in bequemen Sesseln Platz. Es wurde Tee serviert. Wieder fiel mir eine Uhr auf. Bauer, der mich beobachtete, sagte: »Das ist nicht Berliner, sondern Pekinger Zeit.«

Kaum hatte er seinen Satz beendet, stolzierte eine deutsche Dogge durch die offene Tür und legte sich auf den Teppich, direkt vor meine Füße.

»Was haben Sie da für ein stolzes Tier«, fragte ich.

»O ja, vor allem sehr temperamentvoll. Gestern hätte es meinem Gärtner fast den Arm abgebissen.«

Mich durchfuhr ein eiskalter Schreck. Kandinsky, der bis dahin wenig gesagt hatte, war ganz aufgeregt: »Ich möchte Sie bitten, den Hund aus dem Zimmer zu weisen, bevor es uns wie Ihrem Gärtner ergehen könnte.«

Bauer verzog das Gesicht, ging zur Terrassentür und sperrte den Hund aus.

Nach dem Tee führte er uns weiter durch sein pompöses Haus. Er öffnete sogar einige Schränke, offenbar, um uns mit seinem Besitz zu imponieren. Hinter einer Schranktür hing eine unüberschaubare Kollektion von teuren Anzügen und Hosen. »Im Grunde nichts Besonderes, nur dreißig Hosen«, sagte er lässig.

Zum Schluß mußten wir uns auch noch sein Badezimmer anschauen. Dort standen fast alle Erzeugnisse, die Elisabeth Arden herstellte. Das war Bauers Lebensstil, aufwendig und luxuriös. In seinem Auto – es war eines der feinsten, das damals zu haben war – ließ er uns in unser Hotel zurückbringen.

Wir luden Bauer zu einem Gegenbesuch nach Dessau ein. Er kam 1929 herüber, und wir verbrachten einen angenehmen

Nachmittag mit ihm. Es war recht amüsant, sich mit ihm zu unterhalten. Bei dieser Gelegenheit kündigte er uns den Besuch Solomon Guggenheims an.

Es vergingen vier Jahre, bis wir Bauer wiedersahen. 1933 war Galka Scheyer bei uns in Berlin zu Besuch. Auf ihren Wunsch hin arrangierte Kandinsky ein Zusammentreffen. Wir wurden dann gemeinsam mit Galka Scheyer bei Bauer eingeladen. Später haben wir Bauer nicht mehr gesehen und auch nie eine Zeile mit ihm gewechselt.

Daß Bauer sich bei Solomon Guggenheim für Kandinsky verwendete, geschah sicher nicht ganz ohne egoistische Überlegungen. Als Ende der zwanziger Jahre die Sammlung des New Yorker Guggenheim-Museums aufgebaut wurde, stand dem Museum als Direktorin Hilla Rebay vor, die mit Bauer intim befreundet war. Hilla Rebay kaufte in großer Zahl Werke ihres Freundes Rudolf Bauer für das auf abstrakte Kunst spezialisierte Museum. Welchen Eindruck hätte es also gemacht, wenn sie in ihrer Ankaufspolitik Kandinsky als Erfinder der abstrakten Malerei ignoriert hätte! Das wäre auch für das Werk Bauers nicht vorteilhaft gewesen.

Hilla Rebay war über Kandinskys Werk nicht weniger als Bauer informiert. Beide standen mit Herwarth Walden in Verbindung, in dessen Galerie sie, wie sie mir einmal gestand, Kandinskys *Roter Fleck I* von 1914 gesehen und just vor diesem Bild Bauer kennengelernt hatte.

Umgekehrt sahen wir Bauers Bilder zum ersten Mal während unseres Besuchs bei dem Maler im Jahre 1928. Kandinsky hatte vorher keinerlei Gelegenheit gefunden, etwas über Bauers Werk zu erfahren.

Tatsächlich erschien dann 1929 Solomon Guggenheim mit seiner Frau und Hilla Rebay bei uns in Dessau, um sich in Kandinskys Atelier nach geeigneten Bildern umzuschauen. Guggenheim war eine imposante Erscheinung, ein kultivierter und bescheidener Herr. Kandinsky akzeptierte ihn auf den ersten Blick. Guggenheim lud Kandinsky nach New York ein, um dort einen Vortrag über abstrakte Malerei zu halten.

Hilla Rebay witterte Gefahren für Bauer. »Da Sie kein Englisch sprechen, werden Sie diese Einladung wohl nicht annehmen können«, sagte sie zu Kandinsky.

Kandinsky verstand sofort, worauf sie hinaus wollte: »Ich

sehe das Problem. Trotzdem freut es mich, daß Herr Guggenheim mir diese Möglichkeit eingeräumt hat. Vielleicht sollte ich also doch noch Englisch lernen.« Kandinsky hat tatsächlich mehrfach dazu angesetzt, es kam aber immer etwas dazwischen.

Guggenheim kaufte in Dessau die *Komposition VIII* und zwei kleinere Arbeiten. Aus der Berliner Ausstellung »Novembergruppe« im Jahr zuvor hatte er bereits zwei Bilder erworben.

Es ist ein weitverbreiteter Irrtum, wenn behauptet wird, wir seien durch Guggenheim zu Reichtum gekommen. Außer den drei Dessauer und den zwei Berliner Arbeiten hat Guggenheim noch ein weiteres Werk aus der Pariser Frühjahrsausstellung bei Christian Zervos im Jahre 1934 erstanden. Gewiß, davon haben wir finanziell natürlich profitiert, ansonsten aber ist der umfangreiche Kandinsky-Bestand des Guggenheim-Museums von überall, nur nicht aus Kandinskys Atelier rekrutiert worden. Die überwiegende Mehrzahl der Werke kommt aus deutschen Sammlungen und Museen, die ihre Schätze absetzten, als Kandinsky unter den Nazis als »Entarteter« diskriminiert wurde.

Ein ebenso großer Irrtum ist es, anzunehmen, Guggenheim oder Hilla Rebay hätten Kandinsky für Amerika entdeckt. Lange vor ihnen und noch vor Kandinskys Weggang aus Deutschland im Jahre 1914 kaufte das New Yorker Metropolitan Museum ein großformatiges Bild. Außerdem nahmen zwei amerikanische Privatsammler, Edwin R. Campbell und Gerome Eddy, Werke Kandinskys noch vor Ausbruch des Ersten Weltkriegs in ihre Kollektionen auf. Nicht zu vergessen Katharine Dreier, die 1923 *Blauer Kreis* von 1922 erwarb.

Der Fall Buchheim

Nach Kandinskys Tod habe ich bei meinem Einsatz für sein Werk manch böse Erfahrung sammeln müssen – die schlimmste war der Prozeß mit dem Münchner Verleger Lothar-Günther Buchheim, in dessen Verlauf ich mir Unterstellungen wie Rechthaberei, Eifersucht und zuletzt sogar Gewinnsucht habe nachsagen lassen müssen. In der deutschen Presse, die fast ausnahmslos die Partei meiner Prozeßgegner ergriff, wurde der Prozeß mit all seinen unerfreulichen Begleiterscheinungen wie ein Schmierenroman abgehandelt.

Da ich bisher keine Gelegenheit hatte, meine Auseinandersetzungen mit Lothar-Günther Buchheim aus meiner Sicht öffentlich darzulegen, bin ich froh, es hier und jetzt tun zu können. Der Anlaß zu dem Prozeß, den ich meinen »dreizehnjährigen Krieg« zu nennen pflege, war folgender:

Im Januar 1957 besuchte mich in meiner Pariser Wohnung ein Herr aus München, der sich als Lothar-Günther Buchheim vorstellte. Er trat mit dem Wunsch an mich heran, ihn bei seinem Buchprojekt über den »Blauen Reiter« zu unterstützen. Obwohl ich seine Idee begrüßenswert fand, konnte ich Buchheim meine volle Unterstützung nicht sofort zusagen, denn zur selben Zeit hatte mich Ludwig Grote, der inzwischen verstorbene Direktor des Germanischen Museums in Nürnberg, wissen lassen, daß er an diesem Thema interessiert sei. Da Grote bereits meine Einwilligung zur Reproduktion aller für das geplante Buch in Frage kommenden Kandinsky-Bilder besaß, empfahl ich Buchheim, sich mit Grote in Verbindung zu setzen und abzuklären, ob dieser zugunsten Buchheims verzichten würde. Ich wußte, daß Grote mit Arbeit überlastet war und das Buch der *Blaue Reiter* erst Jahre später zu schreiben beabsichtigte. Meine zweite Einschränkung betraf den Text. Buchheim sollte mir, falls er noch an dem Projekt interessiert sei, vor Drucklegung den historischen Textteil vorlegen. Ich wollte mit dieser Bedingung lediglich erreichen, daß sich in Buchheims Arbeit nicht wieder dieselben Unrichtigkeiten einschleichen, wie sie in anderen Publikationen über den »Blauen Reiter« oft verbreitet worden waren. Mir war wirklich nur an den historischen Fakten gelegen. Auf Wertungen, die der Autor Buchheim traf, wollte ich selbstverständlich keinen Einfluß nehmen.

Ich machte Buchheim ausdrücklich darauf aufmerksam, daß er sein Buch, falls er meine beiden Bedingungen nicht akzeptieren könne, ohne Kandinsky-Reproduktionen herausgeben müßte. Auch setzte ich ihn davon in Kenntnis, daß ich die alleinige Erbin Kandinskys und somit im Besitz aller Autorenrechte am Werk Kandinskys bin: Darin eingeschlossen sind alle Arbeiten Kandinskys in meinem Besitz, in allen in- und ausländischen Sammlungen und auch die Werke in der

Gabriele-Münter-Stiftung.

Buchheim war mit meinen Bedingungen einverstanden. Er versprach, mit Ludwig Grote zu korrespondieren, sich mit ihm abzusprechen und anschließend zu einer weiteren Besprechung mit mir nach Paris zu kommen.

Offenbar um mein Vertrauen zu gewinnen, erzählte er mir von seinen bereits publizierten Kunstbüchern, die – wie er behauptete – »die schönsten in Deutschland sind«. Nach seiner Rückkehr nach München wollte er mir das Buch über »Die Brücke« schicken, um mich vollends von seinem »Blauen Reiter«-Projekt zu überzeugen.

Doch dann hörte ich von Buchheim lange Zeit gar nichts und glaubte schon, er habe seinen Plan fallengelassen. Im Herbst 1957 überzeugte mich ein Brief vom Gegenteil. »Ich freue mich«, schrieb er mir, »Ihnen bald das Buch über den ›Blauen Reiter‹ schicken zu können.«

Ich war entsetzt. Was sollte ich tun? Ich schrieb Buchheim sofort einen Brief und bat ihn, nach Paris zu kommen, um mir über den Stand der Dinge ausführlich zu berichten. Buchheim antwortete, er habe keine Zeit, weil ihn die Arbeit an dem Buch zu sehr in Anspruch nehme. Er erwähnte auch noch, die Publikation stehe vor ihrem Abschluß, und ich könne in Kürze mit dem Erscheinen rechnen. Damit ich aber nicht beunruhigt sei, würde er mir in wenigen Tagen das Manuskript mit den Passagen über Kandinsky zuschicken.

Eine Farce: das Buch war schon im Druck. Was hätte ich noch ändern können?

Tatsächlich bekam ich das Manuskript zugeschickt. Welch ein Ärgernis! Kandinsky wäre vor Zorn entbrannt, hätte er diesen Text gelesen. Der Autor hatte in bezug auf Kandinskys Privatleben eine Reihe von Unwahrheiten zitiert. Auch die historischen Fakten stimmten nicht alle.

Ich beriet mich mit dem Rechtsanwalt von der Societé des Droits d'Auteurs. Nach Prüfung der Rechtslage beschlossen wir, Buchheim aufzufordern, unverzüglich in Paris zu erscheinen. Er kam. Während der Verhandlungen gestand er meinem Rechtsanwalt, nichts mehr ändern zu können, weil das Buch inzwischen gedruckt sei. Er erklärte sich aber bereit, in der zweiten Auflage die aufgetretenen Fehler zu korrigieren.

Das Buch erschien 1959 mit 69 Reproduktionen von Kandinsky-Werken, von denen ich die meisten nicht für repräsentativ halte. Wichtiger aber war, daß mehrere gar nicht aus der Zeit des »Blauen Reiters« stammten oder in keinem Zusammenhang mit dem Text standen. Buchheim hatte auch 58 Bilder von Franz Marc wiedergegeben, ebenfalls ohne Einwilligung der Marc-Erben.

Die Erben von Franz Marc und ich beschlossen daraufhin, Buchheim gemeinsam zu verklagen. Buchheim versuchte mich einzuschüchtern: »Wenn Sie mir einen Prozeß machen, dann werde ich Sie in der deutschen Presse schlecht machen.« Er hielt leider sein Wort. Die deutsche Presse glaubte ihm und druckte kritiklos alles ab, was er öffentlich verlauten ließ. Seltsamerweise wagte Buchheim nicht, sich in gleicher Form mit den Marc-Erben anzulegen. Es kam zum Prozeß. In der ersten Instanz verlor Buchheim. Laut Gerichtsentscheid mußten die Bücher beschlagnahmt und die Klischees vernichtet werden. Gegen die Marc-Erben gab Buchheim sich daraufhin geschlagen. Mit mir aber prozessierte er in der zweiten Instanz weiter. Während er in den folgenden Jahren seine Niederlage gegen die Marc-Erben nicht erwähnte, lastete er jetzt mir alle Schuld an und verbreitete, ich sei im Unrecht, was ihm um so leichter fiel, als ich von Paris aus keine Möglichkeit hatte, solchen Unterstellungen entgegenzutreten.

Die zweite Instanz gab Buchheim recht. Ich legte Berufung ein. Glücklicherweise vermochte ich Zeugen namhaft zu machen, die den ganzen Sachverhalt kannten und dem Gericht Rede und Antwort stehen konnten.

Der Prozeß schleppte sich hin. 1973 entschied der Bundesgerichtshof in Karlsruhe endgültig zu meinen Gunsten, dank Professor Philipp Möhring, der meine Interessen in Karlsruhe erfolgreich vertreten hatte.

Buchheim mußte alle Klischees, alle gebundenen und ungebundenen Abbildungen von Kandinsky-Werken vernichten. Er mußte ferner Schadenersatz leisten, die Prozeßkosten tragen und mir Aufschluß über die Produktion und den Vertrieb des Buches geben. Mein Münchner Anwalt, Georg Ott, erreichte in einem weiteren Verfahren, daß die mit dem Buch erzielten Gewinne an mich abgetreten werden mußten. Das Geld werde ich an ein Waisenhaus abführen.

Nur am Rande möchte ich noch erwähnen, daß meine beharrliche Ausdauer in diesem leidigen Rechtsstreit den Interessen aller Künstler gedient hat. Es kann einfach nicht angehen, daß Kunstwerke jedermann zu jederlei Zweck nutzlos ausgeliefert sind.

Zur Verteidigung der Künstlerwitwe

Künstlerwitwen sind umworben, geliebt, begehrt, gehaßt, umschmeichelt und geplagt. Es wird ihnen nachgesagt, sie seien schwierig, eitel, arrogant, launisch, unumgänglich, eifersüchtig, herrschsüchtig, geldgierig und egozentrisch.

Wie derartige Klischees zustande kommen, weiß ich nicht. Künstlerwitwen tragen – hauptsächlich dann, wenn ihre Gatten berühmt und anerkannt waren – eine große Verantwortung. Sie sind Wächter und Verwalter des künstlerischen Vermächtnisses. Ich meine, eine Frau braucht viel Mut, viel Selbstvertrauen, viel Kraft und sehr viel Stehvermögen, um sich mit dem Nachlaß ihres Mannes im Kunstbetrieb und im Kunstgeschäft zu behaupten. Sie muß manchmal die Einsamkeit wählen, um sich einer heuchlerischen Öffentlichkeit und berechnenden Schmeichlern zu entziehen. Dabei fällt sie oft leicht in Ungnade – bei denen, die ihre Interessen unerfüllt sehen. Es entstehen Gerüchte, Lügengespinste und Verleumdungskampagnen. Die Künstlerwitwe gerät ins Kreuzfeuer der Kritik, nur weil sie seriös das Werk ihres Mannes betreut.

Auch über mich ist viel unerträgliches Geschwätz verbreitet worden. So wurde erzählt, ich sei eine schwierige Person, mit der die Zusammenarbeit schwerfalle. Buchheim schreckte nicht davor zurück, über »Witwenverbrennung« zu polemisieren. Ich kann dazu eigentlich nur sagen, daß es mir eine Freude ist, mit ernsthaften Museumsleuten, Verlegern und Kunsthändlern zusammenzuarbeiten. Ich wage sogar zu behaupten, daß ich dies mit Begeisterung und Großzügigkeit tue. In den Vordergrund dränge ich mich nicht gerne, weil ich das für meine Selbstbestätigung nicht brauche. Ich habe mir in jeder Lebenslage Kandinskys Maxime zu eigen gemacht: Bescheidenheit. Was zählt, ist Kandinskys Werk. Um dieses sorge ich mich, und ich bin nicht bereit, es seinen Gegnern auszuliefern. Solange der Prozeß mit Buchheim dauerte, habe ich zum Beispiel kein Bild Kandinskys für eine Ausstellung in Deutschland freigegeben. Warum sollte ich auch, wo doch die Atmosphäre so vergiftet war? Jetzt, nachdem das Recht gesiegt hat, stehe ich wieder in gutem Kontakt zu Museen, Galerien und Verlagen in Deutschland, und das Klima für unsere Zusammenarbeit ist großartig.

Ärger mit Kunsthändlern

Im Umgang mit Kunsthändlern hat Kandinsky bisweilen schlechte Erfahrungen gemacht, von manchen wurde er regelrecht bestohlen. Schlimmes erlebte Kandinsky mit Herwarth Walden. Als 1914 der Krieg ausbrach, waren viele Bilder Kandinskys bei Walden in Berlin deponiert. Noch aus der Schweiz schrieb Kandinsky 1914 an Walden, er solle keines dieser Bilder verkaufen. Walden kümmerte sich nicht darum. Als wir Ende 1921 aus Rußland in Berlin eintrafen, suchte Kandinsky sofort Walden auf, um seine Bilder zu sehen. Walden empfing ihn mit einer Schreckensnachricht: »Ich habe alles verkauft. Geld können Sie allerdings keines haben. Ich bin pleite.«

Kandinsky blieb nichts anderes übrig, als gegen Walden zu klagen. Auch Marc Chagall, der dasselbe mit Walden erlebt hatte, führte einen Prozeß mit ihm. Wir mußten uns mit einem miserablen Vergleich zufriedengeben. Schließlich erhielten wir drei Bilder zurück, die Walden aus irgendeiner obskuren Quelle herausgeholt hatte. Zusätzlich zahlte er uns 40000 Mark, wertloses Papiergeld, mit dem wir bestenfalls unsere Wände tapezieren konnten. Die Scheine besitze ich heute noch, Erinnerung an einen allzu geschäftstüchtigen Kunsthändler. Kandinsky schätzte den Verlust dieser Bilder auf 140000 Goldmark. Noch 1936 war ihm dieser skandalöse Vorfall gegenwärtig. Damals schilderte er seinem Freund Rupf, wie er seiner Gelder beraubt wurde. »Man gewöhnt sich allmählich zu verlieren. In Rußland gelang es mir, gerade dicht vor der Revolution meine Geschäfte so einzurichten, daß ich in genügendem Maße ›bis and Ende des Lebens‹ gesichert war. Dann blieb ich buchstäblich ohne einen Rappen. In Deutschland erfuhr ich, daß ich für meine über 70 verkauften Bilder nichts bekommen kann, da mein Kunsthändler das ganze Geld verbraucht hat und keines mehr hatte, um es zu ersetzen. Sonst wäre ich jetzt ein französischer Millionär. Allerdings hätte ich bestimmt dieses Geld bei deutscher Inflation eingebüßt! Usw. Das Vorletzte war die Sparkasse, die meine Frau sehr besorgt. Hoffentlich wird es da nicht zu schlimm. Ich sage aber immer, daß wir im Vergleich zu so vielen Menschen und so vielen Künstlern kein Recht zu klagen haben. Ich hoffe, daß die französische und die Schweizer Regierung bei den Amerikanern, Engländern und Belgiern lernen werden, wie man nach der Änderung das Leben sogar billiger als vorher gestaltet. Hier steht wohl die sehr unruhige politische Lage im Wege.«

Daß die Zusammenarbeit mit Galka Scheyer, die 1924 mit Kandinsky, Klee, Jawlensky und Feininger in Amerika Ausstellungen der im gleichen Jahr gegründeten Gruppe »Die blauen Vier« veranstaltete, nicht so verlief, wie wir uns das alle gewünscht hatten, ist nicht ihre Schuld. Ich bin sicher, daß Galka Scheyer eine grundehrliche Person war. Dennoch passierte es, daß Bilder verschwanden, darunter wichtige Werke Kandinskys. Als sie starb, bemühte ich mich um die Rückgabe und Auffindung der vermißten Bilder. Einen Teil konnte ich zurückbekommen. Der andere Teil ist aus Galka Scheyers Nachlaß verschwunden.

Auch mit Nierendorf hatte ich großen Ärger. Er stand bei Kandinsky in tiefer finanzieller Schuld. Als er Ende der vierziger Jahre in Amerika starb, besaß ich weiter nichts als einen Schuldschein von ihm über mehrere tausend Dollar. Ich mußte einen Anwalt einschalten, der sich um die Rückbeschaffung der Bilder kümmerte. Es stellte sich bald heraus, daß einige Gemälde verschwunden waren. Nierendorf hatte außerdem ohne meine Zustimmung einige Arbeiten verkauft. Von Nierendorf hatte der New Yorker Kunsthändler J. B. Neumann einige Kandinsky-Bilder für Ausstellungen ausgeliehen. Neumann maßte sich dann an, frei über die Leihgaben zu verfügen. Er verkaufte sie einfach, ohne mir einen Penny zu überweisen.

Kandinsky lehnte es wohlweislich ab, sich vertraglich an einen Kunsthändler zu binden, weil er befürchtete, anschließend eventuell unter Druck gesetzt zu werden und seine Handlungsfreiheit zu verlieren. Nur zu der Galeristin Jeanne Bucher, die Kandinsky dreimal ausstellte, hatte er vollständiges

Vertrauen. Doch Jeanne Bucher machte, wie ich mich erinnere, ihrerseits keine Verträge mit Künstlern. Jeanne kümmerte sich rührend um mich, aber plötzlich erkrankte sie schwer und starb kurz danach. Nach Kandinskys Tod wurde mir klar, daß ich einen Kunsthändler brauchte, der meine Interessen vertreten sollte. René Drouin kam von sich aus auf mich zu, bot mir seine Hilfe an und unterstützte mich in jeder Weise. Er war aber leider kein besonders guter Geschäftsmann, wie das bei ausgezeichneten Kunstkennern und Kunstliebhabern oft der Fall ist. Die Freundschaft mit René Drouin und seiner lieben Frau Olga wird mir unvergessen bleiben. Ich bin beiden sehr dankbar.

Ich sah mich bald gezwungen, mich wieder von Drouin zu trennen und zu einem geschäftlich versierten Händler überzuwechseln. Meine Absicht sprach sich bei den Galeristen herum, die prompt bei mir nacheinander anklopften. Ich mußte wählen. Zu dieser Zeit lernte ich Louis Clayeux kennen, der vorher die Galerie Carré geführt hatte und jetzt Direktor der Galerie Maeght war. Ich war mir sicher, daß ich ihm das Werk Kandinskys anvertrauen konnte. Es kam dann 1952 ein Vertrag mit der Galerie Maeght zustande, der auf fünf Jahre befristet war.

Auch nachdem der Vertrag abgelaufen war, blieb ich weiter bei Maeght, insgesamt 18 Jahre. Eine lange Zeit, vielleicht sogar eine etwas zu lange Zeit. Als Louis Clayeux aus der Galerie ausschied, war das Engagement Maeghts für Kandinsky bereits erlahmt, der meiner Meinung nach nicht mehr angemessen repräsentiert wurde. Die Zusammenarbeit gestaltete sich immer schwieriger, nicht zuletzt deshalb, weil ich eine alleinstehende Frau bin.

Ich wandte mich von der Galerie Maeght ab und ging 1971 zu dem Basler Kunsthändler Ernst Beyeler, dessen Galerie als die beste in Europa gilt. Bis heute kann ich auf Beyeler ein Loblied singen. Sein Einsatz für Kandinsky ist geradezu vorbildlich. Auch menschlich verstehe ich mich mit Beyeler ausgezeichnet.

Von dem Exklusivvertrag mit Beyeler sind Bilder, Aquarelle und Gouachen betroffen, nicht dagegen Graphiken und Zeichnungen. Hierüber verfüge ich allein. Beyeler erleichtert mir die Arbeit für das Werk Kandinskys enorm. Er führt die schwierigen Geschäftsverhandlungen und erledigt die mühevollen und zeitraubenden Formalitäten, die bei den zahlreichen Kandinsky-Ausstellungen anfallen.

Viel Geld hat Kandinsky zeit seines Lebens durch seine Kunsthändler nicht verdient. Wenn er welches bekam, dann gab er es großzügig aus. Er war kein sparsamer Mann, wenngleich er in seine Kalkulationen die Zukunft stets mit einzubeziehen pflegte. Im Vergleich zu vielen seiner Malerkollegen war er aber meistens in der glücklichen Lage, seine Bilder verkaufen zu können. Ich erinnere mich, daß der Verkauf seiner architektonischen Bilder zunächst recht zögernd anlief. 1926 war diese Flaute dann überwunden. Die Käufer interessierten sich seither im gleichen Maße für die früheren wie für die neuesten Werke Kandinskys.

Selbst während des Krieges, als viele bekannte Künstler große Existenzsorgen plagten, verkauften wir hin und wieder ein Bild, aber da in Frankreich die Geldentwertung erschreckende Ausmaße annahm, schrumpfte der effektive Wert unserer Einnahmen beträchtlich zusammen. Ich wurde nach dem Tode Kandinskys zur Kasse gebeten und mußte eine erhebliche Summe als Erbschaftssteuer an den französischen Staat zahlen.

Erwähnen möchte ich noch, daß Kandinsky als ehemaliger Bauhaus-Lehrer eine Altersrente bezog, die ihm bis zum Kriegsausbruch von den Deutschen nach Frankreich überwiesen wurde. Jeden Monat bekamen wir diese »Notgroschen«. Alles Geld verwaltete ich, da sich Kandinsky weigerte, mit finanziellen und organisatorischen Problemen behelligt zu werden. Dafür hatte er mich bestimmt. Freunden gegenüber äußerte er: »Nina ist mein Innenminister.«

Sehr oft bekomme ich zu hören, die Preise für Kandinsky-Werke seien überzogen. Ich frage mich, mit welchen Maßstäben da gemessen wird. Immerhin muß doch berücksichtigt werden, daß Kandinskys Œuvre von überschaubarem Umfang ist. Er hat bei weitem nicht so viel gemalt wie einige andere Maler, deren Werke keineswegs hinter den Preisen zurückstehen, die heute für Werke Kandinskys gezahlt werden. Kandinsky schuf 738 Gemälde (sie sind alle einzeln in seinem Hauskatalog aufgeführt), 730 Aquarelle (sie sind ab 1922 im Hauskatalog lückenlos notiert) und eine unbestimmte Anzahl Etüden, Zeichnungen und Graphiken. Wer einen Blick für Kunst und einen Sinn für Qualität hat, wird zugeben müssen, daß jedes Werk ein makelloses Kunstwerk ist, das – und darüber gibt es für mich gar keinen Zweifel – seinen Preis wert ist.

Kandinsky behandelte alle Techniken gleichberechtigt. Für ihn waren seine Bilder, Gouachen und Aquarelle von gleich großer Bedeutung wie eine Zeichnung oder eine Graphik. Alle waren sie ein Stück von ihm selbst. Natürlich rangieren manche Zeichnungen als Vorstufen zu Bildern, einige Zeichnungen stehen in enger Beziehung zu bestimmten Bildern. Doch das heißt noch lange nicht, daß Kandinsky sie deshalb geringschätzte. Auch seine Zeichnungen sind eigenständige Werke.

Kandinsky legte die Preise für seine Werke nicht nach einem vorgefertigten Schema fest, sondern verhielt sich in diesem Punkt recht subjektiv. Wenn ihm ein Bild besonders ans Herz gewachsen war, dann gab er es nur für einen hohen Preis fort. Natürlich spielte auch das Format eine Rolle.

Im Kunsthandel sind heute nur ganz wenige Kandinsky-Bilder zu bekommen. Die meisten haben ihren ständigen und endgültigen Platz in den Museen der ganzen Welt eingenommen. Die Nachfrage nach Kandinskys aber ist nach wie vor groß. Ich bin ganz sicher, daß das geringe Angebot und die große Nachfrage die Preise noch mehr in die Höhe treiben werden. Manch einen mag diese Preiseskalation beunruhigen – mich besorgt diese Entwicklung nicht, zeigt sie doch, welch zunehmende Wertschätzung das Œuvre Kandinskys genießt.

Ein großer Künstler,
eine außergewöhnliche Persönlichkeit

Wie ich beobachten konnte, ist der treueste Ehemann der Russe. Der egozentrischste Ehemann ist der Franzose. Der deutsche Mann möchte immer sehr männlich erscheinen.

Ich habe einen Russen geheiratet, einen selten noblen Menschen, einen großen Künstler, eine außergewöhnliche Persönlichkeit. Wenn eine Frau einen Mann richtig liebt, dann muß sie ihm den Haushalt gewissenhaft führen und auch eine gute Köchin sein. Sie muß hinter dem Mann zurücktreten und vieles aufgeben, damit er sich entfalten und ohne Sorgen arbeiten kann. Ich habe das getan: Deshalb war unsere Ehe so glücklich, deshalb sind wir auch nicht einen Tag unseres gemeinsamen Lebens voneinander getrennt gewesen.

Ich habe versucht, Kandinsky das Leben zu erleichtern. Es gab viele Hindernisse, die weggeräumt werden mußten. Kandinsky hatte einen starken Charakter, der in seiner Kunst spürbar ist. Auf Konzessionen ließ er sich nur dann ein, wenn seine Kunst davon unberührt blieb. Kandinskys Werke besitzen eine spezifische Moral, die durchaus sichtbar ist und sich auch auf den Betrachter überträgt. Ich konnte öfters von Besuchern in Kandinsky-Ausstellungen hören: »Diese Bilder haben mich innerlich erfrischt und ermutigt. Sie haben mir Kraft gegeben.«

Dennoch war Kandinsky beileibe kein Moralist. Moralisieren fanden wir beide sehr langweilig. Er war ein gläubiger Mensch, der allerdings nicht regelmäßig in die Kirche ging. Nur an den hohen russisch-orthodoxen Feiertagen besuchten wir den Gottesdienst, aber auch da machten wir Ausnahmen. So erinnere ich mich, daß wir im Jahre 1936 nachts den Ostergottesdienst im Radio miterlebten. Kandinsky erzählte seinem Freund Rupf in einem Brief davon und verschwieg ihm auch nicht seine stille Sehnsucht nach dem Moskauer Osterfest: »Morgen werden wir uns geistig in das alte Moskau versetzen, wo seinerzeit die Ostertage so wunderbar schön und direkt rührend gefeiert wurden.«

Er war ein treuer Mann. Da er schön, kultiviert, elegant, intelligent und von stattlicher Figur war, hatte er beim weiblichen Geschlecht großen Erfolg. Es war ihm aber ziemlich gleichgültig, wenn Frauen ihn umwarben. Zwischen uns herrschte absolutes Vertrauen, und ich war auch nie eifersüchtig, wenn die Frauen ihn umschwärmten.

Er legte großen Wert darauf, daß ich stets gut und elegant gekleidet war. Es machte ihm Freude, wenn seine Frau bewundert wurde. Ich erinnere mich noch daran, wie er mit seinem ersten Bauhaus-Gehalt in einem Juwelierladen für mich Ohrringe aus schwarzen und weißen Perlen kaufte, damit nach Hause kam und sie mir freudestrahlend schenkte. Er war großzügig und auch im Privatleben der geborene Kavalier.

Er erzählte mir, daß er in seiner Jugend sehr spontan, sehr

impulsiv und manchmal auch recht unkontrolliert reagieren konnte. Er habe, so sagte er, immer große Mühe gehabt, sich in Selbstdisziplin zu üben. Als reifer Mann strahlte er Selbstbeherrschung, Souveränität und Ausgeglichenheit aus.

Ich möchte nicht verschweigen, daß es in seinem Leben auch Tage gab, da er bedrückt und mißgelaunt war. Meistens lagen die Ursachen in seiner künstlerischen Arbeit. Ich kann mich nicht erinnern, daß er jemals durch äußere Widerwärtigkeiten die Beherrschung verloren hätte. Dafür war er viel zu ausgeglichen.

Kandinsky war im Grunde ein schweigsamer Mensch. Er haßte Geltungssucht und war wie alle großen Menschen äußerst bescheiden. Ich bin der Ansicht, daß unbescheidene Menschen keine großen Künstler sein können. Sie überspielen ihre Mittelmäßigkeit meistens mit schlechten Allüren.

Kandinsky bekannte sich aus Respekt vor der Wahrheit zu seinen Fehlern und Irrtümern, auch seinen Freunden gegenüber. Er besaß einen ausgeprägten Sinn für Ordnung und Sauberkeit, ein Charakterzug, der sich besonders in seinem Atelier ausdrückte. »Es zeugt von schlechtem Geschmack, wenn Maler im Atelier Schmutz dulden. Ich kann im Smoking malen.«

Beim Malen pflegte er eine Hausjacke zu tragen. Mit den Farben ging er sorgfältig um. Farbspuren auf den Möbeln oder Farbkleckse auf dem Fußboden waren ihm verhaßt. Er behandelte sein Atelier wie ein »Heiligtum«.

Nach der Arbeit entspannte er sich mit Musik, mit Lesen oder auch durch einen Kinobesuch. In seiner Bibliothek befanden sich Bücher von Charles Dickens, den er in russischer Übersetzung las, von Gogol, Dostojewski und Tolstoi, um nur die wichtigsten zu nennen. In den Ferien las er gerne Detektivromane.

Zeitweilig beschäftigte er sich mit Astrologie und Astronomie. Ich tat das übrigens auch. Unser Interesse für diese Gebiete wurde am Bauhaus geweckt. Einige Bauhäusler waren begeisterte Horoskop-Anhänger und führten lange Debatten darüber. Uns stellte Joost Schmidt die Horoskope.

Ich glaube, daß in Horoskopen Wahrheit steckt. Wir sind alle ein Teil der Natur, und die Natur hat ihre eigenen Gesetze. Horoskope gehen diesen Gesetzen auf den Grund und setzen sie in Beziehung zum Menschen. Natürlich ist es falsch, sich zum

Sklaven von Horoskopen zu machen. Für mich sind sie zwar von Interesse, aber meine Entscheidungen beeinflussen sie nicht. Auch Kandinsky ließ sich in seiner Handlungsweise nicht von Horoskopen beeinflussen.

Die Zeitung war für Kandinsky eine vollkommen überflüssige Errungenschaft, die dem Menschen bloß die Zeit raubt. Deshalb kaufte er grundsätzlich keine Zeitungen. Dagegen hörte er gern klassische Musik. Unsere Schallplattensammlung enthielt in den späteren Jahren allerdings keine Wagner-Aufnahmen mehr. Sein früherer Enthusiasmus für *Lohengrin* war längst erloschen. Das Pathos und die Länge der Wagner-Oper waren ihm zuwider. Ich erinnere mich, daß wir nur einmal während der Pariser Jahre eine Wagner-Oper besuchten, was Kandinsky große Überwindung kostete. Er stand die Vorstellung nur durch, weil unser Freund Franz von Hoesslin dirigierte und uns ausdrücklich eingeladen hatte.

Es ist Unsinn zu behaupten, Kandinsky sei Anthroposoph gewesen. Er zeigte sich der Anthroposophie gegenüber aufgeschlossen, aber er hat sie sich nicht als Weltanschauung zu eigen gemacht. Er ärgerte sich, wenn jemand ihn als Anthroposophen bezeichnete. In seiner Münchner Malklasse befand sich eine Schülerin, die der Anthroposophischen Gesellschaft angehörte, und Rudolf Steiner bat Kandinsky einmal, seiner Gesellschaft beizutreten. Kandinsky aber lehnte ab.

Kandinskys künstlerische Heimat

Welches Land hat auf Kandinsky Anspruch? Würde er heute noch leben, dann käme es ihm wohl kaum in den Sinn, sich ausschließlich als Russe zu fühlen. Er wurde zwar in Rußland geboren, doch Rußland hat auf ihn wenig Anspruch. Das Werk dieses Künstlers liegt in den Magazinen russischer Museen, was genügend Aufschluß über seine Wertschätzung dort gibt.

Deutschland bedeutete für Kandinsky schon früh ein zweites Zuhause, eine zweite Heimat. Vor allem als Künstler genoß er hier großes Ansehen. Das spricht für den Kunstverstand der Deutschen. In Frankreich, das er wegen seiner Gastfreundschaft schätzte, hat es etwas länger gedauert, bis Kandinsky Anerkennung fand. Dennoch wurde Frankreich seine dritte

Heimat. In Paris ist Kandinsky als französischer Staatsbürger gestorben. Er liegt auf dem Friedhof von Neuilly begraben. Wer hat nun aber wirklich Anspruch auf Kandinsky? Rußland, Deutschland und Frankreich sind die Hauptstationen seines reichen Lebens gewesen. Alle drei Länder besitzen wichtige Werke von ihm. Wem also sollte der Nachlaß zufallen?

Da ich finde, daß einige berühmte Museen in der Welt zur Komplettierung ihrer Kandinsky-Abteilung noch dieses oder jenes Werk brauchen, werde ich sorgsam prüfen, welchem Museum ich dieses oder jenes Werk übereigne. Mir geht es vor allem darum, Kandinsky in wichtigen Sammlungen und an würdigen Orten zu wissen. Der Nachlaß soll die jetzige Fassung behalten und nicht zerstückelt werden. Über seinen endgültigen Verbleib muß ich noch entscheiden. Ich werde an den Nachlaß allerdings nicht die Bedingung knüpfen, eigens ein Kandinsky-Museum zu errichten; weil Kandinsky – wie alle Genies – der ganzen Welt gehört, soll sein Werk auch neben dem anderer Künstler der ganzen Menschheit gezeigt werden.

Anfang 1976 habe ich mich zu der Stiftung von 15 Gemälden und 15 Aquarellen an das Musée d'Art Moderne im Pariser Centre Beaubourg, das Pontus Hultén leitet, entschlossen. Aus jeder Epoche Kandinskys habe ich die charakteristischen Werke ausgesucht. Das früheste Bild ist von 1908, das früheste Aquarell – es handelt sich um das berühmte erste abstrakte Aquarell – von 1910. Über weitere Stiftungen werde ich nachzudenken haben.

Der Dienst am Nachlaß

Es würde mich freuen, wenn in Rußland endlich eine Kandinsky-Ausstellung gezeigt werden könnte. Ich finde es absurd, daß der bedeutendste russische Maler der Öffentlichkeit vorenthalten wird. Rußland besitzt wichtige und schöne Arbeiten von Kandinsky. Insgesamt 43 Gemälde und eine unbestimmte Anzahl Aquarelle liegen in den Depots russischer Museen, deren konservatorische Bedingungen nicht eben die besten sind. Bei meinen Besuchen in Moskau und Leningrad 1958 bekam ich die Erlaubnis, die Bilder zu sehen. Damals wirkten sie technisch einwandfrei, ich befürchte jedoch das Schlimmste für sie. Bei ihrem materiellen und künstlerischen Wert müßte man auch in Rußland endlich einsehen, daß sie so schnell wie möglich an die Wände und nicht in die Keller der Museen gehören, allzumal das Interesse an Kandinsky in der Sowjetunion immer mehr wächst. Rußland sollte sich vor aller Welt rühmen, derartige Schätze zu besitzen.

Kandinskys Kunst ist reine Malerei, ohne polemische Anspielungen, ohne ideologische Implikationen, ohne Spuren von Agitation. Die Menschen in Rußland warten darauf, diese reine Kunst zu Gesicht zu bekommen. Die sowjetische Regierung hätte nichts zu befürchten, wenn sie diesen Bildern ihre Museen öffnete.

Die Bilder, die sich in Rußland befinden, stammen aus Kandinskys expressionistischer und abstrakter Periode. Darunter ist auch eines meiner Lieblingswerke, die *Komposition VI*. Ich bin sicher, daß mit den 43 Gemälden eine eindrucksvolle Ausstellung arrangiert werden könnte. Es geschieht aber nichts in dieser Richtung. Statt dessen bekommen die Menschen in Rußland Bilder mit Sujets über den Krieg oder mit Darstellungen zum Personenkult vorgesetzt. Das alles überlebensgroß, eine wirklich minderwertige Malerei, die nicht im entferntesten jene Maßstäbe erfüllt, die Kandinsky setzte. Es ist schlecht gemalte Fotografie, nicht »Ausdruck unserer Epoche«, wie Kandinsky das für jede Art von Kunst verlangte.

Ich versuche mit allen meinen Kräften, daß Kandinsky seinen Platz in Rußland bekommt, es ist eine schwere Aufgabe, die ich nicht alleine erfüllen kann.

Erfreuliches habe ich für sein Werk in Europa und in Übersee tun können. Als Kandinsky starb, dachte ich: »Jetzt ist alles zu Ende.« Ich fühlte mich einsam und verlassen. An eine zweite Heirat war gar nicht zu denken, was in der Öffentlichkeit oft auf Unverständnis stieß. Kein Mann konnte für mich den Vergleich mit Kandinsky bestehen. Ich konzentrierte also meine ganze Energie auf die Durchsetzung seines Werkes, was mir neue Kraft und meinem Leben einen wunderbaren Sinn gab.

Ich stieß auf viele Schwierigkeiten. Mit der Unterstützung durch Kandinskys Kollegen rechnete ich erst gar nicht. Ihnen lag nicht daran, den Ruf des Künstlers Kandinsky festigen zu helfen.

Es gab Ausnahmen. Einige gute Freunde und Verehrer Kandinskys hielten ihm auch nach seinem Tode die Treue. Arp, Magnelli, San Lazzaro, Grohmann und Miró gehörten dazu. Von Hoesslin bot mir sein Ferienhaus in den Bergen an, damit ich meinen Schmerz leichter überwinden konnte. Eine großzügige und freundschaftliche Geste, die ich zu würdigen wußte, von der ich jedoch keinen Gebrauch machen wollte. Besonders hilfreich war mir in dieser schweren Zeit Alexander Kojew, der in Paris lebte und während des Krieges in der Résistance mitarbeitete.

Zu besonders großem Dank bin ich Hermann und Margarethe Rupf verpflichtet, weil ich bei ihnen nach Kandinskys Tod die meiste moralische und praktische Unterstützung fand. Im Hause des Berner Sammlerehepaares, mit dem Kandinsky während all der zurückliegenden Jahre regelmäßig korrespondiert hatte, lernte ich Emilio Albisetti kennen, der mir bis heute in allen materiellen Angelegenheiten ein hilfreicher und vertrauensvoller Berater ist.

Seit langem sind Dina Verny und Karl Flinker, die beide in Paris renommierte Galerien führen, gute Freunde von mir, bei denen ich mir jederzeit Rat und Hilfe holen kann. Für eine Künstlerwitwe, die dauernd mit dem Kunsthandel und dem Kunstbetrieb konfrontiert ist, sind sie beide beinahe unersetzlich. Vor allem helfen sie mir völlig uneigennützig.

Einem Museumsmann muß ich meinen besonderen Dank aussprechen: Jacques Lassaigne, der seine ganze Kraft für Kandinsky eingesetzt, der ihm viele Ausstellungen im Ausland eingerichtet und der ausführlich über ihn geschrieben hat. Mit diesem Freund, der als Direktor das Musée de Ville de Paris leitet, konnte ich zu den Eröffnungen von Kandinsky-Ausstellungen in São Paulo (1974) und Tokio (1976) reisen und dort für die Sache Kandinsky eintreten.

Rückblickend war mein Zusammenwirken mit den französischen Museumsleuten Jean Cassou (er zeigte 1958 die Kandinsky-Werke aus der New Yorker Guggenheim-Sammlung im Musée d'Art Moderne, was gleichzeitig die erste offizielle Einzelausstellung Kandinskys in Frankreich war) und Bernhard Dorival (er trug 1966 die erste Kandinsky-Retrospektive zusammen) sehr harmonisch. An diese Zeit, die sehr erfolgreich war, knüpfe ich manch schöne Erinnerung.

Gelegentlich tauchen bei den Vorbereitungen und bei der Durchführung von Kandinsky-Ausstellungen aber auch aus anderen Gründen organisatorische Probleme auf, die nur auf höchster Regierungsebene gelöst werden können. Eine hilfreiche Stütze ist mir dabei nun schon seit langem... Bernard Anthonioz, der Generalsekretär für künstlerische Angelegenheiten im französischen Kultusministerium. Er findet auch in den schwierigsten Fällen immer einen Ausweg.

1967 lernte ich bei der Vernissage der Kandinsky-Ausstellung in der Berner Kunsthalle Karl Gutbrod kennen. Gutbrod leitete damals die Kunstbuchabteilung im Kölner DuMont-Schauberg-Verlag. Bei mir spielt die Intuition immer eine wesentliche Rolle, und ich brachte ihm sogleich viele Sympathien entgegen. Ich bin von ihm auch nie enttäuscht worden. Gutbrod hatte zu dieser Zeit mit Will Grohmann vereinbart, dessen Buch im Verlag DuMont-Schauberg herauszubringen. Es mußten zuvor aber noch zahlreiche Details mit mir abgeklärt werden, weshalb Gutbrod oft nach Paris kommen mußte. Seit seinem Besuch im Jahre 1957 datiert unsere enge und aufrichtige Freundschaft. Während der langjährigen Zusammenarbeit mit Karl Gutbrod und dem Kölner Verlag habe ich erfreuliche verlegerische Erfahrungen sammeln können. Gutbrod bemühte sich immer, alle auftauchenden Probleme im Sinne der Kunst und der Künstler zu lösen. Er gehört zu jenen Ehrenmännern, die in der Branche allmählich aussterben.

Viele Bücher über Kandinsky sind inzwischen in der ganzen Welt erschienen. Ich glaube, daß Pierre Volboudt das Werk des Künstlers am subtilsten verstanden und auch gedeutet hat. Zwar existieren nur kürzere Abhandlungen von ihm, aber sie sind in ihrer Prägnanz konzentrierter und klarer als einige langatmige Bücher. Seine Texte sind von philosophischer Tiefe und differenziertem Verständnis. Volboudts Ausgabe von Kandinsky-Zeichnungen ist die erste Publikation überhaupt, die zum zeichnerischen Œuvre vorliegt.

Außerdem hat Volboudt *Der gelbe Klang* und *Über das Geistige in der Kunst* ins Französische übersetzt und den Geist Kandinskys haargenau getroffen.

In mühevoller Kleinarbeit verwirklichte ich mein Ziel, Kandinskys Größe aller Welt stärker bewußt zu machen. Es folgte Ausstellung auf Ausstellung. Was ich zur Anerkennung Kandinskys beigetragen habe, ist überlegte Ausstellungsberatung und Ausstellungsplanung. Dazu gehört – bis heute – die Bereitstellung des im Nachlaß befindlichen Bildmaterials für Ausstellungen und Reproduktionen.

Auch wenn ich Kandinsky nicht überlebt hätte, wäre seine Kunst nicht ganz in Vergessenheit geraten. Möglicherweise wäre die Anerkennung etwas schleppender verlaufen. Ich finde es überflüssig zu sagen, ich sei zum Engagement für Kandinsky verpflichtet gewesen, weil er mein Mann war. Was hätte ich für ihn tun können, wenn seine Kunst flach, mittelmäßig oder gar schlecht gewesen wäre? So gut wie gar nichts. Kandinskys Kunst hat den Platz eingenommen, der ihr zusteht.

Ich möchte das Beispiel Cézanne heranziehen. Paul Cézanne hatte zu Lebzeiten weit schwerer zu kämpfen als Kandinsky. Er verkaufte so gut wie gar nichts, während Kandinsky darin weniger Mühe hatte. Verkauf gilt vielen Leuten als Zeichen des Erfolgs und vor allem als Zeichen für Qualität. Insofern waren Cézanne und auch Kandinsky zu ihren Lebzeiten nie so erfolgreich wie einige andere Künstler, die weit weniger genial waren, von denen heute aber kaum noch jemand spricht.

Ich meine, daß Kunst, die sofort widerstandslos von der Öffentlichkeit akzeptiert und den Künstlern begierig von der Staffelei weggekauft wird, meistens nicht gut ist. Sie ist gefällig, oberflächlich und problemlos, und sie kommt schnell an. Die Menge applaudiert.

Es gibt viele Snobs unter den Menschen. Man behauptet, etwas von Kunst zu verstehen, man lobt und kauft vielfach schnellebige Kunst. Gegenwärtig herrscht die Mode vor, sich mit Kunst zu beschäftigen, sie zu kaufen, sie zu sammeln und auch wieder zu verkaufen. Von all dem halte ich nichts. Kunst ist eine zu ernste Angelegenheit, als daß sie Würfelspielern zum Opfer fallen sollte. Gute Kunst wird von Künstlerpersönlichkeiten aus innerer Notwendigkeit geschaffen und ist bei modischen Mitläufern an der falschen Adresse.

Als Kandinsky noch lebte, habe ich mich in seine künstlerischen Angelegenheiten kaum eingemischt, es sei denn, er lud mich ein, an der Auswahl seiner Bilder für Ausstellungen mitzuarbeiten. Heute bin ich es, der die alleinige Verantwortung für den Nachlaß trägt. Diese Verantwortung zwingt mich, die Zügel fest in der Hand zu halten. Ich bin entschlossen, sie auch an Schmeichler nicht abzutreten.

Hommage an Nina Kandinsky

Seit 1917, dem Jahr ihrer Eheschließung, ist Nina Kandinsky ständig Zeugin im Leben des großen Künstlers gewesen, für den sie sich unermüdlich einsetzte und dem sie sich stets widmete. Sie hat die Entwicklung seines Denkens und die Entstehung seines Werkes miterlebt. Und sie hat an jedem Ereignis seines Lebens teilgenommen, an seinen Begegnungen und Auseinandersetzungen, seinen Bestätigungen, Zweifeln und Gewißheiten. Dies macht den ungewöhnlichen Wert ihrer Zeugenschaft aus und erhellt ein wesentliches Moment der Geschichte der modernen Kunst, nicht nur, was die Tatsachen der Geschichte betrifft, sondern auch die Geistesströmungen, die jenes Moment auslösten, und die fundamentalen Gesetze, die daraus hervorgingen.

Ihre Erinnerungen beginnen bei der russischen Avantgarde der ersten Revolutionsjahre, sie beschäftigen sich mit dem Bauhaus, mit der Entwicklung von Kandinskys Lehre und ihre Lehrbarkeit, mit ihrer Realisation auf allen Gebieten, in Weimar, Dessau und Berlin. Und dann Paris zur Zeit des Surrealismus, der Kontakt mit den »Cahiers d'art«, mit »Cercle et Carré« und »Abstraction – Création«. Hier und dort tauchen bedeutende Gestalten der Kunst und Literatur auf. Wir begreifen, wie und warum die abstrakte Kunst entstanden ist.

Seit dreißig Jahren hat sich Nina Kandinsky unermüdlich für die Botschaft und das Werk ihres Mannes eingesetzt. Ausstellungen in der ganzen Welt haben seine Gemälde, Aquarelle und Zeichnungen bekannt gemacht. Seine Schriften sind in viele Sprachen übersetzt und in vielen Ländern veröffentlicht worden. Projekte, die er geplant hatte, sind realisiert worden. Doch die Bedeutung dieses Schöpfers und Erfinders, solchermaßen ins rechte Licht gerückt, bedarf neuer Bemühungen. Die neuen Pinselstriche, die Nina Kandinskys Erinnerungen dem Porträt ihres Mannes hinzufügen, sind ein Beweis dafür, daß die Liebe das beste Mittel des Kennenlernens und der vertieften Erkenntnis ist.

Jacques Lassaigne

Anhang

Kandinsky-Preis

Die Natur ist für den gegenstandslosen Maler kein Gegenstand der Auseinandersetzung. Sie bietet, wie Kandinsky sagte, keinerlei Vorlagen. Das erschwert die Arbeit des Künstlers, denn er ist allein auf seine eigene Phantasie und Schöpferkraft angewiesen. Wo Phantasie und Schöpferkraft nicht in ausreichendem Maße vorhanden sind, fehlen die Voraussetzungen für die abstrakte Malerei. Das Ergebnis ist meist eine bloß dekorative, tote und langweilige Kunst. Mögen manche abstrakten Maler auch im Übereifer unentwegt Bilder malen – wenn sie nichts als nur eine einzige dürftige Idee anzubieten haben, die sie bis zum Exzeß ausschöpfen, dann werden sie am Ende das Publikum nur ermüden. Die Kunst muß groß, offen, mitreißend, unschätzbar reich und zündend sein. Es gibt nur wenige Auserwählte, die in der Lage sind, solche Kunstwerke zu schaffen.

Ich finde, daß junge Künstler, die ein hervorragendes Talent besitzen, gefördert werden sollten. Das ist eine Verpflichtung, zu der ich mich 1946 bekannte, als ich den »Kandinsky-Preis« stiftete, der an Künstler zwischen dreißig und vierzig Jahren verliehen werden kann. Er ist ausschließlich für abstrakte Maler und Bildhauer bestimmt.

Die Auswahl der Künstler und die Preisverleihung übernimmt ein Komitee, das aus Kunstschriftstellern und Kritikern zusammengesetzt ist. Die Mitglieder des Komitees sind gehalten, in die Ateliers zu gehen, Ausstellungen zu besuchen und vor allem die Entwicklung der in Frage kommenden Kandidaten mitzuverfolgen.

Der mit einer Geldsumme dotierte Preis wird in unregelmäßigen Abständen verliehen. Der letzte Preisträger erhielt 300000 Franc. Nicht nur der damit verbundene Geldbetrag macht den Preis für Künstler attraktiv, sondern er trägt auch zum künstlerischen Renommee bei. Museen und Kunsthandel messen ihm eine große Bedeutung bei.

Seit siebzehn Jahren haben wir den Preis nicht mehr vergeben. Wir fanden auch nach intensiver Suche keinen Künstler, der dieser Auszeichnung würdig gewesen wäre. Das ist ein bedauerliches Zeichen für die gegenwärtige Kunst.

Wenn ich die Liste der Preisträger heute durchgehe, so fällt mir auf, daß manch klingender Name darunter ist. Es scheint mir angebracht, hier die vollständige Liste abzudrucken. Ich nenne die Gewinner in chronologischer Reihenfolge:

1946	Jean Deyrolle	(Paris)
1946	Jean Dewasne	(Paris)
1947	Serge Poliakoff	(Paris)
1948	Max Bill	(Zürich)
1949	Jean Chapoval	(Paris; er starb leider recht früh mit 33 Jahren)
1950	Richard Mortensen	(Kopenhagen)
1951	Degotex	(Paris)
1952	Marie Raymond	(Paris)
1953	Alexandre Istrati	(Paris)
1954	Pablo Palazuelo	(Madrid)
1955	Natalia Dumitrescu	(Paris)
1956	Eduardo Chillida	(San Sebastian)
1957	Pierro Dorazio	(Italien)

Ende 1975 zeigte die Galerie Denise René in Paris Arbeiten aller Kandinsky-Preisträger in einer wunderschönen Ausstellung. Wir, die wir die Gewinner vor so langer Zeit aussuchten, können stolz auf unser kritisches Urteilsvermögen sein. Denn die Künstler haben gehalten, was wir uns von ihnen versprachen.

PERSONENREGISTER

Abrikosow, Manja 219
Adams, George 113
Albers, Josef 128, 133–138, 144, 151 f., 202 f.
Albisetti, Emilio 240
Allard, Roger 65
Amiet, Cuno 198
Anhalt, Prinz von 127
Anchonioz, Bernard 241
Archipenko, Alexandre 96
Arden, Elizabeth 223
Argillé 174
Armengaud, Jean-Pierre 158
Arp, Hans (Jean) 62,163,170, 177, 181, 200, 240
Azbé, Anton 39 f., 55

Bach, Johann Sebastian 55
Ball, Hugo 158
Barrera-Bossi, Erna 50
Bartók, Béla 124
Baudissin, Klaus Graf von 164
Bauer, Luise 221
Bauer, Rudolf 221–224
Baum, Paul 50
Baumeister, Willi 186 f.
Bayer, Herbert 111 ff., 128, 133, 138
Bechtejew, Wladimir von 50, 53
Becquerel, Henri 31
Beethoven, Ludwig van 55, 136, 160
Berg, Alban 66
Beyeler, Ernst 232
Bienert, Ida 114
Bill, Max 130 f., 176, 246
Bloch, Albert 61 f.
Böcklin, Arnold 74
Boulez, Pierre 158
Braque, Georges 10, 50, 62, 179 f.
Braun, Sigismund von 159

Breton, André 162, 177, 181
Breuer, Marcel 121 f., 128, 133, 138
Bucher, Jeanne 183 f., 186, 231 f.
Buchheim, Lothar-Günther 225–229
Bulgakoff 64
Burljuk, David 51, 61, 64 f.
Burljuk, Wladimir 51, 61
Busch, Adolf 124 f., 129
Busoni, Ferruccio 105
Busse, Erwin von 65

Campbell, Edwin R. 225
Campendonk, Heinrich 61, 66
Cassou, Jean 240
Cézanne, Paul 66, 242
Chagall, Marc 87, 230
Chaplin, Charles (Charlie) Spencer 114
Chirico, Giorgio 173 f.
Clayeux, Louis 180, 232
Cocteau, Jean 220
Cranach, Lukas d. Ä. 117

Dali, Gala 174 f.
Dali, Salvador 173 ff.
Decroux, Maximilien 159
Delaunay, Robert 60 f., 62, 66, 164, 172
Delaunay, Sonja 90, 164, 172
Denisow, Wassily 51
Derain, André 10, 51
Dezarrois, André 183 f. 186
Dickens, Charles 236
Doesburg, Nelly 106
Doesburg, Theo von (C. E. M. Küpper) 106
Dohna, Gräfin Daisy 103
Domela, César 163
Dongen, Kees van 51

Dorival, Bernhard 240
Dostojewski, Feodor
  Michailowitsch 236
Dreier, Katharine 154, 225
Driesch, Hans 129
Drouin, Olga 232
Drouin, René 232
Duchamp, Marcel 154 f., 177
Dürkheim, Karlfried Graf von 103

Eddy, Gerome 216, 225
Eichner, Johannes 45, 221
Einstein, Carl 96
Elisabeth, Erbprinzessin
  von Anhalt 123
Eluard, Paul 175
Engemann, Friedrich 152
Ensor, James 204 ff.
Epstein-Paris 61
Erbslöh, Adolf 50, 52
Erdmann, Eduard 124
Erdmannsdorf, Friedrich
  Wilhelm Freiherr von 116
Ernst, Max 173

Feininger, Lyonel 115, 118, 128,
  130, 133, 231
Flinker, Karl 240
Franck-Marc, Maria 62
Fresnaye, Roger de la 62
Freud, Sigmund 175

Gabo, Naum 87
Gauguin, Paul 10
Ghika 170
Giedeon 129
Gimmi, Wilhelm 62
Girieud, Pierre 50
Gleizes, Albert 129
Godunow, Boris 178
Goethe, Johann Wolfgang von
  101, 116
Gogh, Vincent van 11
Gogol, Nikolaj 236
Goltz, Hans 61 f.

Gontscharowa, Nathalie 62, 75
Gonzales 183
Grohmann, Will 101, 114, 122,
  129, 161, 170 ff., 179, 182, 240 f.
Gropius, Walter 96 f., 99 f., 117 f.,
  120 f., 124, 130, 132 f., 144,
  147 ff., 193 ff.
Grosz, George 96
Grote, Ludwig 117, 128 f., 220 f.,
  226 f.
Guggenheim, Solomon 184, 188,
  224 f., 240
Gutbrot, Karl 241

Halle, Fannina W. 119, 196 f.
Hartmann, Georg von 124, 126,
  156
Hartmann, Thomas von 52 f.,
  64 ff., 156, 158, 197, 199
Hausenstein, Wilhelm 78
Heckel, Erich 62
Hegel, G. W. F. 25
Helbig, Walter 62
Hélion, Jean 170
Hesse, Fritz 117 f., 123, 145,
  148 ff., 153
Hilberseimer, Ludwig 151 ff.
Hindemith, Paul 115
Hitler, Adolf 154, 167
Hoesslin, Franz von 123, 156,
  237, 240
Hofer, Karl 50
Hoffmann, E. T. A. 54
Hulten, Pontus 238

Itten, Johannes 133
Izdebskij, Wladimir 85

Jawlensky, Alexej von 40, 49–53,
  61 ff., 96, 231
Jawlensky, Helena von 63
Junkers, Hugo 117

Kahnweiler, Daniel Henry 64
Kanoldt, Alexander 50, 52
Kardowsky 53

Keaton, Buster 114
Kirchner, Ernst Ludwig 62
Klee, Felix 55 f., 80 f., 100, 104, 107, 115 f., 122, 147, 156 f., 176, 198, 209
Klee, Frau 125, 199
Klee, Paul 41 f., 45, 55, 62, 80 f., 96, 103 f., 111, 114 ff., 118 ff., 122 ff., 128–131, 133, 138, 145, 149, 151, 157, 197–202, 209, 231
Knobelsdorff, Georg Wenzeslaus von 116
Knoedler 174
Koehler, Bernhard 65 f.
Kogan, Moissey 50
Kogan, Peter 88
Kojew, Alexander 25, 240
Kojewnikof, Alexj (s. Kojew, Alexander)
Kojewnikof, Wladimir 25
Kokoschka, Oskar 193
Krylow, Iwan 20
Kubin, Alfred 50, 52, 54, 60, 62, 77
Kulbin, N. 65

Larionoff, Michel 62, 75 f.
Lassaigne, Jacques 240, 244
Le Corbusier (Charles Édouard Jeanneret) 146 f.
Le Fauconnier, Henri 50, 52, 64 f.
Léger, Fernand 171, 190
Lenin, Wladimir Iljitsch 88, 90 f.
Leppien, Jean 130, 134–138, 148
Level, André 163
Lissim, Simon 187
Loeb, Pierre 126
Lombroso, Cesare 27
Lotiron, Robert 62
Lunatscharski, Anatol 85, 209 f.
Lunatscharski, Frau 210
Lüthy, Oskar 62

Macke, August 52, 54, 61 f., 65 f.
Maeght, Aimé 180, 221, 232

Magnelli, Alberto 163, 177, 181, 183, 240
Mahler-Werfel, Alma 96, 139, 192–197
Majakowski, Wladimir Wladimirowitsch, 85, 87
Malewitsch, Kasimir 62, 75–78, 85
Malraux, André 158
Mansurow, Paul 85
Marc, Franz 49, 51 f., 54, 57, 60–63, 65 f., 68 f., 71, 228
Marc, Maria 61
Marcks, Gerhard 133
Marcoussis, Louis 184
Markos-Ney, Suzanne 134, 137, 148, 150
Massine, Léonid 160
Matisse, Henri 10, 64, 66, 114, 181
Melzer, Moriz 62
Meyer, Hannes 145, 148 f.
Mies van der Rohe, Ludwig 145 ff., 149–153
Miró Joan 126 f. 177, 181, 240
Mogilewsky, Alexander 51
Moholy-Nagy, Laszlo 118, 128, 130, 133, 138
Möhring, Philipp 228
Moilliet, Louis 41, 198
Mondrian (Mondriaan) Piet 59 f., 75 f., 163 f., 177 ff.
Monet, Claude 36 f., 44, 74, 176
Morgner, Wilhelm 62
Morosow, Iwan 10 f.
Muche, Georg 115, 118, 124, 128, 133, 204, 222
Müller (Mueller), Otto 62
Münter, Gabriele 44–48, 50, 52 f., 60 ff., 66, 80 f., 83, 219 ff., 227
Mussolini, Benito 167
Mussorgski, Modest 156

Neumann, J. B. 231
Neuner, Hannes 127, 161 f., 176

Nierendorf, Karl 231
Niestlé, Jean Bloé 61
Nolde, Emil 62
Novalis (d. i. Georg Friedrich Philipp Freiherr von Hardenberg) 107

Ott, Georg 228
Oud, J. J. P. 129

Pechstein, Max 62, 64
Permeke, Constant 204
Peterhans, Walter 151 f.
Pevsner, Antoine 85, 87, 177
Piatigorsky, Gregor 124
Picasso, Pablo 10 f., 51, 62, 64, 66, 114, 170, 180 f.
Piper, Reinhard 63 ff., 68, 71
Polieri, Jacques 159
Popowa, Ljubow Sergeewna 86
Puccini, Giacomo 124

Radek, Karl 91
Ray, Man 172
Rebay, Hilla 224 f.
Reich, Lilly 152
Rembrandt (eig. R. Harmensz van Rijn) 19, 35 f.
Rjépin, Ilja 53
Rocher, Pierre 180 f.
Rodschenko, Alexander Michailowitsch 89
Rosenberg, Paul 171
Rosonowa, Olga Wladimirowna 86
Rother, Artur 126, 156
Rouault, Georges 51
Rousseau, Henri 61, 66, 171, 217
Rudelt, Alcar 152
Rupf, Hermann 167 f., 170, 172, 185, 188, 199 f., 211, 230, 235, 240
Rupf, Margarethe 240

Sacharow, Alexander 50, 53
San Lazzaro 163, 182, 207, 240

Scharon, (Mann von Stölzl, Gunta) 144
Scheiman, Anatoli 12, 46
Scherper, Hinnerk 133, 152
Scheyer, Galka 170, 224, 231
Schlemmer, Oskar 105, 115, 118, 128, 130, 133
Schmidt, Joost 133, 234
Schnittke, Alfred 158 f.
Schnitzler, Arthur 197
Schönberg, Arnold 55 f., 61, 64 ff., 194 ff., 197
Schönberg, Gertrud 197
Schtschukin, Ssergej 9 ff.
Schwitters, Kurt 104 f., 114, 139
Serkin, Rudolf 124
Seuphor, Michel 164
Soulié-de-Morant 199 f.
Soupault, Re 97, 100, 106 f., 112 f.
Steiner, Rudolf 237
Sterenberg, David 89
Stokowski, Leopold 157
Stölzl, Gunta 99, 111, 133, 144 f.
Strauss, Richard 124, 128
Strawinsky, Igor 105, 129
Stuck, Franz von 39, 41 ff., 85
Stumpf, Lily 55
Subanejew, L. 65
Szigéti, Joseph 125 ff.

Taeuber-Arp, Sophie 170, 177
Tanguy, Yves 173
Tappert, Georg 62
Tatlin, Wladimir 85 f.
Thannhauser, Heinrich 50, 60 f.
Ticheewa, Elisabeth 23 f.
Ticheewa, Lydia 23
Tintoretto (eig. Jacopo Rubusti) 19
Tizian (eig. Tiziano Vecellio) 19
Tolstoi, Leo Nikolajewitsch 236
Tschechof, Piere 212
Tschimaikin, Anja 31, 39, 43, 45 ff., 80, 219
Tschudi, Hugo von 50, 60, 63

Tschuprow, A. J. 27
Tschurljonis, Mikolajus 75
Tzara, Tristan 175, 181

Udalzowa, Nadeshda 86

Valentino, Rudolf 114
Vantongerloo, Georges 164
Veil, Simone 159
Velde, Henri van de 103, 132
Vera, Paul 62
Verdi, Giuseppe 124
Verny, Dina 240
Vlaminck, Maurice de 51, 62
Volboudt, Pierre 241

Wagner, Richard 36 f., 237
Walden, Herwarth 61 f., 78, 224, 230
Webern, Anton von 66, 159
Weinfeld 129
Werbof, Serge 190, 192
Werefkin, Marianne von 50, 53 f., 61 ff.
Werfel, Franz 139, 193, 197
Wiedenfeld, Graf 92
Worringer, Emmy 64

Zervos, Christian 182 f., 185, 225

(2363)

(2344)

(2372)

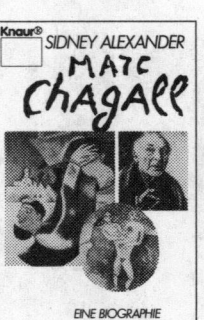

(2355)

(2361)

(2408)

Biographien

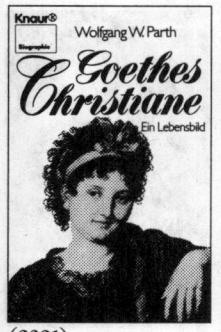

(2321)

(2339)

(2340)

(2370)

(2359)

(2376)

Knaur ®

Biographien

A. Stassinopoulos
Die Callas
Mit zahlreichen Abbildungen

(2315)

Hans A. Neunzig
LEBENS-LÄUFE DER DEUTSCHEN ROMANTIK
Komponisten

(2371)

Rudolph Sabor
Der wahre Wagner
Mit einem Vorwort von Wolfgang Wagner

(2379)

Stefan Siegert
N. F. Hoffmann
MOZART
Die einzige Bilderbiographie

(2391)

KARAJAN
ODER DIE KONTROLLIERTE EKSTASE
Eine kritische Hommage von Zeitzeugen
Herausgegeben von Peter Csobádi

(2397)

Kurt Honolka
Hugo Wolf
Sein Leben, sein Werk, seine Zeit
Mit einem Vorwort von Dietrich Fischer-Dieskau

(2418)